"一带一路"
沿线国家国际移民汇款与开放发展

林 勇 等◎著

世界图书出版公司
广州·上海·西安·北京

图书在版编目（CIP）数据

"一带一路"沿线国家国际移民汇款与开放发展／林勇等著．—广州：世界图书出版广东有限公司，2018.12（2025.1重印）

ISBN 978-7-5192-5563-3

Ⅰ．①⋯⋯　Ⅱ．①林⋯　Ⅲ．①移民—外汇—研究—世界Ⅳ．①F832.63

中国版本图书馆 CIP 数据核字（2018）第 293760 号

书　　名	"一带一路"沿线国家国际移民汇款与开放发展
	（"YIDAIYILU" YANXIAN GUOJIA GUOJI YIMIN HUIKUAN YU KAIFANG FAZHAN）
著　　者	林勇　等
责任编辑	程　静
装帧设计	米非米
责任技编	刘上锦
出版发行	世界图书出版广东有限公司
地　　址	广州市海珠区新港西路大江冲 25 号
邮　　编	510300
电　　话	020-84451969　84453623　84184026　84459579
网　　址	http：//www.gdst.com.cn/
邮　　箱	wpc_gdst@163.com
经　　销	各地新华书店
印　　刷	悦读天下（山东）印务有限公司
开　　本	787 mm × 1 092 mm　1/16
印　　张	19
字　　数	374 千字
版　　次	2018 年 12 月第 1 版　　2025 年 1 月第 2 次印刷
国际书号	ISBN 978-7-5192-5563-3
定　　价	88.00 元

版权所有　侵权必究

咨询、投稿：020 - 84451258　　gdstchj@126.com

前　言

"一带一路"沿线国家涵盖了南亚、东南亚、西亚、北非、中东欧等世界大部分地区，包括中国在内，占据了全球国土面积的38.5%，贡献了全球28.9%的经济总量。"一带一路"沿线国家的发展程度与开放程度显著相关，对外开放是"一带一路"沿线国家经济发展的一个重要影响因素。由于资源禀赋欠缺，"一带一路"沿线的东南亚、南亚大部分国家经济发展相对落后。这些国家要想实现经济发展，则需开放市场以充分利用国际市场和外国资本。比如通过对外劳务合作、投资贸易，充分利用全球大市场，引进外国资金和技术，促进技术创新和经济增长。通过对外开放，这些国家才能利用自身的比较优势和外国资本，从发达国家学习先进技术，提升经济效率，从而实现经济腾飞。

在开放发展的背景下，在拥有众多国际移民和巨额收入的南亚、东南亚国家，大量的移民汇款不仅弥补了国家外汇收入的亏空，也直接和间接地增加了居民储蓄，增加了国内投资来源，促进了人力资本的发展，同时创造了大量的就业机会，从而提升了居民可支配收入和社会福利，促进了经济发展的良性循环。比如作为"一带一路"地区最为重要的经济体之一的印度，在过去5年保持高速经济增长的同时，也保持着世界上国际移民汇款收入最多国家的地位。然而这些国家经济发展中的国际移民汇款因素却时常被我们忽略。

为了考察移民汇款在"一带一路"沿线国家开放发展中的作用和影响，我们以南亚地区的印度、巴基斯坦、孟加拉国以及东南亚的马来西亚、菲律宾和印度尼西亚等国家为例，初步探讨了移民汇款、外商直接投资、国际贸易、外国援助，以及外债等因素在开放发展中的地位和作用。

目　录

第一章　开放发展的印度：移民汇款、外援、外债和外资 ·············· 1
　　第一节　印度经济开放发展历程 ································· 1
　　第二节　印度开放发展中的外国资本 ····························· 4
　　　　一、概述 ·· 4
　　　　二、国际移民及其投资和汇款 ······························ 6
　　　　三、国际援助 ·· 19
　　　　四、外国投资 ·· 33
　　　　五、国际贸易 ·· 43
　　　　六、外债 ·· 49
　　第二节　外国资本对印度开放发展的影响 ························· 51
　　　　一、外国直接投资 ·· 51
　　　　二、外国援助 ·· 56
　　　　三、外债 ·· 57
　　　　四、国际移民汇款 ·· 58
　　　　五、小结 ·· 62
　　第四节　开放发展的制约因素 ··································· 65
　　　　一、基础设施发展滞后 ···································· 65
　　　　二、外资管制过多 ·· 66
　　　　三、腐败盛行 ·· 68

第二章　外国资本与经济发展：巴基斯坦在开放发展中的机遇与障碍 ········ 70
　　第一节　文献回顾 ··· 70
　　　　一、外债和经济增长 ······································ 70

二、移民汇款和经济增长 ……………………………………………… 71
　　三、对外援助和经济增长 ……………………………………………… 73
　　四、外国直接投资（FDI）和经济增长 ……………………………… 74

第二节　巴基斯坦外国资本概况 …………………………………………… 75
　　一、外国直接投资（FDI） …………………………………………… 75
　　二、外债 ………………………………………………………………… 76
　　三、外援 ………………………………………………………………… 77
　　四、移民汇款 …………………………………………………………… 79
　　五、移民汇款、发展援助与 FDI 的比较 …………………………… 86

第三节　移民汇款与巴基斯坦经济发展 …………………………………… 88
　　一、移民汇款与经济增长 ……………………………………………… 88
　　二、移民汇款与减贫 …………………………………………………… 91
　　三、移民汇款的其他影响 ……………………………………………… 94

第四节　重要制约因素 ……………………………………………………… 94
　　一、恐怖主义已成为巴基斯坦经济发展的最大障碍 ………………… 94
　　二、腐败严重削弱了巴基斯坦政府效能和公信力 …………………… 97
　　三、电力供应不足 ……………………………………………………… 97
　　四、巴基斯坦营商环境较差，财政赤字严重 ………………………… 98
　　五、投资不足导致融资成本提高，巴基斯坦投资偏低问题依然严重
　　　 ………………………………………………………………………… 99

第五节　政策启示 …………………………………………………………… 100

第三章　孟加拉国的国际移民与经济发展 …………………………………… 104

第一节　孟加拉国的国际移民 ……………………………………………… 104
　　一、孟加拉国海外移民的历史 ………………………………………… 104
　　二、孟加拉国海外移民的分类 ………………………………………… 106

第二节　孟加拉国经济发展历程及现状 …………………………………… 109
　　一、经济发展概况 ……………………………………………………… 109
　　二、经济区发展战略 …………………………………………………… 112

第三节　国际援助与孟加拉国经济增长 …………………………………… 116
　　一、孟加拉国接受国际援助的概况 …………………………………… 116

二、孟加拉国外来发展援助的有效性低 ………………………… 121
　　三、外来发展援助对孟加拉国的影响 …………………………… 123
第四节　外国直接投资（FDI）与孟加拉国经济增长 ……………… 127
　　一、孟加拉国的外国直接投资概况 ……………………………… 127
　　二、孟加拉国吸引外资策略 ……………………………………… 129
　　三、中国对孟加拉国的投资 ……………………………………… 130
第五节　国际贸易与孟加拉国经济增长 ……………………………… 131
　　一、孟加拉国对外贸易概况 ……………………………………… 131
　　二、孟加拉国对外贸易对经济的影响 …………………………… 141
第六节　移民汇款与孟加拉国经济增长 ……………………………… 144
　　一、孟加拉国移民汇款概况 ……………………………………… 144
　　二、孟加拉国移民汇款的主要来源、流入方式与使用途径 …… 148
　　三、移民汇款对孟加拉国经济发展的影响 ……………………… 155

第四章　菲律宾经济发展中的移民汇款 ……………………………… 161
第一节　菲律宾国际移民及其汇款概况 ……………………………… 161
第二节　文献回顾 ……………………………………………………… 168
　　一、移民汇款对经济增长产生积极作用 ………………………… 168
　　二、移民汇款对经济增长产生负面影响 ………………………… 170
第三节　移民汇款对菲律宾社会发展的影响 ………………………… 172
　　一、移民汇款的积极作用 ………………………………………… 172
　　二、移民汇款的负面作用 ………………………………………… 184
第四节　阻碍移民汇款积极作用的两大重要因素 …………………… 188
　　一、基础设施落后 ………………………………………………… 188
　　二、法律政策限制严格 …………………………………………… 190

第五章　开放发展背景下马来西亚的外国资本 ……………………… 192
第一节　马来西亚经济发展历程 ……………………………………… 192
第二节　马来西亚的外国资本 ………………………………………… 196
　　一、外国直接投资 ………………………………………………… 196
　　二、出口贸易 ……………………………………………………… 207

　　　　三、移民汇款 ·· 211
　　　　四、外国援助 ·· 219
　　　　五、外债 ·· 221
　　第三节　外国资本对马来西亚经济发展的影响 ·· 223
　　　　一、外国直接投资的影响 ··· 223
　　　　二、对外贸易的影响 ·· 228
　　　　三、移民汇款的影响及政策分析 ··· 229

第六章　印度尼西亚的国际移民与经济发展 ·· 232
　　第一节　印度尼西亚的国际移民 ·· 232
　　第二节　印度尼西亚经济发展历程及现状 ·· 237
　　第三节　国际援助与印度尼西亚经济增长 ·· 240
　　　　一、发展援助综述 ·· 240
　　　　二、印度尼西亚的国际援助概况 ··· 242
　　　　三、国际援助对印度尼西亚经济发展的作用 ·· 246
　　第四节　外国直接投资（FDI）与印度尼西亚经济增长 ·· 251
　　　　一、印度尼西亚利用外资概况 ··· 252
　　　　二、印度尼西亚吸引外资策略 ··· 254
　　　　三、印度尼西亚FDI来源国及分布产业情况 ·· 259
　　　　四、FDI对印度尼西亚经济发展的影响 ·· 263
　　第五节　国际贸易与印度尼西亚经济增长 ·· 269
　　　　一、国际贸易对经济发展的作用 ··· 269
　　　　二、印度尼西亚国际贸易概况 ··· 271
　　第六节　移民汇款与印度尼西亚经济增长 ·· 277
　　　　一、移民汇款对经济增长的作用 ··· 277
　　　　二、印度尼西亚移民汇款概况 ··· 278
　　　　三、印度尼西亚移民汇款流入方式 ··· 279
　　　　四、移民汇款对印度尼西亚经济的影响 ·· 281

参考文献 ·· 283

第一章
开放发展的印度：移民汇款、外援、外债和外资

第一节 印度经济开放发展历程

自1950年印度共和国成立后，经过近70年的时间，印度的经济发展取得了很大成就。从开始的"印度式增长"到现在的高速增长，印度宏观经济发生了巨大变化。20世纪50年代以后，印度经济大致经历了三个阶段：1950年到1966年独立的公私混营经济体系阶段、1981年到1990年的经济调整阶段，以及1991年至今的经济改革和建立市场经济模式阶段。在经济发展的不同阶段，印度政府都采取了相应的经济发展战略，对印度的政治、经济、文化等领域产生了深远的影响。

印度在其独立之后的经济增长过程中基本遵循了依靠创新和低投资率的发展方式实现了具有印度特色的经济增长模式。印度独立后的第一届政府在如何发展国内经济的问题上深受英国费边主义以及苏联社会主义的影响，确立了公私营经济为主导的混合经济体制，并且确立了在推动经济增长的同时兼顾社会公正的经济发展目标，即"马哈拉诺比斯发展模式"。然而印度20世纪50年代至80年代的实践结果表明该发展模式不但没有实现增长和公平同时兼顾的初衷，反而出现了经济发展失衡、经济增长缓慢、贫富差距加大的局面。1947年独立后的40年中，印度经济发展缓慢，年均增长率仅为3.5%，被嘲笑为"印度速度"。

直到20世纪80年代，印度的发展策略是关注自力更生和进口替代品。20世纪80年代初期拉吉夫上台后开始经济改革，公开修正了自尼赫鲁政府以来所确立的增长与社会公平并重的经济战略目标，提出应该把经济增长放在首要地位，年均经济增长率达到5%。之后的拉奥政府将拉吉夫的自由化政策继承和深化，开始了意义重大、影响深远的经济改革。至此，以经济增长为首要目标的经济战略在印度国内才最终得到广泛认可与支持，也成为拉奥政府之后至今的历届政府经济改革的思路。

印度1991年起实行经济改革。1991年印度遭遇严重的国际收支危机,经济改革加速。1991年印度的经济改革就是推行自由化、市场化、私有化和全球化。正是这些改革改变了印度政府调控经济发展的手段和方式,稳定了印度的宏观经济形势,充分发挥了市场经济体制的优越性,增强了信息的流动性和透明性,促进了对外部资源、技术和市场的利用,激活了整个国民经济的活力,极大地提高了经济效率。印度20世纪90年代年均经济增长率达5.7%,1992—1997年GDP年均增速为6.7%。21世纪的前10年,印度经济继续快速增长,年均增长率在7.7%以上,2000—2006年年均增长率达到7.4%,① 1997—2012年GDP年均增长率降至5.5%,但2003—2008年年均增长率达到9%,为印度历史上的最高水平,让很多西方媒体和印度媒体惊叹为"印度神话"。

自1951年到2008年的50多年里,印度不同年度的经济增长率变化很大,但总的来说可以分两个阶段:第一阶段是从1951—1980年。在这30年的时间里,印度经济增长率出现了4次波峰,其中最高点为1975—1976年度的9.0%;同时也出现了3次波谷,有4个年度的增长率为负值,最低点为1979—1980年度的-5.2%,其次是1965—1966年度的-3.7%,最高点与最低点相差14.2个百分点。这一阶段印度经济增长缓慢、起伏不定,其年均经济增长率仅为3.5%。第二阶段是从1980年到2008年。在这20多年的时间里,印度经济增长率的变化仍有起伏,但相对第一阶段来说,其波动幅度趋于缓和,并且没有出现负增长。年度增长率最高点为1988—1989年度的10.5%,最低位为1991—1992年度的1.3%,最高点与最低点相差9.2个百分点。1980年到2008年的年均增长率到达6.1%。②

2008年全球爆发金融危机之后,西方国家经济衰落明显。与此同时,中国与印度这两个巨大的发展中国家却逆势而起。2008—2009年度,虽然遭受由全球金融危机引发的世界经济衰退的影响,印度经济仍然保持了6.7%的增长速度,③ 2009年,迅速恢复为8.0%,2010年达到8.6%。④ 据印度《经济时报》2010年1月12日的消息,2009—2010年度,印度仍是世界主要经济体中经济增长速度最快的国家之一。2014—2015年印度经济增长速度出现了短暂下滑,为6.4%,然而自2015年起,印度经济增长速度又开始了新一轮的上涨。根据印度

---

① 世界银行:《2008年世界发展指标》,中国财政经济出版社,2008年,第199页。
② 王丽:《印度经济发展方式转变的实证分析》,《南亚研究季刊》2009年第3期。
③ Government of India. Economic Survey (2008—2009), http://indiabudget.nic.in.
④ Government of India. Economic Survey (2010—2011), pp.238-239, http://indiabudget.nic.in.

第一章 开放发展的印度：移民汇款、外援、外债和外资

政府公布的数据，2016年印度经济的增长率为7.2%。[①]

目前印度是南亚地区经济实力最强的国家，不仅加入了世界贸易组织，而且还是金砖国家、南亚区域经济合作联盟以及环印度洋地区合作联盟等经济合作组织的成员国，享受对外经贸的多种优惠政策。2015年印度中央统计局调整了GDP统计方法，以2011—2012财年为基准年。根据新的方法统计所得的数据来看，2011—2012财年至今，印度GDP保持了较快增长。其中，2015—2016财年，GDP增速高达7.6%。国际货币基金组织数据显示，2015年印度的GDP世界排名已从上一年度的第九名上升到了第七名，2016年印度GDP总量超过英国，成为全球第五大经济体。

学界普遍认为，印度经济增长模式更多地表现出了一种"印度非政府主导的体制安排、增长动力和结构以及增长的高绩效等决定了它只能保持'印度教徒式'的不冷不热的'自然增长'状态"。[②] 印度形成了一种与中国等东亚国家不同的增长模式，主要依赖国内市场而非出口，依赖消费而非投资，依赖服务业而非工业，依赖高技术而非低技能制造业。[③]

就产业差距而言，印度经济增长主要依靠服务业带动。印度服务业在20世纪90年代的增长率为7.5%，最近五年年均增长率更是达到10.3%，在GDP中的比重从1950年的30.5%增加到2009年的57.3%，但目前在就业中的比重却只有25.4%。[④]

以地区差距而言，2003年印度人均国民生产净值平均值为11 799卢比，最好的邦为16 679卢比，最差的邦为3557卢比；至于贫困线以下人口比例，全国平均值为27.8%，最好的邦仅为6.16%，最差的邦高达47.15%；在成人识字率、中小学入学率及婴儿死亡率等经济和社会发展指标上，最好的邦和最差的邦也有很大的差距。[⑤]

自20世纪70年代末以来，印度的贸易政策开始逐步放开，渐次采取了进口自由化政策。1980年，《垄断和限制性贸易惯例法令》（MRTP）和《外汇管制法》（FERA）的放宽，代表印度首个有系统的自由化政策诞生。1991年，印度出台了《结构调整计划》（SAP），其主要目标是实现增长最大化，主要内容包括

---

① Government of India. Economic Survey (2016—2017), p.9, http://indiabudget.nic.in.
② 权衡：《中印经济增长模式之比较》，《东方早报》2006年第8期。
③ 刘秀莲：《印度经济增长模式的喜与忧》，《学习月刊》2007年第8期。
④ Government of India. Economic Survey (2010—2011), pp.238-239, http://indiabudget.nic.in.
⑤ Planning Commission Government of India. Towards Faster and More Inclusive Growth: An Approach to the 11th the Five Year Plan, 2006.

减少贸易壁垒、外国资本和技术自由流入、消除各种补贴、私有化以及劳动力国际自由流动。这一政策使得印度的经济全球化进程发生了巨变。1991年实行经济改革后，印度经济增长明显加快，1993—2002年年均增长率达6%，2005年、2006年一度超过9%，之后受金融危机影响增长减速，2008年仅有3.89%。2009年迅速恢复增长，当年增速达8.48%，继而在2010年达到创历史记录的10%，之后几年减缓为6%左右，近两年又有所恢复，2014年、2015年分别为7.24%和7.57%。经过20多年的改革，印度已经成为世界上经济发展最快的国家之一。

第二节 印度开放发展中的外国资本

一、概述

经济全球化或世界经济一体化运动的关键要素是外资流入。作为经济增长进程中的核心要素，外国资本在经济增长过程中可以补充国内资源。外国资本已成为许多发展中国家经济发展的催化剂。由于经济长期发展面临资金的严重短缺，不少发展中国家已经将引入外国资本作为实现经济快速增长的主要手段。不幸的是，不少国家长期以来积累了庞大的外债，在外汇流动方面遇到严重的偿债问题，其经济发展的实践并不令人满意。相反，少数经济快速增长的新兴工业化国家的经验却表明外国资本有效弥补了经济发展的资源缺口，是经济发展的核心要素。

印度引入外国资本最主要的方式是外债，而外援、外国直接投资（FDI）和海外汇款在其外国资本流入中只占了很小的一部分。截至2015年12月底，印度外债规模达到4796亿美元，其中，政府债务为907亿美元，占外债总规模的18.9%，非政府债务为3895亿美元，占外债总规模的81.1%。印度最主要的外资流入是企业、银行和政府的外债。政府所采取的审慎外债管理政策有效地控制了外债增长速度，让外债规模仍然保持在一个合理的范围之内。

印度是当今世界上的海外移民大国。[①] 自上个世纪70年代末以来印度的海外汇款经历了飞速发展的40多年，到2014年已达到了创纪录的704亿美元，自

---

① 本书的"海外移民"包括"海外劳务"与"海外员工"。

第一章 开放发展的印度：移民汇款、外援、外债和外资

1978 年以来增长了 60 倍，稳居全球最大海外汇款接收国的地位。在 1978—2014 年，海外汇款已逐渐发展成为总量超过 FDI 和政府开发援助（ODA）的重要外国资本。

自 1991 年经济改革以来，印度不断加大吸引外资的力度，外资流入呈稳定增长态势。到 2001 年，印度几乎所有部门都对 FDI 敞开了大门。1991—2000 年，印度共吸引外国直接投资（FDI）237 亿美元，而 2000—2001 年度就有近 52 亿美元的外资流入。在随后的几年中，流入印度的外资不断增加，2004—2005 年度和 2007—2008 年度分别流入 153.66 亿美元、214.53 亿美元、290.82 亿美元和 618.30 亿美元。2014 年，印度吸收外国直接投资 338 亿美元，2015 年增长为 442 亿美元。在吸引 FDI 规模上，印度位于全球第 10 位。

近年来印度吸引外国直接投资额也显著升高，2014 年 10 月到 2015 年 6 月其外国直接投资与上年同期相比增长近 40%。《金融时报》和安永会计师事务所发布的一项调查报告显示，受益于巨大的消费市场、廉价丰富的熟练劳动力，2015 年上半年，印度以 310 亿美元的外国直接投资额居于全球首位，成为吸引 FDI 最多的国家。其中制造业吸引的外国直接投资占比达到 46%，同比上升 221%，以清洁技术、汽车和航空业为代表，投资领域涉及除基础设施建设之外的绝大多数制造业部门。[①] 印度工业总资本形成增长率由 2013—2014 财年的 -3.7% 上升至 2014—2015 财年的 3.6%，显示出工业部门投资带来的明显的上升势头。[②]

印度也是世界上主要的外援受援国之一。自 20 世纪 70 年代末以来，印度的官方发展援助总量始终保持相对稳定，没有出现大的变化。1978 年为 11.31 亿美元，到 1980 年增加到了 21.86 亿美元，此后至 90 年代初一直徘徊在 14—20 亿美元。进入 90 年代以后略有增加，曾经在 1992 年一度达到了 27.36 亿美元。21 世纪头 10 年较 20 世纪 90 年代略有减少，其中 2003 年和 2004 年印度接受 ODA 不足 10 亿美元。2009 年以后增加较为明显，2009—2014 年年均有 27 亿美元左右，其间有达历史最高纪录的 32.45 亿美元。2014 年，ODA 为 29.84 亿美元。[③]

---

① 商务部国际贸易经济合作研究院、商务部投资促进事务局、中国驻印度大使馆经济商务参赞处编《对外投资合作国别（地区）指南：印度（2015 年版）》。http：//fec. mofcom. gov. cn/article/gbdqzn/upload/yindu. pdf.

② Sandeep K, K Avita. Foreign Direct Investment in IndianA - cultural Sector：Opportunities and Challenges States, 2016 - 08 - 10. http：// www. indiastat. com/SOCIO - PDF/109/fidltex t. pdf.

③ World Bank, WDI（World Development Indicators), October 2016, http：//data. worldbank. org. cn/datacatalog/world - development - indicators.

二、国际移民及其投资和汇款

1. 国际移民

国内学界关于印度移民的重视发轫于 21 世纪初，丘立本、张秀明、贾海涛等纷纷撰文对印度的移民史进行了简略回顾。学界普遍认同，印度人移民海外的历史可以分为两个时期（阶段）和三次高潮，两个时期是殖民时期与后殖民时期，三次高潮分别为 19 世纪三四十年代、20 世纪初以及 20 世纪 60 年代至今，划分的依据主要是移民的类型和时间。张秀明认为虽然印度人的移民史可以追溯至公元前，但印度人的大规模移民主要发生在 19 世纪 30 年代后。19 世纪以来印度人移民海外经历了三次浪潮：一是殖民时期的移民，即 19 世纪 30 年代至 20 世纪初期，主要是契约工人和其他劳工、商人、专业人士及英国政府雇员向在亚洲、非洲、拉丁美洲和加勒比海的英属、法属和荷属殖民地的移民，特别是契约劳工向英国在加勒比海、非洲和东南亚殖民地的移民；二是第二次世界大战后向工业化国家的移民，特别是 20 世纪 80 年代中期以来软件工程师及其他专业人员向发达国家的移民；三是 20 世纪七八十年代向西亚国家的劳工移民。① 丘立本的看法与张秀明基本保持一致。②

贾海涛则将印度移民历程划分为四个阶段：第一次大规模移民海外发生在 19 世纪三四十年代，这是一次有组织但非常被动的移民。第二次大规模移民海外发生在 20 世纪初期，当时的英国殖民统治者计划征用 100 万印度人前往英伦三岛，以缓解那里劳动力短缺的状况。在前往英国的途中，他们滞留在非洲，被殖民当局征用。第三次移民高潮出现在 1923 年至随后的十余年间，波斯湾地区劳动力短缺，大量的印度劳工被英国殖民当局有组织地送到那里从事体力劳动，形成了一次移民潮。这批移民与前两批移民略有不同，因为他们有回流印度及多次往返的现象。他们与后来的印度劳工形成一种海湾—印度的互动或循环。这种互动或循环使得印度人目前在海湾的劳工比例相当庞大。这批人及其后代（包括新的印度劳工）目前虽然没有获得海湾国家的国籍，经济状况和经济地位与当地人也相差甚远，但收入与印度国内的普通老百姓相比要高出很多。第四次移民高潮出现在 20 世纪 60 年代之后。当时大批印度学生留学海外，也有大批受过良好

---

① 张秀明：《海外印度移民及印度政府的侨务政策》，《华侨华人历史研究》2005 年第 1 期。
② 丘立本：《印度国际移民与侨务工作的历史与现状》，《华侨华人历史研究》2012 年第 1 期。

第一章 开放发展的印度：移民汇款、外援、外债和外资

教育的人到海外就业。他们的目的地为美国、加拿大和西欧。他们中的大部分都留在了海外，获得了绿卡或归化当地。这批人及其后代大都受过良好教育，其中的不少人都是商界成功人士或实业家。①

从以上对印度移民历史的不同划分来看，虽然在具体时间上存在不一致，但对于几次大规模移民高潮的基本判断是相同的。海外印度人的这一全球分布，是由英殖民时期和印度独立后多次向外的移民潮形成的。我们重点对印度移民中出现的几次高潮作简要的回顾。1834年后，英、法等国先后废除黑奴贸易，殖民地劳动力奇缺，英、荷、葡等殖民地政府便从印度输出大量劳力，以契约劳工的形式运往毛里求斯、乌干达、特立尼达和多巴哥等殖民地以取代那里的黑奴。1852年后，由印度人工头组织的劳务输出，又将大量劳工输往斯里兰卡、缅甸和马来亚等地的种植园。19世纪末到20世纪上半叶，又有一批印度小商贩、工匠、小业主、文教卫生人员和其他职业人士，以自由人身份前往缅甸、马来亚、东非和南非等英殖民地。有学者估计，1846—1932年印度输出劳工多达2800万人。

第二次世界大战后印度的国际移民由两部分组成：一是流向工业化国家的永久性移民；二是流向海湾地区的短期移民。前者在印度的劳动力中并不占重要的比例。战后，印度移民的职业结构有很大变化。总体来看，非熟练劳工比例日渐减少，熟练工人、技术人员和各类专业人员增多，其中包括教师、律师、会计师、医生、科技等人员。在发展中国家，印度海外移民40%—50%为工人和服务人员，而发达国家中印度移民专业技术等"白领"职员比例则占到50%—80%。② 在英国的印度人中，工人是主要成分，但英国医疗机构中则几乎全是印度医生。印度独立后，大规模对外移民始于20世纪60年代，在70年代达到高潮。这一移民潮的主要目的地是海湾地区。印度劳工大规模涌向海湾地区是在1973年，当时石油价格暴涨，海湾国家经济出现繁荣而本国劳动力比较短缺。这批移民和历史上的契约劳工不同，是当代流动性的劳工，以技术工人为主体，往返于移民输出国与输入国之间。到20世纪50年代，海湾地区的印度劳工数量达到了1.5万；20世纪70年代初，这一数字变成了2万。③ 目前，印度在海外

---

① 贾海涛：《印度人移民海外的历史及相关问题》，《南亚研究》2009年第1期。
② 马晶：《印度移民流向：英国—海湾—美国》，《新京报》2008年1月20日，http：//news.sina.com.cn/o/2008-01-20/020513290775s.shtml。
③ Prakash C. Jain. "Indian Migration to the Gulf Countries: Past and Present", *India Quarterly*, Vol. 61, No. 2, 2005, p.56.

的劳工人数约达500万,其中90%都在海湾地区。①

20世纪80年代开始,印度大批留学生、各类专业人士和知识精英纷纷前往美、英等发达国家升学就业,形成新的移民高潮。究其原因,一方面是印度本土对劳动力和专业技术人才的培训和教育,特别是计算机和IT专业领域人才过剩,印度希冀通过鼓励移民来缓解国内就业压力和刺激经济发展;另一方面源自各国特别是西方发达国家在经济发展中对各类劳动力,尤其是高级专业技术人才的需求、对留学生等潜在人才的储备和培养、方便移民政策评估、缓解本国人口老龄化问题等诸多因素。近年来,由于硅谷印度软件工程师的成就以及印度人在所在国的杰出表现,海外印度人在印度及海外都引起了比以前更多的关注。特别在印度国内,近几年来以西方发达国家的专业人士为主的海外印度移民受到了印度政府的极大关注。印度政府采取了一系列措施,以吸引更多的海外印度人投身印度国内的经济建设,为印度的经济发展做贡献。

海外印度人在世界各地的分布是不均衡的,影响力也大不相同。在有些国家,印度人只是零星的存在,影响甚微,几乎可以忽略不计;而在有些国家,印度移民及其后裔人数较多,在总体人口中的比例相当大,影响也较大。甚至在有些国家,印度人已经成了主体民族或最大的族群。根据海外印度人事务部统计,海外印度人分布在五大洲的130个国家,其中东南亚占36%、海湾地区占19%、北美占14%、非洲占12%、欧洲占10%、加勒比地区占6%、其余占3%。就国家而言,印度人在10万人以上的有48个、50万人以上的有11个,即缅甸300万、马来西亚170万、沙特阿拉伯150万、美国168万、英国120万、阿拉伯联合酋长国100万、南非100万、加拿大85万、毛里求斯72万、新加坡170万、特立尼达和多巴哥50万。此外,圭亚那、荷兰和澳大利亚等国的印度移民也不在少数,如圭亚那40万、苏里南15万、荷兰22万、肯尼亚10万、也门10万、科威特30万、卡塔尔13万、巴林13万、阿曼32万、留汪岛22万、澳大利亚20万、斐济34万。② 在一些国家里,海外印度人的绝对人数虽然不多,但所占人口比例却很高,如毛里求斯高达70.1%、斐济为47.8%、苏里南为35.9%、特立尼达和多巴哥为35.3%、圭亚那为30.3%、尼泊尔为27.1%、阿拉伯联合酋长国为16.55%、卡塔尔为15.76%、阿曼为14.29%、巴林为11.16%、马来西亚

---

① Samir Pradhan, *India's Economic and Political Presence in the Gulf: A Gulf Perspective*, Report of Gulf Research Center, 2009, p.20

② Ministry of Overseas Indian Affairs, Annual Report 2008 - 2009, http://www.moia.gow.in; S.K. Mandal, Home Coming, Chronicle, Mar.2003.

第一章 开放发展的印度：移民汇款、外援、外债和外资

为 7.07%、斯里兰卡为 6.26%、科威特为 5.88%。①

表 1-1 海外印度人人口数量统计表

(单位：人)

地区	入籍印度人 (PIOs)	印度侨民 (NRIs)	无身份者	其他	海外印度人 人口总量
亚洲	364 461	7 821 345	462 110	—	8 647 916
美洲	3 530 705	356 928	201 000	—	4 088 633
非洲	1 179 583	91 311	3500	100 000	1 374 394
欧洲	404 466	163 606	2010	1 206 900	1 776 982
大洋洲	371 579	1320		210 000	582 899
总计	5 850 794	8 434 510	668 620	1 516 900	16 470 824

注：① 英国的海外印度人总数超过 120 万（没有对 PIOs 和 NRIs 进行详细区分统计）；② 美国的海外印度人总数超过 168 万（没有对 PIOs 和 NRIs 进行详细区分统计）；③ 南非的海外印度人总数超过 100 万（没有对 PIOs 和 NRIs 进行详细区分统计）；④ 澳大利亚的印度侨民包括从斐济移民到澳大利亚的 5 万印度侨民和从乌干达、肯尼亚、坦桑尼亚、南非、英国和马来西亚等国移民到澳大利亚的大约 1 万名印度侨民；⑤ 新西兰的印度侨民包括来自斐济的印度裔移民。

资料来源：海外印度人高级委员会，Report of High Level Committee on Indian Diaspora, http://www.indiandiaspora.nic.in/.

就地区而言，亚洲是海外印度人分布最多的大洲。这主要是由于殖民时期由殖民者贩卖到东南亚的契约劳工和印度独立后前往海湾国家从事体力劳动的劳工的巨大数量所致。

美洲和欧洲也是海外印度人比较多的大洲。除了殖民时期贩卖到加勒比海地区的劳工以外，20 世纪六七十年代至今由印度前往西欧和北美求学、定居、工作、投资的高科技人才和实业家也不在少数。1962 年和 1968 年英联邦移民法案出台前，作为英联邦居民的印度国民可不受限制随意进入英国，很多印度人在英国定居。60 年代中期，大部分前往英国的印度人是移民眷属，占印度移民的 75%—80%。截至 20 世纪 90 年代，欧洲是印度移民的主要目的地，而全欧印度移民的三分之二在英国。印度移民欧洲人口增多的事实主要是因为欧洲政府希望

---

① Ministry of Overseas Indian Affairs, Annual Report 2008–2009, http://www.moia.gow.in.

吸引印度高技术专业劳动力以补充本国劳动力不足的现状。以德国为例，德国临时移民项目中的绿卡专门针对的是印度 IT 行业专业技术人才。大量印度移民前往北美始于 20 世纪 60 年代末，主要集中在美国和加拿大。美国和加拿大移民政策的修改是印度移民增多的主要原因。总体而言，战后印度移民以高技术人才为主。据美国人口统计署于 2008 年进行的美国社区调查显示，74.1% 的印度移民至少持有本科学历，68.9% 的印度移民在管理、专业技术等相关行业就职。随着印度 IT 业迅速发展，IT 专业人士迅速成长，印度一跃成为了发达国家引进 IT 专业人士的重要源头之一，其中 80% 流向了美国。① 近 270 万印度移民居住在美国，是继华裔美国人和菲律宾裔美国人之后美国第三大亚裔移民族群。根据美国人口普查局的社区调查，美国印度裔人口在 2000 年到 2007 年间增长了 53%，② 是所有亚裔美国人也是美国所有族群中增长最快的族群。

此外，20 世纪 90 年代印度移民进入澳大利亚和新西兰的人数也在增多。印度移民是澳大利亚第三大移民来源。印度移民增多的首要原因是澳大利亚和新西兰旨在吸引具有英语语言优势的高技术专业人士，特别是 IT 行业人才以补充本国的人才缺失。澳大利亚和新西兰是印度留学生的主要目的国，大部分留学生毕业后留在澳大利亚、新西兰。

非洲也有相当数量的印度人，主要是 20 世纪初期运往英伦三岛中途滞留非洲并在当地落地生根的劳工。

近年来移民海外的印度人有增无减。2005 年从印度移出的印度移民约 1000 万，占其人口比重的 0.9%，目的国中前十位分别是阿联酋、沙特、美国、孟加拉国、尼泊尔、英国、斯里兰卡、加拿大、科威特和也门。③ 美国国务院 2011 年公布的报告显示，印度在 2012 财年成为美国接收海外移民第三大输出国。2012 年约有 34.3 万名印度人向美国移民局提交了申请等待批准，约占当年美国接收移民总数的 8%。④ 根据澳大利亚移民和公民事务部公布的最新统计数字，印度于 2011—2012 年度取代中国成为澳大利亚最大移民来源国。印度裔移民已经成

---

① 《印度成美国海外移民第三大输出国 菲律宾排第二》，中国经济网，2012 年 1 月 29 日，http://intl.ce.cn/specials/zxxx/201201/29/t20120129_23025348.shtml.

② 《印度成美国海外移民第三大输出国 菲律宾排第二》，中国经济网，2012 年 1 月 29 日，http://intl.ce.cn/specials/zxxx/201201/29/t20120129_23025348.shtml.

③ Dilip Ratha and Zhimei Xu, "Migration and Remittances Fact book, Migration and Remittances Team", Development Prospects Group. http://www.worldbank.org/prospects/migrationandremittances.

④ 《印度成美国海外移民第三大输出国 菲律宾排第二》，中国经济网，2012 年 1 月 29 日，http://intl.ce.cn/specials/zxxx/201201/29/t20120129_23025348.shtml.

为澳大利亚增长最快的群体,在澳大利亚人口总数中所占比例高达5.6%。① 印度有5亿25岁以下年轻人,他们成为了澳大利亚稳定的技术移民来源。② 澳大利亚海外移民十大来源地中,亚洲国家占了7个。除中国和印度之外,其他5个国家分别是菲律宾、斯里兰卡、韩国、越南和马来西亚。另外两个进入前十位的国家分别是南非和爱尔兰。技术移民对支持澳大利亚经济发展和克服老龄化问题至关重要。澳大利亚60%以上的移民都是技术移民。

总之,当今海外印度人在全球的人口分布是在重商主义、殖民主义和全球化的历史大背景下,经历多次不同形式的对外移民而形成的。因此,正如《海外印度人事务部2007—2008年报告》所指出的:"海外印度人群体(diaspora)很难说是一个统一的印度人大群体,它实际上是由不同地区、不同语言、不同信仰的许多不同群体构成的,维系这些色彩斑斓的小群体的唯一纽带是对印度乡土的思念和固有的价值观"。

2. 国际移民的投资

海外印度人大规模对印度投资始于20世纪90年代初,可分为两个阶段:第一阶段为1991—2000年,海外印度人直接投资额为953.44亿卢比,占同期印度外商直接投资额的3%左右;第二阶段为2000—2009年,这是海外印度人对印度投资规模扩大的阶段,共投资1761.69亿卢比,约为40.88亿美元,占同期印度外商直接投资额的4.77%。③ 虽然印度经济对外资的依赖程度相对减小,印度批准的外国直接投资额在逐步下降,但海外印度人对印度的投资占外国直接投资的比例却在迅速提高。仅就2003年第二季度来看,海外印度人对印度的投资为22.29亿卢比,占同期印度批准外国直接投资额(120.44亿卢比)的18.5%,而2002年海外印度人的投资仅占印度外来投资的3.2%,2001年所占比例更小,仅为2.3%。④

海外印度人给印度带来的发展资金不仅体现在直接投资上,还体现在利用自己在移居国的影响力加大移居国对印度的投资力度上。例如,毛里求斯是一个印度裔人口占比例相当大的国家,2000—2009年,毛里求斯对印度投资总额为

---

① Migration and Development Brief (2013), World Bank, April 2013.
② 《澳大利亚最大移民来源国 印度取代中国占据榜首》,新华网,2012年7月20日,http://www.gasheng.com/abroad/ab2012072002a.shtml.
③ Department of Industrial Policy and Promotion Ministry of Commerce and Industry. Fact sheet on Foreign Direct Investment, http://dipp.nic.in/fdi statistics/india_fdi_index.htm.
④ (印度)《商务标准报》2003年8月18日。

368.43亿美元,是对印度直接投资金额最大的国家。①

斯坦福大学的一位经济学家称,在整个20世纪90年代的投资高潮中,海外印度人对印度的直接投资接近6亿美元,占同期外商在印度直接投资总额的30%。② 而另有人估计,从1991年到1999年,海外印度人对印度的协议投资额为830.61亿卢比(约17.30亿美元),实际投资额为791.58亿卢比(约16.49亿美元)。③ 目前在硅谷的高科技公司工作的印度人达30多万,2000年他们的总收入达到600亿美元。这些印度人大多把赚来的钱用于投资印度,投资的速度为平均每人每年20万美元。④

3. 国际移民的汇款

(1) 概况

长期以来,由于受传统文化和价值观念的影响,印度的海外移民不论贫富,都认为给身在印度的亲人寄送钱财是一种道义责任。因此,随着海外印度人的数量增多和生活状况日趋稳定,印度国际移民汇款也逐年增加。据国际移民组织(IOM)《2005年世界移民报告》,印度是南亚地区最大的移民输出国,在世界上位于中国、英国之后,是第三大移民输出国。⑤ 世界银行提供的数据显示,全世界的移民每年以正式途径寄回原籍国的国际移民汇款达800亿—1000亿美元,而海外印度人的国际移民汇款总额就占七分之一。据报道,印度海外劳工总数达160万,每年创汇50亿美元。⑥ 国际移民汇款是海外印度人与印度经济联系的主要纽带之一,也成为印度经济发展的重要推动力。印度国际移民汇款的增长速度可以用"惊人"来形容。

自20世纪70年代末以来,印度的移民汇款经历了飞速发展的40多年。1978—1993年印度移民汇款收入变化不大,基本上都保持在35亿美元以下。⑦

---

① Department of Industrial Policy and Promotion Ministry of Commerce and Industry. Fact sheet on Foreign Direct Investment, http://dipp.nic.in/fdi statistics/india_fdi_index.htm。

② *India* 2002: *A Reference annual*, Publications, Division Ministry of Information and Broadcasting Government of India.

③ 孙士海、葛维钧:《列国志——印度》,社会科学文献出版社,2003年,第272页。

④ 《印度软件跑得快 实力直接挑战美国硅谷》,《北京青年报》2001年6月27日, http://news.sohu.com/49/05/news145690549.shtml。

⑤ World Migration 2005: Costs and Benefits of International Migration, p. 123, http://www.iom.int/jahia/Jahia/cache/offonce/pid/1674?entryId=932。

⑥ 钱锋:《印度向全球输出劳务》,《环球时报》2003年9月10日。

⑦ World Bank. Migrant remittance inflows (US $ million), WDI (World Development Indicators), October 2016, http://data.worldbank.org.cn/data-catalog/world-development-indicators。

第一章　开放发展的印度：移民汇款、外援、外债和外资

进入 90 年代以后，国际移民汇款收入的增速进入了快车道，1990 年为 23.84 亿美元。1994 年以后，印度取代中国、墨西哥等老牌国际移民汇款收入大国成为世界上最大的国际移民汇款收入国。1990—1991 年海湾战争爆发，大批定居于海湾地区的印度人回迁国内，但 1991 年移民汇款收入不仅没有减少，反而还增长了 9.05 亿美元。此后移民汇款继续增加。1994—2005 年出现了明显增长，由 1993 年的 35 亿美元一举增加到了 1997 年的 103 亿美元，2002 年突破了 150 亿美元大关，达 157.54 亿美元；到 2003 年更是突破了 200 亿美元大关，达 210 亿美元。此后开始持续快速增长，2006 年接近 300 亿美元，2007 年接近 400 亿美元，2008 年达到了 500 亿美元，2011 年突破了 600 亿美元，到 2014 年已达到了创纪录的 704 亿美元，自 1978 年以来增长了 60 倍，稳居全球最大移民汇款接收国的地位。根据世界银行最新统计，2015 年印度国际移民汇款达到 722 亿美元。1990—2007 年的年平均增长率达 15.35%，海外印度人平均每年贡献的国际移民汇款达 122.36 亿美元。

这只是印度官方统计的数据，仅仅包括通过正常渠道流入印度的国际移民汇款，而实际数额远不止于此。因为官方数据只记录通过正式渠道汇入的钱，但有 40% 的人通过地下金融系统转账，[①] 其数量常与正规国际移民汇款不分上下。印度总理经济顾问委员会提供的信息显示，海外移民通过私人方式输回印度的国际移民汇款在 2009—2010 财年超过 550 亿美元，而 2008—2009 财年和 2007—2008 财年分别为 446 亿、417 亿美元，这几乎与同期的正规国际移民汇款收入持平。[②] 令人称奇的是，在全球金融危机形势下，货币汇率的波动却推动了印度国际移民汇款的增加，世界银行 2009 年 3 月对印度 2008 年的国际移民汇款收入的估计从原来的 300 亿美元上调到 450 亿美元；几个月后，官方公布的数据则上升至 520 亿美元。

[①] 高佩著：《海外汇款如何影响一国经济?》，《青年参考》2015 年 9 月 24 日，http://forex.jrj.com.cn/2015/09/24074919857881.shtml.

[②] Srivat K R. Private remittances set to treble in 2009 – 10, http://www.thehindubusinessline.com/2010/02/21/setories/2010022151980100.htm.

13

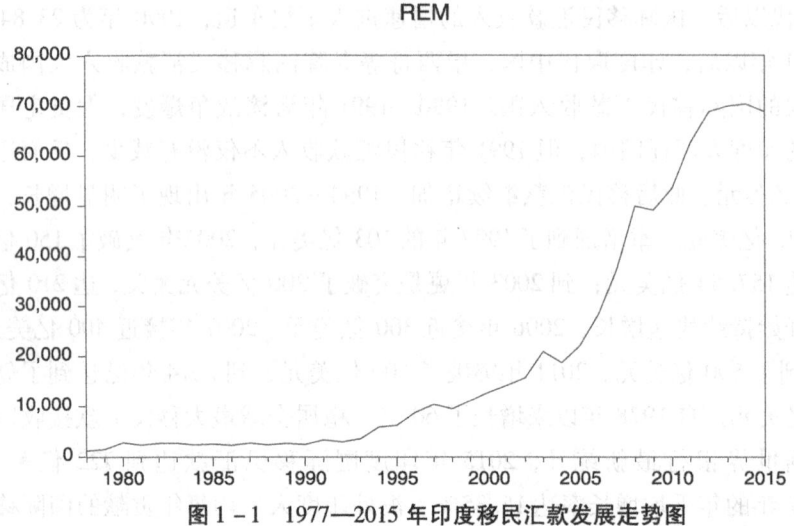

图1-1 1977—2015年印度移民汇款发展走势图

表1-2 海外印度人国际移民汇款占全球国际移民汇款比重（2000—2007年）

（单位：十亿美元）

	2000年	2001年	2002年	2003年	2004年	2005年	2006年	2007年
全球国际移民汇款	131.5	146.8	169.5	205.6	231.3	262.7	297.1	317.7
印度国际移民汇款	12.89	14.27	15.74	21	18.75	21.29	25.43	27
印度占全球比重(%)	9.8	9.72	9.29	10.21	8.11	8.1	8.56	8.5

资料来源：世界银行，http://www.worldbank.org/prospects/migration and remittances.

  与其他外国资本相比较，无论从总量上还是占国内生产总值的比重上来比较，海外国际移民汇款远远高于官方发展援助ODA和FDI。1978年海外国际移民汇款、FDI和ODA分别为11.6亿美元、1809万美元和11.3亿美元，ODA最少，另两项基本相当。这种局面一直维持到了1992年。此后ODA基本没有变化，但是国际移民汇款和FDI却获得了迅猛的增长，因此两者与ODA的差距越拉越大。其间国际移民汇款的增速远远超过FDI，到了2003年海外国际移民汇款、FDI和ODA分别为201亿美元、36.8亿美元和7.29亿美元；到2014年三者分别为703.0亿美元、338.7亿美元和29.8亿美元。由此可见，自20世纪70年代末以来，国际移民汇款始终都是印度重要的外国资本来源。但与此同时，印度既是一个移民输出大国，也是一个移民输入大国，每年有几百万移民涌入印度。2005年印度外来移民总数为570万，占其总人口的0.5%。十大外来移民来源国

第一章　开放发展的印度：移民汇款、外援、外债和外资

为：孟加拉国、巴基斯坦、尼泊尔、斯里兰卡、缅甸、中国、马来西亚、阿联酋、阿富汗和不丹。外来移民数量的增加使从印度流出的国际移民汇款也在逐年递增，2000—2006年从印度流出的国际移民汇款总额就达72.73亿美元，年均增长21.71%。① 由此可见，伴随着印度国际移民汇款收入的飞速增长，从印度流出的国际移民汇款也在成比例地增长，因此印度的绝对国际移民汇款收入净值可能并没有印度政府及许多机构所统计和宣传的那样大。

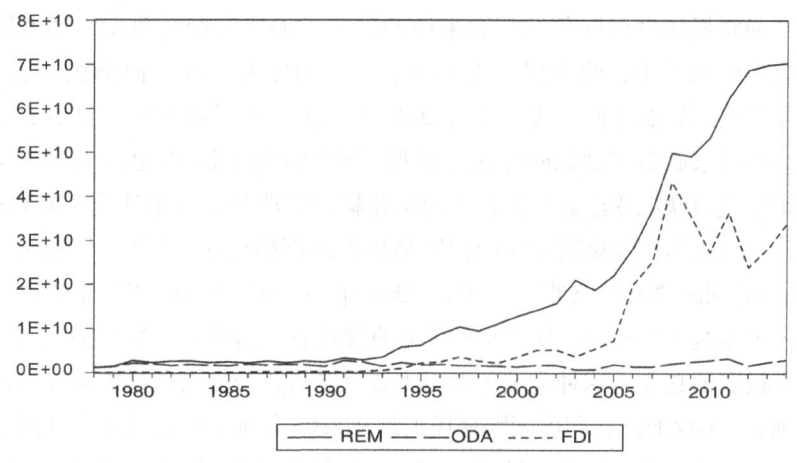

（单位：美元）

图1-2　1978—2014年海外国际移民汇款、FDI、ODA的变动趋势图

资料来源：World Bank, "Migrant remittance inflows (USMYM million)", *WDI (World Development Indicators)*, October 2016, http://data.worldbank.org.cn/data-catalog/world-development-indicators.

（2）国际移民汇款流入方式及渠道

移民模式的改变使印度国际移民汇款的来源更为多元化。20世纪七八十年代印度劳工输出的主要目的地是海湾国家，90年代中期以后印度IT技术移民开始涌向美国、英国、加拿大等欧美发达国家。在整个90年代，这类移民在美国

---

① Dilip Ratha, Zhimei Xu. Migration and Remittances Factbook, World Bank, http://www.worldbank.org/prospects/migration and remittances.

成倍增长，大多持有 H-1B 临时工作人员签证，[①] 工作 6 年后便有可能在美国获得永久居留权。这一时期，移往海湾国家的印度人中专业及管理阶层的工人也在增多。21 世纪以来移民海外的印度人更是有增无减，2005 年从印度移出的印度移民约 1000 万，占其人口的 0.9%。[②]

印度储备银行统计显示，从北美流向印度的国际移民汇款增长非常迅速，1990—1991 年度印度国际移民汇款有 40% 来源于海湾地区，24% 来自北美地区。[③] 之后，除 1998—1999 财年外，在 1997—2003 年都超过了亚洲（主要是中东地区）而跃居印度国际移民汇款来源的首位。2006 年统计显示，印度国际移民汇款收入的来源中，欧洲国家占 13%，北美国家占 44%，海湾国家占 24%。北美国际移民汇款的这种首要地位自 2003 年以来一直保持至今。目前北美地区已取代海湾国家成为印度国际移民汇款最重要的来源。21 世纪以来美国印裔移民通过银行或西联汇款输送回祖籍国的国际移民汇款几乎每年都达到或超过 110 亿美元，并且以非正式渠道输送的国际移民汇款则很可能会更多。[④] 据统计，印度 2006 年的国际移民汇款收入几乎是 2001 年的两倍，而其 2005 年的国际移民汇款收入则超过了当年印度所获得的外来直接投资、国际官方发展援助和外国对印度证券投资的总和。这种成绩的取得主要就是得益于美国印裔国际移民汇款的快速增加。[⑤] 不仅如此，印度国际移民汇款从 2006 年的 246 亿美元上升到了 2008 年的 520 亿美元，其增长率超过了 100%，这是除美国之外的其他任何地区印裔移民所难以实现的。[⑥] 对印度而言，在北美地区新"阶层"的高技术移民比在海湾国家的低技术移民具有更大的购买力以及储蓄潜力。这类移民一直与印度保持着更为紧密的联系。同时，印度 IT 专业人才在国外的不断增加也有利于他们与本土 IT 服务业建立更强的业务联系。

[①] 始于 1990 年的美国移民和国籍法案（Immigration Act），允许美国雇主用 H-1B 非移民签证雇用短缺的高技术性员工到美国进行短期的工作。初始停留时间为三年，可以再延长三年。H-1B 非移民类别适用于有专业才能的外国人。一些美国商业机构或其他组织使用 H-1B 签证从国外雇用某些领域的理论或技术专家，通常的 H-1B 签证持有者为建筑师、工程师、计算机程序员、会计师、医生和大学教授等。

[②] Dilip Ratha, Zhimei Xu. Migration and Remittances Factbook, World Bank, http://www.worldbank.org/prospects/migration and remittances.

[③] Reserve Bank of India. Invisibles in India's Balance of Payments, RBI Bulletin, November 2006.

[④] Steve R. Images of a Journey: India in Diaspora, Indiana University Press, 2007, p.180.

[⑤] Fullilove M. World wide webs: Diasporas and the International System, Lowy Institute for International Policy, 2008, p.31.

[⑥] 滕海区：《美国印裔族群与印度侨汇的发展》，《五邑大学学报（社会科学版）》2012 年第 1 期。

第一章 开放发展的印度：移民汇款、外援、外债和外资

表1-3 印度国际移民汇款总量及其来源地一览表（1997—2003年）

财政年度	国际移民汇款总量/百万美元	非洲/%	北美洲/%	亚洲/%	欧洲/%	国际机构/%
1997—1998	11 875	2.3	37.1	31.3	26.0	3.3
1998—1999	10 341	1.7	36.7	37.1	23.6	0.9
1999—2000	12 290	1.0	45.5	31.9	20.6	1.0
2000—2001	2873	1.3	44.9	34.3	19.0	0.5
2001—2002	12 192	4.5	48.2	23.0	23.2	1.1
2002—2003	15 174	0.65	51.1	22.0	25.8	0.5

资料来源：Fiscal Year Report of Reserve Bank of India 2004, p.140, http://www.rbi.org.in/home.aspx.

国际移民汇款的增加，在一定程度上体现了汇款到印度的正式渠道越来越多。海外印度人可选择的汇款方式很多，如支票、汇票、电汇或通过西联国际汇款公司（Western Union）汇款等。其中最主要的汇款方式是通过环球银行电信协会（SWIFT）汇款。这一方式的优点是速度快、安全性高，缺陷是费用昂贵，低于500美元的汇款要收取2.5%—8%的手续费，500—1000美元的汇款要收取0.7%—2%的手续费。[①] 尽管如此，相对于电传（Telex）和电报（Cable），环球银行电信协会（SWIFT）的费用也算比较低廉，只有电传的18%，电报的2.5%左右。一项由RBI所作的商业银行调查表明，2006年有53%的国际移民汇款通过SWIFT完成。

由于高科技与互联网的广泛使用，海外印度人汇款的另一方式是网上汇款。世界上唯一一个专为海外印度人开通的网上汇款服务是Remit 2 India.Com（汇回印度）。它是《印度时报》与UTI（联合国际货运有限公司）的合作商，深受海外印度人欢迎。这种汇款方式比常规汇款方式服务更方便，价格更低廉。Remit 2 India与印度141个银行有合作关系，可以将汇款送到印度60 000多个地方。其最新的收费标准是每笔交易收费5.95美元，而印度网上银行交易系统每笔交易的费用是8美元。[②]

[①] Muzaffar A. Chi shti. *The Phenomenal Rise in Remittances to India: A Closer Look*, Migration Policy Institute (MPI), 2007, p.10, http://www.migrationinformation.org/datahub/.

[②] http://www.timesofmoney.com/remittance/jsp/home.jsp.

还有一种汇款方式是通过移动电话汇款。这一方式主要针对没有银行账户的海外印度人。全球移动通信系统协会（GSMA）、印度国家银行与印度一家顶级移动公司爱特尔（AirTe）合作，计划普及这种新的汇款技术，甚至在喜马拉雅山的小山村都进行了测试。

最后，一向不以敏锐著称的印度银行开始积极向NRI市场进军。像印度工业信贷投资银行（ICICI）、印度国家银行，以及安得拉邦银行都允许客户持有一个最低金额限制（Minimum Balance）的账户，可以将国际移民汇款免费从国外一家分行汇回国内的一家分行。由于国内银行竞争激烈，印度银行都视NRI市场为待开发的具有很大潜力的处女地。

印度原有非官方汇款主要是哈瓦拉（Hawala）网络。哈瓦拉是扎根于南亚的一种常见的汇款方式。它以信用为基础，依赖网络交易商之间有效的沟通，提供快捷汇款的同时收取一定的保险金，是跨国界流动的网络钱庄，集中在发展中国家和发达国家的少数民族社团里，在印度非常盛行。1993年以前，印度政府实行严格的卢比汇率管制政策，大批海外移民被迫通过哈瓦拉汇款。又由于哈瓦拉可汇兑黄金，这种汇款方式就更为流行了。随着1992年黄金进口自由化以及1993年外汇管制制度改革，哈瓦拉开始在印度失去市场。"9·11"事件后，世界普遍认为哈瓦拉资助了恐怖主义活动，与洗钱等犯罪活动联系在一起，因而引起各国政府的警惕，采用这种方式汇款的海外印度人数量不断减少。

印度储备银行的资料显示，印度将其国际移民汇款分为直汇式国际移民汇款和储蓄账户式国际移民汇款两部分。直汇式国际移民汇款是指海外印度人（包括印侨和印裔）直接转给印度国内亲朋的资金，主要通过银行电汇，其用途多为支付家庭开销。为增加政府外汇储备，印度自20世纪70年代起开始授权所属银行受理海外人士开设储蓄账户的申请，范围仅限于海外印度人。为增强吸引力，政府规定海外人士账户既可储蓄外汇，也可储蓄印度卢比。其中以外汇形式储蓄的资金，如果储户在印度取出卢比，那么该笔资金被政府视为国际移民汇款收入，即储蓄账户式国际移民汇款，这类国际移民汇款多用于生产投资。

印度储蓄账户式国际移民汇款开启时间较晚，然而其发展速度却非常惊人。例如，印度国际移民汇款从2000—2001财年到2005—2006财年增加了88%，其中直汇式国际移民汇款只增加了30%，其他则是储蓄账户式国际移民汇款的贡献。实际上，从2001年开始，印度储蓄账户式国际移民汇款收入就超过了直汇式国际移民汇款，两者的差额从2001—2002财年的19亿美元，增加到2005—2006财年的23亿美元，比例也从2003—2004财年的1.02∶1，上升到2005—

2006 财年的 1.23∶1。① 对此有分析认为，印度国际移民汇款的激增实际是其海外移民储蓄账户的大量卢比套现。

三、 国际援助

1. 印度国际援助概况

对外援助的概念在世界经济事务中并不是一个新的概念。外国援助或官方发展援助（ODA）被认为是现代全球发展金融时代的重要外国资本。针对发展中经济体的外国援助计划的主要目标是加速其经济发展，使其达到一个可持续的、令人满意的增长速度。外国援助在促进发展进程方面的战略作用，在第二次世界大战后的时期已被外国承认。自 1950 年马歇尔计划成功后，外国援助的重要性急剧增加。在欧洲成功实施的"马歇尔计划"，使人们产生了一种乐观的看法，即提供外国援助流入可能成为刺激受援国经济增长和发展的催化剂。费伊尼和麦吉里夫雷提出了 4 个影响援助效果的决定因素：（1）减少了援助的回报；（2）外部和气候条件影响了援助的有效性；（3）影响援助效果的政治条件；（4）制度质量（Feeny，McGillivray，2008）。在第二次世界大战之后，外国援助一直是发展中国家发展过程中的主要来源，被认为是为发展中国家的发展项目提供资金的主要手段（如储蓄），因此增加了资本存量和投资。援助可以以不同的方式对经济增长做出贡献，例如：（1）人力与物力资本投资增加；（2）增加进口或技术能力；（3）补充国内资源和作为外汇的来源；（4）通过技术转让提高资本生产率和促进技术转让；（5）提供管理技能、市场、组织能力和研究思想。外国对不发达经济体的主要贡献可以通过其在两个主要差距中的作用来评估：（1）储蓄投资缺口；（2）进出口差距。

独立后印度贫困的现实说明国内储蓄不足是印度经济发展的瓶颈，而储蓄又是投资的源泉。为了发展经济，弥补国内储蓄不足，印度就需要利用国外储蓄即国外资源，而外部援助就是国外资源的一部分。印度是世界上接受外援最多的国家。在美国的对外援助中，印度是最大受援国。在苏联对亚非各国的贷款中，印度也占了首位。印度还从德、英、法、日、意等国家获得大量的信贷。就外援渠道而言，印度接受外援来源的特点是多元化，即获取外援的渠道不局限于某一个

---

① Chishti, Muzaffar. The Rise in Remittances to India: A Closer Look, Migration Information, hthp://www.migrationinformation.org/Feature/display.cfm? ID = 577.

国家或集团。印度接受的外援主要来自4个渠道：（1）世界银行集团为主的国际金融机构；（2）是援印国际财团；（3）是苏联东欧集团；（4）是石油输出组织及其他国家。

20世纪50—70年代，印度接受外国援助的背景主要有以下几个方面：（1）美国和苏联为了争夺势力范围对发展中国家竞相开展援助；（2）战后英国在印度的势力虽逐渐受到美国的排挤，但仍竭力保持它在私人投资中的领先地位；（3）1973年世界石油价格猛涨后，中东石油生产国也给印度大量贷款。①

表1-4 印度接受外援的数量

（单位：千万卢比）

年度	贷款	赠款	第480/665号以卢比支付	公法援助以外币支付	合计
核准					
1966—1970	2607.5	190.9	773.8	234.2	3806.4
1970—1975	4370.4	360.0	22.5	96.2	5209.1
1975—1980	7725.8	2169.9	—	136.4	10032.1
1980—1981	2771.2	68.7	—	—	3839.9
1981—1982	2633.0	210.0	—	—	2843.4
1982—1983	2525.5	423.3	—	—	2948.8
实际利用					
1966—1970	2808.4	249.1	862.5	165.9	3273.9
1970—1975	4215.9	220.6	46.5	158.7	4641.7
1975—1980	5748.7	1367.5	—	182.0	7298.1
1980—1981	1765.3	396.4	—	—	2161.7
1981—1982	1537.8	350.6	—	—	1888.4
1982—1983	1910.4	339.4	—	—	2249.8

资料来源：印度政府：《经济调查：1983—1984年度》，第152页。

1951—1961年，印度获得的经济援助总额为4834万美元，实际利用了3729

---

① 华碧云：《展望八十年代印度的外援和外资》，《南亚研究》1982年第4期。

第一章 开放发展的印度：移民汇款、外援、外债和外资

万美元。很明显，不管是获得的还是利用的，印度1951—1961年所接受的经济援助总额和种类比过去任何一个欠发达国家在相应的时期所接受的经济援助都要多。同时，提供援助的国家和机构的数量也是史无前例的，共有13个外国政府和2个世界组织以及2个私人基金会向印度提供援助。1951—1961年，在印度所接受的经济援助中，约95%是由西方国家和机构提供的。对印度提供援助最多的7个国家（或机构）依次是美国、世界银行、苏联、德国、英国、加拿大和日本。

表1-5　各国对印度的援助

（单位：千万卢比）

国家（或机构）	1956年底接受援助金额	1962年底接受援助金额	所占比例/%
美国	209.08	2070.14	51.1
世界银行	57.70	490.46①	12.8
苏联	64.71	384.96	10.1
德国	—	266.96	7.0
英国	0.39	250.18	6.5
加拿大	32.34	140.46	3.6
日本	—	70.47	1.8
其他国家②	13.46	129.74	7.1
合计	377.68	3823.37	100.0

资料来源：印度财政部：《1962年的外援》，转引自《商业周刊》1963年3月23日。

上表所列的数字显然是过低的，如1962年底，"援印俱乐部"以外各国对印度提供的出口信贷在10亿卢比以上，国际货币基金组织对印度提供的信贷在30亿卢比左右。此外，美国以信贷方式对印度提供的农产品在印度销售所得的卢比对等基金，大部分以转贷款或赠款形式提供给印度政府或印度私营企业。这种款项到1962年底为止大约是40亿卢比。如果把这些因素都估计在内，截至1962

---

① 这个数字包括世界银行附属机构国际开发协会的101200万卢比贷款。
② 其他国家主要有意大利2.143亿卢比、南斯拉夫1.905亿卢比、法国1.429亿卢比、捷克2.31亿卢比、波兰2.98亿卢比。

年底，印度从国外得到的全部援助大致为 465 亿左右。①

2. 主要来源

（1）世界银行

尽管印度直接从世界银行集团接受的贷款和技术援助只占整个援助的一小部分，可是由于国际复兴开发银行作为国际援印财团中心所起的作用，因而从根本上为印度的援助关系增添了新的内容。国际复兴开发银行对印度贷款的记载在这个银行的历史中开始得相当早，尽管这是在马歇尔计划已经承担了欧洲复兴的责任之后。这个银行 1949 年对印度的第一笔贷款，是它在亚洲发放的第一笔贷款。在这以后的四分之一世纪里，该银行在印度经营的许多业务都是同类业务的第一笔。

在印度众多的国际援助中，"援助印度俱乐部"及世界银行、美国、英国、日本分别在不同时期扮演了重要角色，并发挥了作用。"援助印度俱乐部"的正式名称是"世界银行援助印度财团"，简称"援印财团"，是由世界银行（又称"国际复兴开发银行"）出面筹划的印度债权国与可能的债权国的国际会议。导致建立援印集团的最早行动，是 1955 年 12 月在美国、英国和加拿大等国所进行的关于印度第二个五年计划的非正式会议。这次会议没有产生任何直接结果，因为印度不曾提出正式的援助要求，而且实际上也没有外汇预算。可是，随后，由于大量积累的外汇的丧失，国内对 1957—1958 财政年度推出增税措施的反应，但因印度北部的粮食短缺，1957 年接连不断的旱灾和水灾以及其他一些不利于经济发展的因素，印度的第二个五年计划陷于危险之中。尼赫鲁因而改变了关于要求援助的想法，1957 年 9 月 5 日印度政府宣布欢迎美国提供 50 亿—60 亿美元贷款，并宣布印度财政部长 T. T. 克里希纳马查里将在当月晚些时候访美期间试探这种支持的可能性。1958 年 8 月和 1959 年 3 月，美、英、西德、加拿大和日本五国代表在世界银行主持下在华盛顿举行了会议。会议宣布与会国将为印度的第二个五年计划的最后两年贷给印度九亿零三百万美元，其中美国承担三分之一。这使得印度第二个五年计划期间国家支出的 24% 依靠外国借货的资金。② 印度在发展最为困难的"三五"计划期间，积极地向世界银行提出了贷款申请。世界银行经过仔细评估后，在 20 世纪 60 年代向印度实施了大量的援助项目。

---

① 孙培钧：《外"援"在印度造成的经济后果》，《世界知识》1963 年第 14 期。
② 姬荣：《援助印度俱乐部》，《世界知识》1962 年第 23 期。

第一章 开放发展的印度：移民汇款、外援、外债和外资

表 1-6　20 世纪 60 年代世界银行对印度的援助项目

类型	数量	年份	名称	类型	数量	年份	名称
工业项目	14	1960	工业信贷项目	基础设施项目	10	1960	铁路项目 05
		1961	私有煤炭工业项目			1961	铁路项目 06
		1962	工业信贷项目			1961	道路项目
		1963	工业信贷项目			1962	通信项目
		1964	工业进口项目			1963	铁路项目 07
			工业进口项目			1964	通信项目 02
			工业进口项目			1966	铁路项目 09
			工业信贷项目			1969	铁路项目 10
			工业进口项目			1969	通信项目 03
			煤炭项目				
			钢铁项目 04				
			电力传输项目				

注：分类中工业项目包含了电力项目、能源项目、贸易政策改革项目。
资料来源：http://www.worldbank.org/en/country/india/project/all?strdate=01%2F01%2F1960&endate=12%2F31%2F1969&qterm=&lang_exact=English&x=19&y=19.

20 世纪 60 年代世界银行对印度的援助总额，与印度对五年发展计划的投入相比并不算多。产生这种状况的原因之一是世界银行的硬贷款利率较高，印度负担不起过多贷款；原因之二是由于印度的还款能力有限，世界银行将印度每年的定期贷款数额限定为前一年贷款的偿付额。①

（2）美国

美国对印度的国际援助开始于 20 世纪 50 年代初期，并在 60 年代达到高潮，从援助印度农业转向重点资助印度工业"起飞"，从短期和有限援助转向后来的长期和规模较大的援助。美国对印度大规模国际援助的背景主要是第三世界国家

---

① 劳伦斯·维特：《印度的第二次革命：经济发展的幅度》，1976 年，第六章，转引自杨余越：《20 世纪 60 年代世界银行对印度援助研究》，云南师范大学硕士学位论文，2016 年。

经济发展和50年代末苏联扩大对外经济援助。① 艾森豪威尔、肯尼迪、约翰逊历届美国政府，都对印度展开了积极的经济援助。其中，肯尼迪政府时期美国对印援助的规模更是达到了整个冷战时期的顶点——年均赠予与贷款援助的规模超过4亿美元，并辅之以与之大致相当的"粮食用于和平"计划援助。从70年代开始，美国重新调整其对外援助的政策，对欠发达国家的经济援助总额呈现逐年下降的趋势，对印援助规模也随之缩减。

表1-7　1950—1971年美国对印援助规模

财政年度	赠予与贷款总量/百万美元	印度人均所得赠予与贷款量/美元
1950	0.0	0.00
1951	4.5	0.01
1952	52.8	0.14
1953	44.3	0.12
1954	87.2	0.23
1955	85.7	0.22
1956	60.0	0.15
1957	65.3	0.16
1958	89.8	0.22
1959	137.0	0.33
1960	194.6	0.45
1961	200.8	0.46
1962	465.5	1.04
1963	397.2	0.86
1964	336.5	0.71
1965	264.6	0.55

---

① 国外学术界关于美国对印度援助的研究成果很多，其中代表性的有 Fritz Fischer. *Making like US: Peace Corps volunteers in the 1960s*, Washington and London: Smithsonian Institution press, 1998; P. G. Salvi. *Aid to Coiiaboration: A Study in Indo - US Economic relations*, Popular Prakashan Pblisher, 1978; Harold A. Gould. *The Hope and the Reality: US - Indian relation from Roosevelt to Reagan*, Westview Press, 1992; Robert C. Johansen. *United States Foreign Aid to India: A Case Study of the Impact of US Foreign Policy on the Prospects for World Order Reform*, Princeton University, 1975.

第一章 开放发展的印度：移民汇款、外援、外债和外资

（续上表）

财政年度	赠予与贷款总量/百万美元	印度人均所得赠予与贷款量/美元
1966	308.8	0.62
1967	202.5	0.40
1968	241.5	0.47
1969	167.2	0.32
1970	159.0	0.29
1971	202.1	0.37

资料来源：Robert C. Johansen, *The National Interest and the Human Interest*, Princeton University Press, 1980, pp. 128–129.

如此规模的对印援助在相当程度上影响到了印度经济发展的进程。正如鲍威尔大使所说，印度的成功和进步"很大程度上归功于它自身的努力"，但是，"印度应当承认，如果不是美国的慷慨援助，印度民主所取得的成功就不会像今日这么辉煌"。[1] 此外，由于经济发展是次于冷战遏制考虑的目标，美国决策者在向印度提供经济援助时，往往不能较好地理解印度经济发展的需求，从而使得援助的效果受到影响。从某种意义上来说，美国援助规模的扩大，甚至阻碍了印度领导人发现、质疑本国经济发展政策或者政府管理体制中的固有弊病。[2]

进入20世纪80年代，印度失去了在南亚遏制中国的意义，加之在外交上倒向了苏联，美国对印度的双边援助从80年代初的1亿美元下降到80年代中期的5000万美元。[3] 直至今日，美国对印度的援助再也无法恢复至60年代的规模。

---

[1] Chester Bowles. *A View from New Delhi*, Yale University Press, 1969, pp. 124–125.

[2] 王昊：《冷战时期美国对印度援助政策研究（1947—1971）》，华东师范大学博士学位论文，2008年。

[3] Dennis Kux. *Estranged Democracies: India and the United State*, 1941—1991, National Defense University Press, 1993, p. 411.

表1-8　1961—1990年、2000—2011年美国前十大受援国

1961—1990年美国前十大受援国	2000—2011年美国前十大受援国
埃及	伊拉克
以色列	阿富汗
印度	俄罗斯
巴基斯坦	巴基斯坦
越南	苏丹
孟加拉国	埃塞尔比亚
土耳其	哥伦比亚
印度尼西亚	埃及
菲律宾	约旦
韩国	肯尼亚

资料来源：US Overseas Loans&Grants, http：//gbk.eads.usaidallnet.gov/.

(3) 英国

从1991—2014年，英国对印度的双边发展援助应该分为两部分，第一阶段始于20世纪90年代初，第二阶段则是工党在1997年赢得大选后改变了官方发展援助政策。20世纪90年代初，英国对印度的援助是有限的。1995年英国以赠款形式援助印度的金额为1.58亿美元（持续价格，2013年），占其官方数据的76%，另外24%（5100万美元）是股权投资的形式。1997年后，英国对印援助有一个显著的定量和定性的增长。考虑到流动的形式，官方发展援助可以分为ODA贷款、ODA赠款和股权投资。在英国向印度提供发展援助的情况下，拨款都占主导地位，不重要的是股权投资和贷款未上市。[①] 2000年，所有的英国ODA都以赠款形式（5.31亿美元）投入印度，因此，印度获得的赠款中有35%来自英国。这种情况一直到2005年前几乎没有改变，在英国的ODA中有97%是赠款（7.61亿美元），这意味着印度几乎有一半的援助。2007年英国对印度的援助并未在金融危机中受到太大的干扰。在接下来的几年里，在印度经济发展的背景下，英国决定所有援助将在2015年结束。

---

① Grzegorz Grabowski. "The Development Assistance of The United Kingdom to India in the years 1991－2014", 13th International Scientific Conference on Economic and Social Development, April 2016.

第一章 开放发展的印度：移民汇款、外援、外债和外资

表1-9 1991—2014年英国及DAC国家①对印度及发展中国家的开发援助

(单位：百万美元)

年份	印度				发展中国家			
	英国			DAC国家	英国			DAC国家
	援助金额	1991年指数100	所占比例	援助金额	援助金额	1991年指数100	所占比例	援助金额
1991	220	100	9%	2437	2688	100	4%	64 856
1992	216	98	13%	1609	2445	91	4%	61 346
1993	130	59	12%	1121	2497	93	4%	57 743
1994	159	72	10%	1551	2799	104	5%	58 028
1995	214	97	18%	1185	2581	96	5%	51 690
1996	225	102	19%	1201	2615	97	5%	52 218
1997	209	95	18%	1172	2690	100	6%	47 002
1998	247	112	21%	1177	2823	105	5%	51 587
1999	177	80	19%	934	3016	112	6%	53 783
2000	286	130	37%	781	3793	141	7%	53 413
2001	253	115	21%	1218	3793	141	7%	54 791
2002	468	213	49%	960	4776	178	8%	61 512
2003	404	184	141%	287	4700	175	7%	66 427
2004	392	178	—	14	5677	211	8%	66 948
2005	602	274	63%	960	8486	316	9%	98 022
2006	349	159	49%	712	8730	325	10%	89 757
2007	456	207	50%	908	5006	186	6%	79 856
2008	588	267	38%	1544	7029	261	8%	89 764
2009	687	312	43%	1607	8061	300	9%	89 230
2010	695	316	32%	2178	8572	319	9%	94 794
2011	458	208	24%	1894	8545	318	9%	93 498
2012	464	211	33%	1395	8693	323	10%	88 947

① DAC即发展援助委员会，是经济合作与发展组织属下的委员会之一。该委员会负责协调向发展中国家提供的官方发展援助，是国际社会援助发展中国家的核心机构。发展援助委员会现有29个成员（28个经济合作组织成员和欧盟），另外世界银行、国际货币基金组织和联合国开发计划署作为常驻观察员参与。

(续上表)

| 年份 | 印度 ||| 发展中国家 ||||
| | 英国 ||| DAC 国家 | 英国 ||| DAC 国家 |
	援助金额	1991年指数100	所占比例	援助金额	援助金额	1991年指数100	所占比例	援助金额
2013	420	191	23%	1839	10545	392	11%	93 536
2014	428	195	23%	1901	10475	390	11%	94 249

资料来源：www.oecd.org.

英国对印度的官方发展援助的总体结构也发生了变化。1995年英国的大部分援助用于经济基础设施和服务领域，其中84%的资金用于能源，16%用于银行和金融服务。2014年，用于能源的援助比例减少到40%，用于交通的部分则增加至近50%。

表1-10 印度各行业接受国际开发援助的总金额及英国所占份额

（单位：百万美元）

年份		1995	2000	2005	2010	2011	2012	2013	2014
社会基础设施及服务	a	793	1957	2248	2320	2010	2181	2085	2452
	b	73	319	656	89	81	32	217	163
教育	a	69	584	94	1222	294	645	233	1525
	b	2	34	—	11	12	15	83	137
健康	a	70	596	438	266	255	259	477	269
	b	30	225	289	56	13	13	49	16
人口政策	a	50	164	282	319	243	162	423	67
	b	1	26	179	—	24	—	69	2
供水系统	a	474	172	619	305	638	841	735	460
	b	4	11	—	11	—	0	1	2
政府	a	10	358	319	106	305	122	57	50
	b	4	24	186	10	7	3	13	5

第一章 开放发展的印度：移民汇款、外援、外债和外资

（续上表）

年份		1995	2000	2005	2010	2011	2012	2013	2014
其他社会基础设施及服务	a	120	73	496	102	276	152	160	80
	b	32	0	1	1	26	1	1	2
经济基础设施及服务	a	1050	379	675	2709	1629	2734	4843	4177
	b	121	96	53	161	55	90	88	101
交通及仓储	a	156	154	200	2223	209	1354	3338	1981
	b	—	3	—	64	3	4	1	—
通信	a	0	0	4	37	8	17	23	40
	b	—	—	—	36	7	15	8	2
能源	a	866	179	349	217	1350	1042	885	1648
	b	102	57	27	13	28	35	17	12
银行及金融服务	a	28	35	113	224	61	319	595	507
	b	19	35	26	48	17	36	61	86
商业及其他服务	a	1	11	9	7	1	2	2	1
	b	—	0	—	0	0	0	0	1
生产部门	a	862	334	613	278	1783	822	621	831
	b	13	45	1	25	30	17	29	9
农林渔	a	775	238	484	221	1444	797	460	492
	b	7	36	—	3	4	7	11	6
工、矿、建筑	a	87	87	40	39	337	12	154	333
	b	6	0	—	18	26	1	13	2
多领域部门	a	378	45	334	2047	349	291	174	258
	b	1	10	26	31	5	21	21	5
环境保护	a	132	16	28	575	224	201	26	154
	b	—	3	2	7	5	2	1	2
人道主义援助	a	4	79	104	314	24	21	130	156
	b	0	32	12	—	—	—	0	—

资料来源：www.oecd.org。

（4）日本

日本对印度的官方发展援助始于1958年。当年10月，日本与印度正式签署援助协议，规定在1958—1961年日本对印度提供180亿日元（约5000万美元）的贷款援助，主要用于进口日本的铁路及电力设施，这也是战后日本首次以日元贷款的形式向外国政府提供"非赔偿性"的双边政府贷款。然而在日本成为世界第一的援助大国的历程中，印度并未成为日本官方发展援助的主要国家。20世纪70年代之前，日本的官方发展援助主要集中于第二次世界大战期间深受其害的东亚地区，其主要功能也是为了改善与东亚国家的关系。20世纪80年代后，日本官方发展援助的政治性与战略性的特点日益突出，尤其是21世纪以来随着亚太地区经济格局的变化，日本官方发展援助的方向也发生了变化。印度成为日本最大的官方发展援助国正是这种变化的反映。截至2011年，日本对印度的援助累计金额约为3600亿日元。①

日本向印度提供的官方发展援助主要由低息日元贷款、无偿资金援助及无偿技术援助组成，其中日元贷款占了日本对印度官方发展援助的95%以上。日本向印度提供官方发展援助的领域主要集中于能源、交通、减贫、环境保护等领域。这些领域的援助项目大多采取低息日元贷款的模式。此外，在日本对印度的官方发展援助中，还有一项基层项目援助针对的主要是印度社会的弱势群体，为其提供医疗、公共卫生、教育、培训等援助，采取的援助方式主要为无偿资金援助及无偿技术援助。综合来看，日本对印度官方发展援助的战略考量主要服务于其本国的政治经济利益，同时也服务于日本的印度洋战略，与地缘政治外交更为密切相关。②

---

① Ministry of Foreign Affairs of Japan. Overview of Japan's ODA to India, 2011, http://www.mofa.go.jp/policy/oda/region/sw_asia/india_o.pdf.

② 关于日本对印度官方发展援助的研究，参见杨思灵：《日本对印度的官方发展援助研究》，《南亚研究》2013年第1期；张骋：《日本对印度的官方发展援助及其动因探析》，北京外国语大学硕士学位论文，2015年。

第一章 开放发展的印度：移民汇款、外援、外债和外资

表1-11 2008—2012年度日本对印度官方发展援助的三种方式

（单位：亿日元）

年份	日元贷款	无偿资金援助	无偿技术援助
2008	2360.47	4.23	24.51（11.79）
2009	2182.17	3.89	31.94（18.55）
2010	480.17	11.59	35.20（16.81）
2011	2898.37	2.78	30.25（26.93）
2012	3531.06	1.04	24.80
合计	40913.60	900.41	362.05

资料来源：日本外务省网站，http://www.mofa.go.jp/mofaj/gaiko/oda/shiryo/hakusyo.html.

2014年印日两国首脑会面，制定的目标是将日本对印度的直接投资和五年内在印度的日本公司数增加一倍。①

表1-12 DAC国家和国际组织对印度的ODA

（单位：百万美元）

排名 年份	1	2	3	4	5
2009	日本 1224.19	英国 651.73	德国 421.38	美国 106.22	西班牙 25.54
2010	日本 1708.29	英国 663.13	德国 597.61	美国 108.55	法国 50.89
2011	日本 1624.53	德国 708.86	英国 601.74	美国 117.16	法国 103.77
2012	日本 1541.61	英国 463.97	德国 434.02	美国 85.72	法国 48.00
2013	日本 1400.11	德国 786.39	英国 439.10	法国 127.20	美国 100.55

资料来源：Japan's ODA Data for India, http://www.mofa.go.jp/policy/oda/page_000009.html.

（5）苏联

印度独立后，受苏联对印度独立的否定、印度与英美关系亲密及尼赫鲁对苏联的怀疑等因素影响，印苏两国关系在1947—1953年并未得到多少发展。赫鲁晓夫时期，受国内外因素影响，印苏两国关系得到快速发展。苏联对印度进行了

---

① Assistance for Each Region: South Asia. Japan's ODA White Paper, 2014, http://www.mofa.go.jp/policy/oda/page_000009.html.

大量的经济援助，对印度的社会发展稳定发挥了重要作用。苏联对印度最早的一次经济援助是在1951年1月，当时印度发生粮荒，印度在美国粮食援助遥遥无期的状况下，向苏联、中国求援，苏联给予了1万吨小麦的援助。1955年2月2日，苏印签署了第一个金额达10.196亿卢比（1.2236亿卢布）的贷款援助协定《比莱贷款》，主要用于印度比莱钢厂的一期建设。1957年11月，苏印又签署了第二笔金额达9.375亿卢比（1.125亿卢布）的贷款援助协定《工业项目贷款》，主要用于6个工业项目的建设。1959年前，苏联共计划对印度提供高达19.571亿卢比（2.3486亿卢布）的贷款援助，位居苏联对非社会主义国家援助榜首。之后几年，苏联连续对印度进行经济援助。在赫鲁晓夫时期，据印度著名对外政策研究专家杰因（R. K. Jain）编撰的《苏联与南亚关系：1947—1978 印度卷》一书记载，苏联总共对印度提供了6笔贷款援助，总额高达60.446亿卢比（实际使用达53.0072亿卢比），占苏联对不发达国家经济援助的44%，并完成了对印度15个大型工程项目的援建。勃列日涅夫时期（1964—1982）苏联对印度的援助进一步发展，除继续执行赫鲁晓夫对印度的援助政策外，更强调把印度建成苏联对外国进行经济援助的"橱窗"，进一步发展与印度有牢固基础的经济与政治关系，扩大了苏联在印度的活动和影响。1977年3月印度人民党政府上台，苏联担心印度向美国靠拢，为拉住印度，便加快援助步伐，向印度提供条件比过去优惠的贷款，偿还期延长到20年（包括3年宽限期），而且不严格限制专款专用。1985年戈尔巴乔夫执政后对印度援助有了新的突破。1985年戈尔巴乔夫出任苏共中央总书记后，加强了对印度的"经济外交"，苏印关系进一步发展，特别是苏联向印度提供的援助无论在质量和数量上都有新的突破。[①]

对于苏联的国际援助，印苏两国互有政治和战略需要。印度是南亚大国，战略地位十分重要，苏联巩固和加强同印度的关系，就为自己在南亚取得了最有利的地位，这既可以牵制印度与美国等西方国家的关系，也可以牵制印度同中国的关系，并且还有助于争取印度支持苏联推行的亚太战略；印度又是不结盟运动的重要成员，苏印关系的发展还可以影响不结盟运动，使之为苏联外交服务。印度的目的则是要利用苏美和苏中矛盾，依仗苏联的支持来取得和保持它自己在南亚的领导地位，当然印度也从苏联的支持和援助中得到实惠。

[①] 关于这一时期苏联对印度的国际援助，参见晓冰：《苏联对印度经济援助概况》，《南亚研究》1981年第1期；王鸿余：《苏联对印度援助的剖析》，《国际问题研究》1988年第1期；刘名望：《赫鲁晓夫时期苏联对印度的经济援助与影响（1955—1964）》，《山东农业大学学报》（社会科学版）2016年第4期。

第一章 开放发展的印度：移民汇款、外援、外债和外资

就单纯的对印度经济援助而言，苏联位列美国、世界银行、英国、西德和加拿大之后，是对印度援助的第六大经济体。同时，苏联对印度的经济援助主要是贷款，赠款相比西方国家较少。尽管如此，苏联对印度的经济援助远超它所提供援助所占比例，对印度的社会经济发展带来了深远影响。这主要体现在四个方面：（一）为印度打造完整的工业体系奠定了良好基础；（二）大大扩大了印度的对外贸易；（三）使西方国家对印度援助的门槛逐步降低并引发了竞相投资的景象；（四）苏联的援助也为印度节省了大量珍贵外汇。

表1-13 截至1970年3月苏联对印度经济援助概况

（单位：千万卢比）

贷款项目	贷款时间	已签订协定的贷款总额	已使用贷款总额		预计偿还金额		已偿还金额			尚未偿还的债务
			总计	百分比（%）	利息	总额	本金	利息	总计	
比莱钢厂贷款	1955年	101.96	101.96	100	17.31	118.67	100.59	9.39	109.98	8.69
工业企业贷款	1957年	93.75	72.49	79.1	11.89	84.38	33.77	8.79	42.56	41.78
医药贷款	1959年	14.99	14.99	100	2.60	17.46	10.59	1.51	12.10	5.36
巴劳尼炼油厂贷款	1959年	18.75	18.42	92.9	3.04	21.46	7.57	2.37	9.94	11.52
第二个五年计划第一笔贷款	1959年	281.28	236.58	83.8	39.13	277.71	65.59	25.86	91.45	186.26
第三个五年计划第二笔贷款	1961年	93.75	56.66	60.4	9.31	65.97	12.28	4.83	17.11	48.86
波卡罗钢厂贷款	1965年	166.67	115.61	69.4	18.95	134.56	6.53	3.14	9.67	124.89
第四个五年计划三亿卢布贷款	1966年	250.00	14.11	5.6	2.32	16.43	1.12	0.92	2.04	14.39
总计		1021.13	632.82	61.9	103.78	736.60	238.04	56.81	294.85	441.75

资料来源：塞·斯塔尼劳斯：《苏联对印度经济援助》，第307页。

四、外国投资

1. 印度利用外资的主要阶段

外国资本一直是印度经济发展的重要支柱之一。印度利用的外资，狭义上仅指外国投资，广义上还有外国政府和世界银行等国际机构的贷款、赠款和其他款项，以及印度政府在国际金融市场的商业性借款。对于外国投资，印度政府始终保持有选择的欢迎态度，即随着国内外经济政治形势的变化，用具体政策调节外

国投资的数量、方式和流向。一般情况下，人们所说的印度外资政策，实际上就是指这种利用和管理外国投资的政策。参照Kumar（1995）的研究，以印度政府对FDI的态度演变为依据，将印度FDI政策的演变历程划分为以下四个阶段：

第一阶段，从独立到20世纪60年代末（1948—1967年）的谨慎促进时期。

在1947年摆脱英国的殖民统治后，尼赫鲁领导的印度政府遵循社会主义模式建立了一个管制和封闭的经济体制，将"自力更生"作为制定所有经济政策的准则。从"一五"计划（1951—1956）开始，印度政府开始确定外国投资范围：允许外资进入国内技术不够先进但符合五年计划重点发展的部门，规定外资进入"发展新的生产线，或需要特殊的技术和经验，或国内生产满足要求量小且难以很快发展的优先领域"，而不允许外国新投资企业进入商业、金融、贸易领域。同时要求合资企业应该为培养印度人才提供方便，尤其是专利程序不对印度合作者保密。另外，不再批准独资企业。由于经济建设尚处于准备阶段，对外资需求量不大，从政策上讲，欢迎外资的实际行动不明显，所以从1948—1955年，印度吸收的外国投资年平均只有2.65亿卢比；印度政府批准同外国合作的项目年平均仅40.6项。到第二个五年计划期间，印度经济建设重点有所转移，而此时外资政策的自由化倾向更加明显。在1956年，印度政府通过新的工业政策决议，再次重申欢迎外资，从法律上保护外国投资，并开始有选择地欢迎外国投资。1957年的外汇危机使印度政府对外资态度变得更加积极，自由化倾向更加明显。为了满足计划需要，对FDI的奖励和优惠措施被延长。印度政府又于1961年对1948年的"尼赫鲁声明"作了重大改动，即将"印度主要股权、得利和有效控制权掌握在印度人手中"一条改为"一般欢迎印度的多数参与"。可以看出，尽管印度第一个五年计划和第二个五年计划时期对外资稍有限制，但总体上印度的外资政策还是积极的，反映了印度政府的自由化态度。这种吸收与限制相结合的外资政策对印度的FDI流入产生了深远的影响。

人们普遍认为，印度政府将一些特定产业收归国有并要求提高当地资本投入比重的行为给外国公司造成的非正式压力，减少了印度的FDI流入。与这种流行的看法相反，Nayak（2006）的研究发现，从1948—1961年，FDI的股票数额从25.58亿卢比增长到52.85亿卢比，增加了近143%，实际增长达到了高峰；印外合作公司的数目也大大增加。合资企业的数目由1951年的34家增加至1961年的464家，在11年的时间里增加了近14倍。这些数字也基本符合Kumar（1995）的研究结论。从1948—1964年，印度的FDI存量跃增一倍，从25.60亿卢比增至56.55亿卢比。

第一章 开放发展的印度：移民汇款、外援、外债和外资

在印度独立初期，大量的外商投资属于自然资源寻求型，集中在原材料、采掘和服务等行业。其中，对茶叶和黄麻的 FDI 几乎占印度 FDI 总额的四分之一以上，二者之和占印度当时出口总额的二分之一；贸易和其他服务业占印度 FDI 总额的 32%，石油占 9%（Kidron，1965）。独立以来，印度政府对 FDI 产业流向的指引，使得在贸易和种植业方面的投资逐步缩减。到 1948 年，这些产业的 FDI 数量已不到原来的二分之一（37%）；到 1961 年，减少到不足原来的四分之一（23%）。在贸易领域的投资比重不断下降的同时，制造业的投资迅速上升，由原来的 20% 跃升到 60 年代中期的 40%。其中，消费品行业如食品和饮料行业的 FDI 流入占制造业 FDI 总量的 13.2%，药品占 10.9%，纺织产品占 6.9%；而中间产品和资本货物占了绝大部分，如金属和金属制品（14.4%）、电子器材（7.9%）、化学制品（16%）、机械工具（6.9%）、运输设备（6.5%）（Kumar，1995）。

印度摆脱英国独立为来自欧洲和美国的公司创造了机会，使得印度的 FDI 来源呈现多元化。Nayak（2006）的研究显示，这一时期大批美国公司开始向印度投资。1956—1961 年有一百多家美国公司进入印度，而来自美国公司的 FDI 明显增加，从 1948 年占印度 FDI 流入总量的 4.4% 跃升至 1961 年的 13%。同时，西德、瑞士和日本公司的投资额也有所增长。

总之，这一时期流入印度的 FDI 发生了巨大变化。从数量上看，FDI 数额和印外合资企业的数目大幅增加。从来源国看，对印度投资的国家越来越多，呈现多元化趋势。此外，观察 FDI 流向的产业结构可以发现，FDI 在制造业的份额大大增加，这与印度政府对 FDI 的政策指引不无关系。

第二阶段，从 20 世纪 60 年代后期到 20 世纪 70 年代末（1968—1980 年）的管制时期。

与尼赫鲁时期倾向于自由化的外资政策相比，英·甘地政府的外资政策发生了明显转变。1973 年，在英·甘地的领导下，印度政府通过了第一个主要以管理 FDI 为内容的法令，即《外汇管制法》。它规定在那些允许外国投资的领域内，外国资本一般不得超过企业股份资本的 40%，但在某些核心工业部门、需要装备高精尖工业技术的工厂企业，或者主要是生产出口产品的工业企业，通过政府的审批外资股份比例可以超过 40%，例如达到 51%、74% 甚至 100%。此外，不再允许新的外资企业进入从事内贸活动的公司，除非贸易品种与该公司制造业有联系，且不超过工厂交货值的 25% 或在 5000 万卢比以下的公司。许多外国公司并不想按照印度 1973 年的外汇管理法令增加印度人参股，因此决定停止

自己在印度开展的业务,导致外国合资企业急剧下降。而有趣的是,虽然许多外国公司离开印度,但还有很多来自美国、欧洲和日本的公司在这一时期进入印度。此外,一些原有的外国公司通过进一步投资巩固了它们在印度的地位。

据统计,从1955年到1973年3月底,外国资本从44.24亿卢比增至155.73亿卢比,年平均增加7.9亿卢比,为此前的3倍;其中1965—1973年年均增长11.5亿卢比,为第一阶段的4.3倍。1956—1973年印度政府批准同外国合作的项目年平均达到24项,为上阶段的5倍多。需要指出的是有限制或有选择地利用外资,不等于从绝对量上限制外资的流入,而是根据国民经济发展的需要去引进外资、适当限制外资进入的方式和引导外资的流向。从数据上来看,从1973年3月到1978年3月,印度吸收的外国投资从185.73亿卢比增加到240亿卢比,年平均增加20.85亿卢比,略高于第二阶段的平均水平。1974—1979年,印度政府批准同外国合作的协议年平均291项。

表1-14 1964—1974年印度吸收外国投资状况

(单位:百万卢比)

年份	直接投资			间接投资	合计
	外国分公司	外国控制的卢比公司			
		子公司	其他公司		
1964	259.7	239.9	65.9	328.5	894.0
1965	262.8	267.6	81.5	390.4	1002.3
1966	244.7	288.2	95.3	440.1	1068.3
1967①	280.0	307.8	104.2	779.7	1471.7
1968	267.2	324.7	118.2	842.0	1552.1
1969	265.3	348.0	124.4	881.6	1619.3
1970	222.8	373.3	139.3	905.5	1640.9
1971	218.8	388.4	160.1	912.3	1679.6
1972	231.0	408.3	177.1	939.3	1755.7
1973	224.7	449.0	193.3	990.3	1857.3
1974	241.6	470.4	201.4	1029.6	1943.0

资料来源:《印度储备银行公报》,1975年7月,1876年5月,1978年3月。

---

① 包括1966年6月卢比贬值的影响。

第一章 开放发展的印度：移民汇款、外援、外债和外资

第三阶段，整个20世纪80年代的自由化改革时期。

大量研究者将注意力放在印度1991年的经济改革上，相对忽略了印度在20世纪80年代所采取的改革措施。实际上，印度的经济改革始于20世纪80年代，印度经济呈现加速增长之势也是从这一时期开始的，并且印度对外资的自由化改革同样开始于这一时期。虽然这一时期的自由化不太彻底，但它象征着印度政策的一个重要转变。也正是在这一时期，印度政府放松了对FDI的管制。1985年，拉吉夫·甘地和财政部长辛格制定了一套新的改革方案，进一步放松了对外资的限制。此外，1988年印度政府建立了外资快速通道，以加快处理来自几个主要投资国——日本、德国、美国和英国的FDI。在20世纪80年代，提高印度企业的国际竞争力是印度政府的主要目标，而让印度公司能够接触到更多的国内和国际竞争是实现这一目标的重要途径。这正是印度政府推行自由化改革的初衷。Bhagwati（1993）将20世纪80年代印度FDI政策的变化称作"蹒跚的改革"，①因为这些政策调整在范围上并不全面，而影响也远远不够（Kumar, 1995）。尽管如此，这种"蹒跚"的自由化改革对外资的数量和结构仍然产生了重要影响。

1978—1990年，流入印度的FDI数额由89万卢比增至1238万卢比，增幅超过13倍。与此同时，印度合资企业数量也大幅增加，从1979年的不足300家增加到1980年的526家。1980—1984年上半年共计2515项，占迄今为止协议总数的29.3%，这也从一个侧面反映了印度吸收外国投资的新动向。在1990年，印度合资企业总数已达到703家，相当于20世纪70年代末的2倍。自由化政策影响了FDI的国别结构，Nayak（2006）的研究显示，一些新增国家的投资逐渐增多。同时，FDI来源国的地位发生了显著变化，美国成为印度合资企业最大的贡献者；与之相反，在印度的英国合资公司数量明显下降。1990年，来自美国的FDI约占印度FDI总量的二分之一，居第一位，英国排在第二位（19%），其次是西德和日本（Rao、Murthy and Dhar, 1997）。② 与前一时期相比，印度FDI流入量增加了近13倍，在印度注册的外国公司也增加了一倍。

第四阶段，1991年以来的自由化改革加速期。

由于国际收支的长期平衡有赖于资本的流入，拉奥政府采取了从吸收外国商

---

① Bhagwati, Jagdish. "The Case for Free Trade", *Scientific American*, 1993, Vol. 269, No. 5, pp. 18–23.

② K. S. Chalapati Rao, M. R. Murthy, Biswajit Dhar. "Foreign Direct Investments in India Since Liberalisation: An Overview", *RBI Documents*, No. 4, July–September 1999.

业贷款转向吸引 FDI 的战略。1991 年 7 月，国大党在《1991 年工业政策》中承认外国投资在印度现代化技术进步和工业发展进程中必不可少的事实。为鼓励外资，一系列新的 FDI 政策随即出台。具体包括：放宽外资股权，放宽外国投资领域，放宽投资要求，为外商投资提供便利和优惠，取消进口许可证，降低进口关税。1991 年自由化改革之后，印度政府通过放宽投资行业限制、简化投资审批环节、调高外资持股上限等措施，不断加大引资力度。总体来说，印度 1991 年以来的 FDI 政策是朝着更加自由化的方向变动的。同时，印度政府也逐步取消了对外资企业的歧视性政策，使内外资企业待遇逐步接近。这表明，印度的 FDI 政策正在转向国民待遇。此外，这一时期的外资政策更加注重引导外资流向高新技术产业，尤其是软件业。

印度 1991 年的 FDI 政策变革取得了显著成效。随着新 FDI 政策颁布，大量的外国公司从世界各地赶到印度进行投资。从 1991 年到 2010 年的二十年时间里，印度引进 FDI 累计达 56 365 600 万卢比，约 12 965 600 万美元。[1] 除了数以千计的合资企业外，多达 145 个外国公司在印度注册，还有不少之前撤走的公司又在这一时期重返印度。在金融危机爆发前的 2006—2008 年，印度的 FDI 成长速度远快于热钱流入，2008 年流入印度的 FDI 增幅高达 72%，而就在海外资金疯狂涌入新兴市场的 2010 年，进入印度的外国直接投资却同比下降了 31%，降至 240 亿美元。[2] 由此可见，自由化政策激发了印度的引资活力，吸引了大量 FDI 流入。

跨入 21 世纪以来，印度频频出台外资新政策，从广度和深度上进一步自由化。印度政府逐渐放松了对外国投资的管制，外资准入的股权比例不断上升，从 26%、50%、51%、74% 到 100%。目前，除禁止、限制和强制实行生产许可证的领域外，绝大多数行业中，外商投资者都可以较高比例进入印度。同时，印度政府还放宽了外资准入的行业领域，对外开放的领域逐步增多。印度的外国投资从 2001 年的 40 亿美元增加到 2009 年的 370 亿美元。随着印度经济的进一步开放和全球投资者对印度投资的增加，印度有望吸引更多的全球投资。

---

[1] India FDI Inflow Statistics 2010 – Foreign Investments in India, http://ezinearticles.com/4278423.
[2] 陶冶：《印度 FDI 热度下降》，《金融时报》2011 年 2 月 26 日。

第一章 开放发展的印度：移民汇款、外援、外债和外资

表1-15 1991—2005年印度吸收的FDI状况

(单位：百万美元)

财政年度	批准额	实际投资额
1991—1992	408	527
1992—1993	1976	393
1993—1994	2428	654
1994—1995	3178	1374
1995—1996	11439	2141
1996—1997	11484	2770
1997—1998	10984	3682
1998—1999	7532	3083
1999—2000	4266	2439
2000—2001	5754	2908
2001—2002	3160	4222
2002—2003	1654	3134
2003—2004	1353	2776
2004—2005	11726	1475
总计	67210	32290

注：由于大多数投资行业现在无须批准，因而FDI批准额并不准确。

资料来源：STA, FDI Data Cell, Ministry of Commerce&Industry, Department of Industrial Policy and Promotion.

2. FDI来源国及分布产业情况

（1）主要来源

印度独立之初，英国是印度的第一大外资来源国，英国资本占印度所有外国资本的比重超过四分之三。之后，这一比重持续下降，1987年为51.7%，1990年为40.2%，1992年为40%，1996年为25%。[①] 从行业分布来看，英国主要投资于茶叶、化工及产品和机械与器具等行业，茶叶种植业的投资占英国FDI企业的70%。传统上美国一直是印度外资的主要来源国，在印度的FDI企业为96家，

---

① Reserve Bank of India Bulletions (2001).

居所有国家之首。其中大多数企业投资于印度的机械及器具、化工及化工产品和计算机等行业，数量达到 48 家，占企业总数的 50%。从投资金额来看，1991—1999 年，美国对印度投资协议金额为 4618.45 亿卢比，实际投资金额为 835.42 亿卢比。近年来美国对印度的投资发生了很大变化，从 1999 年的 26.1% 下降到 2001 年的 11.3%。20 世纪 90 年代以来，美国、德国、日本等国企业的 FDI 份额逐渐上升。日本对印度的投资比例基本保持稳定，一直占 7% 左右。韩国对印度的投资在经过 90 年代的增长过程之后，也已趋于冷淡。值得一提的是，2005 年对印度投资的前十位国家（地区）中，除了毛里求斯以外，其余都是发达国家（包括新型工业化国家），从这 9 个国家流入的 FDI 占到印度吸收 FDI 总量的 45.84%。发展中国家以毛里求斯最为突出，其 FDI 企业总数不多，但投资金额却居所有国家之首，1991—1999 年对印度投资协议金额为 2219.83 亿卢比，实际投资额为 1246.59 亿卢比。这是由于毛里求斯对国外投资实行税收优惠政策，印度与毛里求斯签定了避免双重税协定和投资保护协定后，一些外国投资者通过在毛里求斯注册再向印度投资而享受避免双重税的优惠。目前毛里求斯成为印度外资的主要来源国，其份额从 1999 年的 27.2% 上升到 2001 年的 57%。

从来源看，2000 年 4 月至 2016 年 3 月印度累计利用外资前十大来源国（地区）及其比重分别为毛里求斯（33.2%）、新加坡（15.9%）、英国（8.0%）、日本（7.3%）、美国（6.2%）、荷兰（6.0%）、德国（3.0%）、塞浦路斯（3.0%）、法国（1.8%）和阿联酋（1.4%）。2015—2016 财政年度印度利用外资前十大来源国（地区）及其比重分别为新加坡（34.2%）、毛里求斯（20.9%）、美国（10.5%）、荷兰（6.6%）、日本（6.5%）、德国（2.5%）、阿联酋（2.5%）、英国（2.2%）、法国（1.5%）和塞浦路斯（1.3%）。[①]

---

① Department of Industrial Policy and Promotion of Government of India. Fact Sheet on Foreign Direct Investment (FDI) From April 2000 to March 2016, 2016 - 08 - 16, http：//dipp.nic.in/English/Publications/FDI_Statistics/FDI_Statistics.aspx.

第一章 开放发展的印度：移民汇款、外援、外债和外资

表1-16 1960—1995年印度FDI来源国变化

(单位:%)

年度 国家	1960	1971	1980	1987	1992	1995
英国	76.6	64.5	53.9	51.7	40.2	28.0
美国	14.5	18.4	21.1	12.9	18.6	24.1
德国	1.1	3.1	7.0	16.7	12.4	8.9
日本	0.2	0.4	0.4	3.7	5.5	7.6
瑞士	2.4	5.0	5.9	3.7	4.8	5.6
其他	5.2	8.6	11.7	11.3	18.5	26.8

资料来源：印度储备银行简报。

表1-17 2000—2011年印度FDI流入国排名

(单位：百万美元)

排名	FDI流出国	2006—2007财年	2007—2008财年	2008—2009财年	2009—2010财年	2010—2011财年	2000—2011年加总
1	毛里求斯	6363	11 096	11 299	10 376	6 987	62 471
2	新加坡	578	3 073	3 454	2 379	3 999	15 894
3	日本	85	515	405	1183	1 562	12 030
4	美国	856	1 089	1 802	1 943	1 705	10 333
5	英国	1 878	1 176	864	657	755	9 215
6	荷兰	644	695	883	899	1 213	6 772
7	塞浦路斯	58	834	1 287	1 627	913	5 839
8	德国	120	514	629	626	200	4 394
9	法国	117	145	467	303	734	2 710
10	阿联酋	260	258	257	629	341	2 091
FDI总流入		15 726	24 579	27 331	25 834	19 427	158 091

数据来源：印度工业政策与促进部（DIPP）。

(2) 产业分布

自独立以来，外国直接投资在印度各产业之间的分布变化很大。1948年，

FDI 总额的三分之一投向了初级部门（种植、采矿和石油），四分之一集中在制造业，其余部门投向了服务业（贸易、建筑、运输和公用事业）。进入 20 世纪 70 年代，流入初级部门的 FDI 占印度 FDI 总额下降到 34%，服务业下降到 16%，制造业上升至 60%。80 年代，FDI 向印度制造业转移的趋势更加明显，进入印度初级部门的比重由 1948 年的 33.6% 下降到 1987 年的 9.2%，转而进入以制造业为主的第二产业；制造业 FDI 所占比重在三种产业中占绝对优势，从 1948 年的 27.8% 上升到 1987 年的 85.6%；而 FDI 进入印度服务业从独立到 20 世纪 80 年代有下降趋势，直到 1987 年，进入服务业的 FDI 在三种产业中仅占 5.1%。由此可见，到 20 世纪 90 年代，外商在印度的直接投资仍以第二产业中的制造业为主，明显落后于跨国公司进入发展中国家的全球投资经营战略。其原因是独立后相当长的时间里，印度对外国直接投资实行了较为严格的限制政策，外资政策直接影响进入印度的存量以及在其各产业之间的分布。90 年代中期以后，FDI 流入印度的产业结构发生明显变化。流向服务领域的占总量的 60.7%，其中金融、保险、不动产、商业等成为国际直接投资的热点。[1] 目前，FDI 进入服务行业尤其是 IT 行业、电信部门等的规模持续增长，印度服务行业已成为 FDI 的首选。

表 1-18　2000—2009 年 FDI 在印度的产业部门（20 个主要部门）分布（累计计算）

印度的产业部门	FDI 数量（单位：百万卢比）	占总 FDI 的比例（%）
服务部门	1 015 269	21.63
计算机软件及硬件	423 529	9.02
电信	398 094	8.48
房地产	352 550	7.51
建筑	327 195	6.97
能源	200 993	4.28
汽车	197 634	4.21
冶金	131 178	2.79
石油天然气	112 617	2.40
化工	108 251	2.31
电力设备	94 888	2.02

---

[1] 王荣灿：《国际直接投资的变化趋势及我国利用外资政策调整》，《亚太经济》2004 年第 3 期。

（续上表）

印度的产业部门	FDI 数量（单位：百万卢比）	占总 FDI 的比例（%）
贸易	87 001	1.85
住宿及旅游	80 355	1.71
信息及广播	79 569	1.70
水泥及石膏	74 579	1.59
制药	72 533	1.55
农业	71 231	1.52
咨询	68 354	1.46
港口	66 675	0.93
食品加工	43 884	0.77

资料来源：Fact Sheeton FDI, Department of Industrial Policy and Promotion.

近年来，受益于莫迪扩大开放的政策改革，印度利用外资水平大幅提高，但此前长期的经济发展中印度对外资的利用比例是相对偏低的。2014—2015 财年之前连续 3 个财政年度，印度吸收 FDI 分别为 221 亿美元、198 亿美元和 216 亿美元。此外，印度金融衍生品工具发展尚处于起步阶段，受国际金融危机直接冲击较小。印度政府对金融衍生工具的改革持保守态度，直接参与美国金融活动的金融公司不多，在经济危机中的损失可控。印度政府在资本市场开放和外债管理上同样采取谨慎政策，维持一定程度的控制。印度经济发展具有内向型特点，对外经济较低的依存度使得印度较少借助国际资源和力量，但同时也更多地规避了风险冲击，更易于从危机和全球经济低迷中得到复苏。

五、国际贸易

从各个国家和地区的实践来看，对外贸易政策是一个动态的概念，其内容会随着国家经济发展战略的调整和国内、国际政治经济环境的变化而更新。独立后至今，印度经济经历了由"由封闭、半管制"到"开放、自由"的转变。伴随着这一过程，印度的对外贸易政策也处于不断调整和改革之中，经历了由"进口替代"向"谨慎自由化"的转变。

在发展中国家之中，印度独立后的经济增长历程比较独特，既没有如东亚、东南亚的许多邻邦那样取得6%—10%的增长速度,也没有如非洲、拉丁美洲的许多国家那样饱受长期经济停滞或衰退之苦。20世纪50年代初至70年代末,印度经济处于低速增长阶段,一直保持在3.5%左右的所谓"印度教徒增长率"水平之上;20世纪80年代,印度经济终于摆脱长期的低速增长,开始以5%—6%的速度稳步增长;20世纪90年代,印度经济出现了明显而持续的快速增长,90年代前半期和后半期的经济增长率分别为6.7%和5.4%;进入21世纪,印度经济再次提速,在2000—2008年的年均经济增长率达到7.56%,2003和2005财年更实现了8.5%和9%的高经济增长率。总体而言,印度经济发展呈现出循序渐进、稳步向上的特点,没有出现大起大落,即使在2008年世界经济因金融危机而陷入颓势之时,印度依然是经济增长最快、遭受影响最小的几个国家之一。印度经济发展过程中呈现出的这些特点与其执行的对外贸易政策具有一定的相关性。

卢欣将印度独立以来的对外贸易政策划分为四个阶段:[①]

(1) 1947—1979年,混合经济体制下内向型"进口替代"战略和政策阶段。主要特点表现为严格限制进口,忽视出口,主要依靠外援,不鼓励外国私人投资。

(2) 1980—1990年,混合经济体制下内向型"进口替代"战略和政策的调整与破产阶段。这一阶段印度对外贸易政策主要特点表现为放松进口限制,主要是开放资本和原材料的进口;利用税收杠杆鼓励出口,放宽出口限制,为出口产业提供更多的外汇和信贷支持;对进口商品由配额管理向关税管理转变。

(3) 1991—1996年,经济自由化、私有化、市场化和全球化改革下"谨慎自由化"贸易政策阶段。标志着印度对外贸易发生质变的事件是1991年拉奥政府推行的以自由化、市场化、私有化和全球化为取向的全面经济改革。这一阶段印度对外贸易政策主要特点为有步骤、有选择地降低工业品关税并进行相继调整,基本取消进口许可证,逐步降低非关税壁垒,以关税约束和反倾销手段取代边境措施;提供出口刺激,扩大出口;有选择地开放外国直接投资,逐渐开放某些具有一定竞争优势的服务部门的投资和贸易,开始为期5年的长期对外贸易政策取代传统的年度对外贸易政策;开始融入世界多边贸易体制和区域贸易一体化进程。

(4) 1997年至今,市场经济体制下"谨慎自由化"贸易政策的深化阶段。

---

① 卢欣:《印度对外贸易政策选择研究》,东北财经大学博士学位论文,2011年。

第一章 开放发展的印度：移民汇款、外援、外债和外资

这一阶段印度对外贸易政策的主要特点表现为出台了印度独立以来最为鼓励出口的进出口政策；进一步减少进口限制，降低关税；大力推进区域经济一体化进程。

表1-19　1949—2011年印度外贸的主要指标

年度	出口额（亿美元）	进口额（亿美元）	贸易平衡（亿美元）	出口增长率%	进口增长率%
1949—1950	10.16	12.92	-2.76	—	—
1950—1951	12.69	12.73	-0.04	24.9	-1.5
1951—1952	14.90	18.52	-3.2	17.4	4.5
1952—1953	12.12	14.72	-2.0	-18.6	-20.5
1953—1954	11.14	12.79	-1.6	-8.1	-13.1
1954—1955	12.33	14.56	-2.3	10.7	13.8
1955—1956	12.75	16.20	-3.5	3.3	11.3
1956—1957	12.59	17.50	-4.1	-1.2	8.0
1957—1958	11.71	21.60	-9.89	-7.0	23.4
1958—1959	12.19	19.01	-6.82	4.2	-12.0
1959—1960	13.43	20.16	-6.74	10.1	8.0
1960—1961	13.46	23.53	-10.07	0.3	16.7
1961—1962	13.81	22.81	-9.00	2.6	-3.1
1962—1963	14.37	23.72	-9.35	4.0	4.0
1963—1964	16.59	25.58	-8.99	15.5	7.6
1964—1965	16.01	28.13	-11.11	2.6	10.0
1965—1966	16.93	29.44	-12.51	-0.5	4.7
1966—1967	16.28	29.23	-12.95	-3.9	-0.7
1967—1968	15.86	26.56	-10.71	-2.6	-9.1
1968—1969	17.88	25.13	-7.26	12.7	-5.4
1969—1970	18.66	20.89	-2.23	4.4	-16.9
1970—1971	20.31	21.62	-1.31	8.8	3.5
1971—1972	21.53	24.43	-2.90	6.0	13.0

（续上表）

年度	出口额 （亿美元）	进口额 （亿美元）	贸易平衡 （亿美元）	出口 增长率%	进口 增长率%
1972—1973	25.50	24.15	1.45	18.4	-1.1
1973—1974	32.09	37.59	-5.49	25.9	55.8
1974—1975	41.74	56.68	-14.92	30.1	50.8
1975—1976	46.65	60.84	-14.20	11.7	7.4
1976—1977	57.53	56.77	7.7	23.3	-6.7
1977—1978	63.16	70.31	-7.15	9.8	23.9
1978—1979	69.78	83.00	-13.22	10.5	18.0
1979—1980	79.47	113.21	-33.74	13.9	36.4
1980—1981	84.86	158.69	-73.83	6.8	40.2
1981—1982	87.04	151.74	-64.7	2.6	-4.4
1982—1983	91.07	147.87	-56.79	4.6	-2.6
1983—1984	94.49	153.11	-58.61	3.8	3.5
1984—1985	98.78	144.12	-45.31	4.5	-5.9
1985—1986	89.04	160.67	-71.62	-9.9	11.59
1986—1987	97.45	157.27	-59.82	9.4	-2.1
1987—1988	120.89	171.56	-50.67	24.1	9.1
1988—1989	139.7	194.97	-55.26	15.6	13.6
1989—1990	166.12	212.19	-46.07	18.9	8.8
1990—1991	181.43	240.75	-59.32	9.2	13.5
1991—1992	178.65	194.11	-15.46	-1.5	-19.4
1992—1993	185.37	218.82	-33.46	3.8	12.7
1993—1994	222.38	233.06	-10.68	20.0	6.5
1994—1995	263.3	286.54	-23.24	18.4	22.9
1995—1996	317.9	366.78	-48.81	20.8	28.0
1996—1997	334.70	391.33	-56.63	5.3	6.7
1997—1998	350.06	414.84	-64.78	4.6	6.0

第一章 开放发展的印度：移民汇款、外援、外债和外资

（续上表）

年度	出口额（亿美元）	进口额（亿美元）	贸易平衡（亿美元）	出口增长率%	进口增长率%
1998—1999	332.18	423.89	-91.71	-5.1	2.2
1999—2000	368.22	496.71	-128.49	10.8	17.2
2000—2001	445.60	505.36	-59.76	21.0	1.7
2001—2002	438.27	514.13	-75.86	-1.6	1.7
2002—2003	527.19	614.12	-86.93	20.3	19.4
2003—2004	638.43	781.49	-143.06	21.1	27.3
2004—2005	835	1115	-28.0	30.8	42.7
2005—2006	1031	1492	-46.1	23.4	33.8
2006—2007	1264	1857	-59.3	22.6	24.5
2007—2008	1631	2516	-88.5	29.0	35.5
2008—2009	1853	3037	-118.4	13.6	20.7
2009—2010	1788	2884	-109.6	-3.5	-5.0
2010—2011	2459	3507	-104.8	37.5	21.6

资料来源：印度政府：《2001—2011 年度经济调查》，印度政府财政部经济处，2002 年，第 74-75 页；India's Trade at a Glance, Department of Commerce, May 2011.

自 20 世纪 70 年代以来，印度在出口方面取得了两项重大的进展。第一，出口增长快于 GDP 增长；第二，出口构成发生较大的变化。印度的出口以制成品为主，在 1997—1998 年度约占 76%，而 1970—1971 年度这一比例为 50%。四个主要的产品类别（珠宝钻石、成衣、工程品和化工产品及合成品）占了制成品的大部分。2000—2009 年印度对外贸易迅猛发展，复合年均增长率达到 19.1%，远远高于增长率为 11.2% 的世界平均水平。其中，2008 年印度的出口达到了 1790 亿美元的历史新高，但相对于其他发展中国家和自身经济总量来讲，其对外贸易规模仍然相对偏小。此外，印度对外贸易在主要新兴经济体中表现也并不突出，在"金砖四国"中，无论从出口贸易额，还是从占世界比重来看，均处于末位。就出口占世界总出口的份额而言，尽管印度的出口从 2001 年的 440 亿美元飞跃至 2008 年的 1790 亿美元，增加了近 4 倍，但其出口份额只占世界总出口额的 1% 左右。

表1-20　印度的对外贸易额

（单位：亿卢比、亿美元）

年度	出口额	进口额	贸易总额	贸易逆差
1950—1951	60.6（12.69）	60.8（12.73）	121.4（25.42）	0.2（0.04）
1955—1956	60.9（12.75）	77.4（16.20）	138.3（28.95）	16.5（3.45）
1960—1961	64.2（13.46）	112.2（23.53）	176.4（36.99）	48.0（10.07）
1965—1966	81.0（16.93）	140.9（29.44）	221.9（46.37）	59.9（12.51）
1970—1971	153.5（20.31）	163.4（21.62）	316.9（41.93）	9.9（1.31）
1975—1976	403.6（46.65）	526.5（60.84）	930.1（107.49）	1229.（14.20）
1980—1981	671.1（84.86）	1254.9（158.69）	1926.0（243.55）	583.8（73.83）
1985—1986	1089.5（89.04）	1965.8（160.67）	3055.3（249.71）	876.3（71.62）
1990—1991	3255.3（181.43）	4319.8（240.75）	7575.1（422.18）	1064.5（59.32）
1995—1996	10635.3（317.97）	12267.8（366.78）	22903.1（684.75）	1632.5（48.81）
2000—2001	20357.1（445.60）	23087.3（505.36）	42444.4（950.96）	2730.2（59.76）
2003—2004	29336.7（638.43）	35910.4（781.49）	65247.5（1419.92）	6574.1（143.06）

注：括号外的为卢比数，括号内的为美元数。
资料来源：印度政府：《经济调查（2004—2005）》。

表1-21　印度与其他新兴经济体出口额占世界出口总额的比重

国别	2008年出口金额（十亿美元）	占世界出口的比重（%）			
		2000年	2007年	2008年	2009年
印度	177	0.7	1.1	1.1	1.2
中国	1429	3.9	8.8	8.9	9.1
马来西亚	210	1.5	1.3	1.3	1.2
新加坡	338	2.2	2.2	2.1	2.1
巴西	198	0.9	1.2	1.2	1.2
俄罗斯	472	1.7	2.6	2.9	2.2
韩国	422	2.7	2.7	2.6	2.9

资料来源：IMF：《国际金融统计》，2009年。

第一章 开放发展的印度：移民汇款、外援、外债和外资

贸易依存度被定义为进口和出口的总和除以GDP。众所周知，印度是一个典型的依靠消费拉动经济增长的国家。印度的个人消费占GDP的近67%，仅次于美国（70%），远远高于中国（42%）。[①] 消费驱动的内源性增长模式决定了印度对外贸易依存度较低。尽管近年印度对外贸易依存度呈现出稳定增长态势，但比重并不高，最高仅达30.6%，明显低于依存度为41%的世界平均水平及51%的发展中国家平均水平。[②] 尽管是世界最大的开放经济体之一，印度出口依存度远远低于进口依存度，这说明出口对印度经济增长的拉动作用是有限的。印度更多是通过进口贸易满足国内生产和国内市场的需要，表现出非常明显的内源性增长属性。1990年，印度的贸易依存度为13%，2000年，这一比重上升至27%。由于在新世纪贸易自由化加速发展，印度的贸易依存度不断地增长，2011年印度的贸易依存度上升到50.7%，几乎是2000年的2倍。

表1-22 印度进出口贸易依存度

时期	进口依存度（%）	出口依存度（%）	贸易依存度（%）
1960—1969	5.8	4	9.8
1970—1975	5	4.5	9.5
1976—1984	7.67	6.2	13.8
1985—1990	7.8	6	13.8
1991—1999	11.3	1.4	21.7
2000—2009	20.2	10.4	30.6

资料来源：据印度政府《经济调查》2009年以来相关数据计算得出。

六、外债

印度是南亚借用外债最早、最多的国家。为加速国民经济的发展，弥补国内资金的不足，从1960年起，印度就开始向外借债。1985年印度的外债总额是355亿美元，居第三世界债务国的第7位。1990年底印度外债增至700亿美元，居第三世界债务国的第3位，仅次于墨西哥和巴西。印度的外债增长率是世界五大债务国中最高的（13%）。据印度《经济时报》最新报道，截至2015年12月

[①] 潘松：《我们向印度学什么》，机械工业出版社，2010年，第3页。
[②] 联合国贸易和发展会议：《贸易与发展报告》，2009年。

底,印度外债规模达到4802亿美元,较2015年3月(2014—2015财年末)增加49亿美元。其中,主权债务为907亿美元,占外债总规模的18.9%,非政府债务为3895亿美元,占外债总规模的81.1%。由于经济的持续增长,以及出口的增长和海外劳务汇款的增加,印度政府的负债情况及偿还能力一般较佳。英国《欧洲货币》杂志1987年对全世界119个国家和地区进行了国家风险评级,印度排列第9位。

为了保证正常的借债秩序,做到有法可依、有规可循,防止陷入债务危机,印度政府根据本国经济的优势和发展战略的需要,先后颁布和完善了一系列法律、法规,如《管理外债法》《国外借款审核法》《政府发展经济社会向国外借款条例》《国家债务法》等,明确规定了鼓动或允许、禁止或限制外债投向国内的行业门类,并进行统一规划。以本国的产业政策引导外债投向,从而使政府能依据法律来强调外债管理的重要性、严重性和特殊性,提出对外债规模进行宏观控制的手段和依据,对外债的微观筹措和使用程序,用法律手段来约束外债规模和偿债率。因此,印度的外债投向一般趋于合理。

表1-23 20世纪80年代印度外债构成表

(单位:亿卢比)

构成 年度	国外援助			国外商业贷款	IMF贷款	共计
	政府援助	非政府援助	总计			
1985—1986	2663.8(67.11%)	74.1	2737.9(65.98%)	764.7	466.5	3969.1
1986—1987	3231.2(66.83%)	88.9	3230.1(68.67%)	1032.1	482.6	4834.8
1987—1988	3657.8(66.93%)	84.8	3742.6(68.48%)	1287.6	434.8	5465.0
1988—1989	4683.8(67.51%)	116.4	4800.2(69.18%)	1803.4	334.7	6938.3
1989—1990	5410.0(67.51%)	160.8	5570.8(69.52%)	2206.5	236.2	8013.5
1990—1991	6601.7(66.38%)	234.6	6836.3(66.74%)	2670.6	438.9	9945.8

注:表中括号内数字代表该项目占共计数的比例。
资料来源:《印度经济调查》(1990—1991年度)。

第一章 开放发展的印度：移民汇款、外援、外债和外资

表1-24　1991—2004年印度外债构成表

（单位：百万美元）

年份 类型	1991	1998	1999	2000	2001	2002	2003	2004
多边贸易	20 900	29 553	30 534	31 438	31 105	31 899	29 994	29 614
双边贸易	14 168	16 969	17 499	18 175	15 974	15 323	16 814	17 489
IMF	2623	664	287	36	0	0	0	0
贸易信贷	4301	6526	6789	6780	5923	5368	4974	4588
借款	10 209	16 986	20 978	19 943	24 215	23 226	22 540	22 163
NRI	10 209	11 913	11 794	13 559	16 568	17 154	23 160	31 216
卢比债	12 847	5874	4731	4406	3719	3042	2818	2709
长期外债	75 257	88 485	92 612	94 327	97 504	96 012	100 300	107 779
短期外债	8544	5046	4274	3936	3628	2745	4569	4736
总计	83 801	93 531	96 886	98 263	101 132	98 757	104 869	112 515

资料来源：Reserve Bank of India, India's External Debt for the Quarter ended-June 2004, Finance India, Vol. XVIII, No. 4, December 2004.

第三节　外国资本对印度开放发展的影响

一、外国直接投资

印度在20世纪70年代是发展中国家接受外国直接投资额最低的国家。在整个70年代，累计流入的外国直接投资约为4.54亿美元，占国内总投资的0.2%。外资持股比例的限制（最高为40%）、冗长的审批过程和对外资参股的限制是造成FDI的低水平的重要原因。尽管与早期相比，20世纪80年代的外国直接投资的绝对额明显上升，但其占国内投资的份额仍保持不变。1985—1990年，FDI占印度国内总投资的比例平均为1.2%[1]。自1991年以来，FDI占印度国内总投资的

---

[1] Suma Athreye, Sandeep Kapur. "Private Foreign Investment in India: Pain or Panacea? The Economic Development of South Asia", *The World Economy*, March 2001.

比例逐年提高加速了印度国内资本的形成，对其本土企业扩大投资规模有一定的积极效应。同时，FDI 企业在印度的利润再投资也是其融资来源的重要渠道，因为 FDI 还会带来后续性的追加投资和配套性投资，这在一定程度上有利于其国内的资本形成。仅在 20 世纪 90 年代，以 FDI 和证券资本形式的外资流入明显增长，FDI 占国内投资总额的比例达到 1.6%。Charles Collyns（1999）认为 FDI 在很大程度上弥补了印度私有部门发展资金的缺口，同时认为印度的 FDI 对该国的资本造成没有负面影响，对其国内企业的投资也没有挤出效应。

从 1995—2008 年，FDI 在印度 GDP 中的比例虽呈逐年缓慢上升趋势，但总体比例还相对较低，1995 年 FDI 占印度 GDP 的比例仅为 0.06%，2008 年为 3.03%，因此，FDI 对印度经济增长的绩效还相对有限。正如麻省理工学院斯隆管理学院的黄亚生教授总结的那样，从"印度发展速度"变成"东亚发展速度"，[①] 这是内需对印度的贡献。当然，随着印度 FDI 规模的不断增加，FDI 对印度 GDP 的贡献也会逐步显现，如 2007—2008 年，FDI 对印度 GDP 的贡献率估计增长了 7%，而 2005—2006 年仅为 4.8%。[②]

近 10 多年来，许多经济学家就外国直接投资与东道国经济关系作了实证分析，结果发现 FDI 对经济增长有积极的作用。如 De Gregorro（1992）的分析发现二者呈正相关关系，且 FDI 的生产率高于国内投资的生产率。Boresztein 认为 FDI 通过技术外溢效应导致经济增长。De Mello（1999）研究发现 FDI 作为国内资本的补充，对经济增长有积极的促进作用。Xiao 和 Shen（2003）认为外商直接投资的溢出效应总体上是积极的，FDI 流入短期内使 GDP 增长 1%，从长期来看则使 GDP 增长 7%，FDI 流入持续增长甚至超过了官方援助机制（UNCTAD, 2007；OECD, 2007；Colen, Maertens, Swinnen, 2013），外国直接投资对东道国的经济增长有重大影响。其他研究突出了 FDI 的积极影响（Borensztein 等，1998；Casson, 2007）。Blostrom（1998）显示了 FDI 溢出效应的多种影响。外商直接投资主要靠劳动力和知识、技术转移效应影响经济增长，如 Rao and Hassan（2011）、Cooray（2012）、Azam（2013）、Imai（2014）、Hassan（2014）、Shakar & Aslam（2015）。

此外，一些理论家担心 FDI 有负面的社会影响（Blostrom, Kokko, 2003；

---

① 从 20 世纪 60 年代中期到 80 年代初，印度的经济增长率一直维持在 3%，大大低于其他发展中国家，被称为"印度教徒增长率"。2004 年以后，印度的增长速度达到 8%—9%，被称为"东亚经济发展速度"。

② Syed Khaja Safiuddin. "Foreign Direct Investment Inflows in India – Opportunities and Benefits", *Global Journal of Finance and Management*, Vol. 2, No. 2, 2010, pp. 245 – 259.

第一章 开放发展的印度：移民汇款、外援、外债和外资

Globerman, Shapiro, 2003；Mencinger, 2003；Hymer, 1970）。其他研究甚至对 FDI 溢出效应的存在进行了质疑（Haddad, Harrison, 1993）。几个研究表明外国直接投资减缓了东道国的发展，从而阻碍了经济的发展增长（Mencinger, 2003；Carkovic, Levine, 2002；Campos, Kinoshita, 2002；Nunnenkamp Stracke, 2008）。对外国直接投资的决定因素的研究警告说，吸引外国直接投资不一定会增加东道国的福利，因为它与溢出效应有关（Blostrom, Kokko, 2003；Globerman, Shapiro, 2003；Mencinger, 2003）。先前的研究表明对东道国腐败的高度认识阻碍了 FDI （Wei, 2000；Zhao, Jin, Du, 2003）。

总而言之，现有研究提供了有关 FDI 影响的不同观点。在某种程度上，外国直接投资影响整个社会（Meyer, 2004），外国直接投资可能有对东道国产生某些特定的负面影响，但总体影响可能有利于全面提高福利。FDI 对经济增长、对外贸易的作用因具体国家的情况而有所不同，可能是正面的或负面的，这取决于东道国的经济、体制和技术条件。

长期以来，印度利用的外国直接投资并不多，其对经济增长的促进作用有限。在全球经济衰退的大环境之下，流入印度的外国直接投资呈现大幅震荡的发展态势，但印度利用外国直接投资的总量保持增长。而外国直接投资规模的扩大，在一定程度上弥补了国内建设资金的不足，有利于印度经济增长。许多学者研究了印度外国直接投资与其经济增长的关系，发现二者一般成正相关。

从长期看，FDI 对印度 GDP 有一定的促进作用。与印度国内企业相比，外国企业具有更高的劳动生产率，这间接证明了外国企业能够为印度当地市场带来先进技术、管理经验等宝贵资源。而通过与外企分支机构的直接接触，印度当地企业可以观察并模仿外企的操作方法从而提高生产效率。同时，外企的进入导致一些行业竞争的加剧，印度国内企业被迫更有效地利用已有的技术和资源（Poddar, 2004），为了维持市场份额也有可能自行开发先进技术。不仅如此，印度也可能通过"前向与后向联系"① 和"培训效应"② 从外国企业获取技术溢出（Yuko Kinoshita, 1998）。而通过外国投资对国内企业的带动效应，使得机会成本大为降低，净产值得以提高，从而促进了印度 GDP 的增长。更重要的是，FDI 的进入能够促使印度现有生产资源重新组合。在吸收了外部的资本、技术和管理方法等

---

① 前向和后向联系效应是指，当通讯和运输费用很高时，外企通常从当地生产商购买中间产品，通常他们会对内地企业进行技术帮助或培训以保证中间产品的质量，即使外企不直接参与，内企也被迫提升质量、及时送货或进行更多的革新，这是后向联系效应；当后向联系效应发生使技术难度提高后，内地供应商会转向外国供应商购买中间产品，这是前向联系。

② 培训效应是指，外国企业对当地工人进行相应的培训，从而提高了当地的技术水平。

要素之后，印度能够快速、有效地完成生产资源的重新配置，把可用的生产资源转移到具有比较优势的产业部门中，将潜在的比较优势转化为现实的市场竞争优势，从而加快了印度国民经济的发展步伐。①

美国经济学家钱纳里和斯特劳斯以凯恩斯的国民收入均衡理论和哈罗德多马经济增长模式为依据，提出了"双缺口理论"。其理论核心是在开放的经济社会框架内，决定经济能否增长的四种因素，即储蓄、投资、出口、进口。而经济起飞的发展中国家一般都存在发展本国经济所需的资本和外汇缺口，又主要以外部资源来提高人均收入。而在外部资源中，FDI能弥补东道国经济起飞所需的"资本缺口"和"外汇缺口"，进而提高国内投资水平，促进国内资本形成，从而加速东道国经济增长。FDI流入对东道国国内资本形成具有积极的正面效应。② 根据发展经济学的"双缺口"理论，印度在实际的经济发展过程中都存在着投资与国内储蓄的缺口以及外汇缺口。

①印度的外汇缺口。如果从资金的流量来计算，一国当年的外贸逆差就是该国的外汇缺口，而这个缺口通常要由外资（外债和外国直接投资）的流入来弥补。1990年印度外汇储备由58.34亿美元上升到754.28亿美元，2003年突破1000亿美元。③ 外债占GDP的比率在1993—1994年度至2002—2003年度的10年时间里，年平均为25%，虽有下降趋势，但均在20%以上。④ 自1990年以来，印度的外贸都是逆差，其中1999年逆差额高达128.48亿美元，说明印度长期存在一定程度的外汇缺口。

②印度的资本缺口。长期以来，制约印度经济发展的重要因素是资金短缺，投资不足。从1980—1981年度至1989—1990年度，印度国内平均总储蓄占GDP的比率为9.4%，而相应国内总投资占GDP的比重为21.2%，相差11.8个百分点；1993—1994年度至2002—2003年度的10年时间里，印度国内总储蓄占GDP的比重为23.5%，相应时期内国内总投资占GDP的比重为24.5%，后者比前者多出一个百分点。⑤ 从1998—1999年度至2002—2003各年度国内总储蓄、国内总投资与GDP的比重可见，除了2001—2002年度外，印度国内总储蓄率总体低于国内总投资率，因而存在投资缺口。

---

① 张伟伟：《印度利用外国直接投资问题研究》，吉林大学博士学位论文，2005年。
② 谭崇台：《发展经济学概论》，武汉大学出版社，2012年，第212-216页。
③ *Reserve bank of India bulletin*, December 2003, p.1123.
④ *Reserve bank of India. Annual report 2002—2003*, p.265.
⑤ *Reserve bank of India. Annual report 2002—2003*, p.265.

第一章 开放发展的印度：移民汇款、外援、外债和外资

表1-25 印度有关年度国内总储蓄、国内总投资与GDP的比重

年度	2001—2002	2000—2001	1999—2000	1998—1999
国内总储蓄率（占GDP%）	24.0	23.4	24.1	21.5
国内总投资率（占GDP%）	23.7	24.0	25.2	22.6

资料来源：Annual Report 2002—2003, Reserve Bank of India, p.265.

根据"双缺口"理论，在"双缺口"情况下，为使缺口达到平衡，印度不得不减少贸易逆差。20世纪90年代以来，印度政府调整了外贸政策，把出口限制减少到最低程度以增加出口，相对减少进口。由于增加出口在短时期内难以见效，而减少进口又会降低经济增长率，为使两缺口缩短差距，以求达到平衡，印度政府采用了积极的调整方式，即积极引进利用外国直接投资，通过引进外国直接投资增加其国内可用于投资的储蓄，弥补储蓄缺口，并指导和调节外国直接投资的流向和结构，以保证有效地利用外资。经济改革以来的10多年里，外国直接投资在国内总投资中的比重不断提高，成为印度经济发展必不可少的资金来源，在一定程度上增加了印度的资本存量，从而对印度经济发展产生一定的积极作用。

印度FDI对经济的作用不是主要体现在产量增加、扩大出口等较为浅显的层次，而是内生化于印度经济增长的长期机制当中。印度虽吸收FDI的数量仍然较少，但对印度的国民经济增长确实存在促进作用，1单位的外资投入可带动70单位的经济增长，较少的FDI流入带动了较大的GDP产出量增加，存在较为长期稳定的关系，在一定时期内互为因果，尤其是FDI对国民经济产生滞后4年左右的明显作用。[①]

新世纪以来，随着印度经济的快速发展，在经济全球化的趋势下，扩大引进利用外资规模将是印度发展的必然选择。目前，印度处于工业化前期及经济快速发展阶段，外国直接投资的比例正在逐年增加。外国直接投资促进了印度经济发展的同时，也产生了一定的负作用。从宏观角度而言，首先，外国直接投资者为了追求利润最大化，很可能利用国际供求关系中的弊端，转移定价，逃避税收，损害印度的国家利益。其次，外国直接投资对印度产业结构的调整、升级所产生的积极作用十分有限。虽然印度政府注重引导外资向重点行业、落后地区转移，但却受到许多主客观条件的限制。同时，如果印度对外资利用不当还会导致其经

---

① 尹翔：《FDI对印度经济的效应研究》，四川大学硕士学位论文，2007年。

济畸形发展。再次,从长期来看,外国直接投资大量利润汇出,实际上是印度国民收入的大量流失,这无疑不利于印度经济的发展。最后,外国直接投资者凭借其雄厚的综合实力,对印度的民族工业有巨大的制约作用,从而抑制其民族经济的发展。当然,还有一些学者从环境、社会问题等角度,分析了 FDI 对印度带来的一些负面作用。[①]

"贫困陷阱"是经济增长模型中根据内生增长机制收敛性的一种稳定状态,一般指由于生产力水平低下,资本匮乏的国家或地区经济长期徘徊于低水平,难以实现经济起飞。根据统计资料分析,印度引进利用外国直接投资较多的地区基本上是比较富饶的邦,虽然政府对较穷的邦给予某些投资优惠政策,但效果并不明显。同时,外国直接投资主要集中在对劳动力要求较高的产业部门,但印度人口超常增长,劳动力增长速度过快,使在第二、第三产业的就业无法满足劳动力的供给。

值得说明的情况是,虽然外国直接投资环境不断优化,但是总体而言,印度的开放程度仍然不高。印度的 FDI 对 GDP 增长的影响存在明显的滞后性,前三年期都不存在因果关系,到滞后四期才表现出明显的因果关系,但是滞后一、二期内 GDP 对 FDI 的影响却很明显。一方面,印度吸收的 FDI 虽然能对 GDP 产生一定的推动作用,但由于总量仍然较少,很难在短期内见成效,而表现为长期的影响。这种滞后与大部分外资企业在印度享受 3—5 年的免税期优惠的事实相联系,也与协议投资到正式投产的时间有关,当然也与印度政府目前审批外国直接投资的速度仍有一定限制有关,说明印度政府亟待提高效率和进一步提高对外国直接投资的准入程度,减少协议投资到实际投资的时滞。另一方面,印度的基础设施建设的庞大需求,消费市场的迅速发展,以及廉价而高素质的人力资源对外国直接投资的吸引力是巨大的,尤其是印度近几年高达 9% 左右的经济增长率带来的消费需求、基础建设投资需求使外国直接投资以成倍的速度增长。

二、外国援助

不同的经济学家,如 Chenery, Strout (1966), Burnside (1997) 和 Duc

---

① Manjula G. T. "Negative Impact of FDI on the host country – A surge in Crime rate in India", *Global Journal of Finance and Management*, 2011, Vol. 3, No. 1; Manjula G. T., Krishna C. P. "Negative Impact of FDI inflows into Industries of India", *Journal of World Economic Review*, 2012, Vol. 7, No. 2; Manjula G. T.:《FDI(外国直接投资)对印度的负面影响分析》,西南交通大学博士学位论文,2013 年。

（2006）都认为，外国援助的重点是在没有外部援助而无法实现的某些发展目标上，而不是在财富方面。外部援助也是更健全的生产部门的先决条件。一项关于外国援助历史、数量、组成和分配的调查得出结论，援助在历史上有很多目标。对一些人来说，它被用作商业政策工具，而另一些则用于帮助接受者的发展需求。1992年以来，由于外资流入的历史上升趋势，援助体系结构发生了重大的变化。许多学者，如 Papanek（1972）、Dowling 和 Hiemenz（1982）、Gupta 和 Islam（1983）、Burnside 和 Dollar（1997）、Fayissa 和 Elkfs（1999）、Hansen 和 Tarp（2000，2004）、Gomanee Girma 和 Morrissey（2005）以及 Karras（2006）发现，外国援助积极影响受援国的经济增长。对外援助是促成印度发展进程的主要决定因素之一。印度的实证结果显示，较高的经济发展水平有助于更多的外国援助流入。此外，金融部门的发展、更好的贸易表现和国内投资作为吸引更多外国援助进入印度的动机因素。[①] 而印度绿色革命的出现，使农业生产在短时间内有效地增加了一倍，也是因为从发达国家引进了先进的技术，粮食产量的增加和先进的耕作方法促进了粮食安全，降低了对农业劳动力的需求，并且作为一种催化剂来改变经济结构，增加了对高附加值产业的关注，例如制造业。

近些年，关于国际援助对经济发展的积极作用这一论点受到了一些挑战。有观点认为在过去的几十年里，外国援助制度被证明是适得其反，并没有成功实现发展目标（Bauer，1991；Bandow 和 Vásquez，1994；Easterly，2006）。甚至有人认为，外国援助助长了腐败、经济衰退和许多贫穷国家对援助的依赖，也可能表现为对公共服务的过度监管。在收入不平等的差距中，效率低下会导致社会生活的不稳定，也可能为潜在投资者提供一个错误的公共部门管理观点，提高财政赤字的成本，阻碍国家的增长进程。

三、外债

关于印度外债对本国经济的影响，Dunne 等人（2004）从国防的角度探讨了1960—2000年十一个小工业化国家（包括印度）国防支出对外债的影响，实证结果表明国防开支与经济增长之间的正相关关系。[②]

[①] Narayan Sethi, Kalpana Sahoo. "Foreign Aid and Economic Development: Exploring the Empirical Linkage for India, Sri Lanka and Maldives", *South Asian Journal of Management*, Vol. 23, No. 4.

[②] Dunne, J. Paul, S. Perlo Freeman and A. Soydan, "Military expenditure and debt in small industrialised economies: A panel analysis", *Defence and Peace Economics*, 2004, Vol. 15, No. 2, pp. 125 – 132.

同时，也应注意到长期财政赤字导致印度政府债台高筑，增加了政府利息支出，抬高了通胀率，可能造成更高的实际和名义利率，从而阻碍了印度的资本形成和潜在产出增长。为推行新的改革计划，印度政府需要大量投入，例如印度退休金计划。这些革新会为印度政府增添新的财政负担，而高涨的公共债务水平可能恶化政府财政状况，极大地制约政府行为。印度政府债务中，短期债务占外债比例呈上升趋势，目前已达到20%上下（参见表1-26），给宏观经济带来较大风险。短期债务占总债务比例过高，若遇到市场预期转变，债务集中抛售，会抬高债务到期收益率，使政府融资面临困境，进而影响政府行动的可持续性。

表1-26 短期债务占总外债比例（2007—2014年）

年份	2007	2008	2009	2010	2011	2012	2013	2014
比例	17.688	19.295	18.182	19.355	23.171	23.628	21.572	18.473

数据来源： 世界银行世界发展指标。参见 World Development Indicators, http://data.woddbank.Org/country/ind.（上网时间：2016年6月18日）

四、国际移民汇款

近20年来海外国际移民汇款在发展中国家经济增长中的作用受到了学术界的广泛关注，国际移民汇款是否促进经济增长至今仍是经济学家争论的一个重要问题。部分学者发现国际移民汇款对经济增长产生不利影响或影响不显著。根据Rubenstein（1992）的研究，国际移民导致了发展中国家的劳动力短缺，同时国际移民汇款造成了国内经济的不平衡发展而非可持续发展，还有部分国际移民汇款用于宗教活动而非经济活动。Nayyar（1994）认为，国际移民汇款对印度储蓄和投资的影响不大，但却通过减少经常账户赤字对贸易和国际收支平衡产生影响，但影响很小。Chami等（2003）和Rahman等（2006）认为海外国际移民汇款根本就不会促进经济增长，只会增加消费支出而不是增加资本形成，而且还加剧了通货膨胀。另一方面，Mallick（2008）则发现虽然国际移民汇款对私人消费产生了积极影响，但对经济增长影响不显著，同时对私人投资产生不利影响。Rao和Hassan（2011）选取了40个国家的样本，它们的汇款额占GDP的比例超过1%，发现汇款对这些国家的增长没有任何直接影响。此外，Rao和Takirua（2010）发现汇款对基里巴斯经济增长的负面影响。这些负面影响是由于东道国

第一章 开放发展的印度：移民汇款、外援、外债和外资

实施的治理质量的下降。

同时，另一部分学者认为国际移民汇款显著促进了经济增长。Stahl（1986）、Azeez 等（2009）认为，国际移民汇款通过对消费的乘数效应对经济发展产生积极影响，并进一步增加收入和投资，从而对发展中国家的 GDP 和外汇收入有显著贡献。Aggarwal 等（2006）、Giuliano 等（2006）、Pradhan 等（2008）研究表明，国际移民汇款有助于减轻穷人的信贷约束，并对私人投资产生积极影响。Ratha（2003）和 Kapur（2004）的研究发现，相对于其他资本流动（如外国直接投资和官方发展援助等），国际移民汇款正在成为日益重要和相对稳定的外部融资来源。Clarke（2004）和 Gupta（2005）认为，海外国际移民汇款不仅在国外经济状况良好时增加，而且在收款国农业减产、发生自然灾害和经济危机期间增幅甚至更大。Adams 等（2005）使用跨国分析方法，显示了海外国际移民汇款具有显著的减贫效应，同样 Shafiq（2012）和 Kalim 等（2009）使用协整分析发现海外国际移民汇款对印度减贫有显著影响。此外，Bourguignon（2006）、Adams and Page（2003）、Osili（2007）的研究表明海外国际移民汇款通过减少贫困和为资本积累提供储蓄来促进母国经济发展；Dean Yang 等人（2006）认为国际移民汇款对非移民家庭具有积极的溢出效应。Portes（2009）进一步揭示了国际汇款的积极影响。Mohammad Salahuddin、Jeff Gow 采用 cross-sectional dependence 检验，对 1977—2012 年世界上比较大的汇款接收国进行分析，表明汇款和经济增长之间有着非常重要的长期关系。然而，短期内他们之间的关系并不明显。此外，Catrinescu（2009），Marwan（2013），Azam（2013），Kumar 和 Stauvermann（2014）等认为国际汇款对收支平衡也有明显影响。

在印度的国际收支中，汇款一直是资金的稳定来源，并且不受风险回报因素的影响。据 1986 年的一项研究，海外印度人平均将自己收入的 45%—46% 寄回家。[1] 根据印度人类发展调查（IHDS）（国家代表）对 215754 户家庭的调查，在 2004—2005 年，约 4.5% 的印度家庭接收过汇款，汇款额平均为 951.64 卢比（约 22.5 美元），其中农村地区比例高于城市。[2]

海外移民带来的巨额国际移民汇款在印度有些地区影响深远。如在印度南部

---

[1] Parveen Nangia, Uma Saha. Profile of Emigrants from India a Comparative Study of Kerala and Punjab, http://iussp.org/brazil2001/s20/s2701 nangia.pdf.

[2] Gabi G. Afram, *The Remittance Market in India: Opportunities, Challenges, and Policy Options*, World Bank, 2012, p.19. 当然，这项调查没有区分国内或国际汇款。

的喀拉拉邦，2000—2007年从该邦移出的印度劳工有764 317人，[①] 一项以全国家庭健康调查为基础的研究显示，每年有44%的喀拉拉邦海外印度人往家乡汇款。[②] 20世纪90年代，国际移民汇款是喀拉拉邦经济收入的重要组成部分，1990—1999年喀拉拉邦海外印度人的存款以每年20%—25%的速度增长。[③] 1991—1992年度国际移民汇款占该邦财政收入的17%，1997—1998年度占该邦财政收入的24%，90年代下半年平均占该邦财政收入的22%。由于国际移民汇款的注入，90年代末期，喀拉拉邦人均收入水平不仅大幅提高，而且还超出了印度全国人均收入水平的49%。[④] 1999年喀拉拉邦得到的国际移民汇款总额约为1365.2亿卢比，2004年约为1845.6亿卢比，1999—2004年国际移民汇款收入年增长率达34%。在喀拉拉邦，国际移民汇款是该邦税收的1.74倍，邦政府年开支的1.8倍，该邦从中央政府得到拨款的7倍，并足以偿还该邦2003年外债的60%。[⑤]

一般来说，相对于印度整个庞大的经济体，国际移民汇款的影响是微不足道的。但与一些经济或财政指标相比较，国际移民汇款的重要性则相对显著。1990年，国际移民汇款占国家GDP的比重不足1%。2001年以前，印度的国际移民汇款占其外汇储备的30%—45%；2001年以后，印度积极参与国际合作，广泛开展对外贸易，外汇收入呈现了多样化发展的趋势，国际移民汇款在其外汇储备中所占比重有所下降，降至20%—30%，[⑥] 至2014年比重更是下降到3.4%，但仍是其外汇的一个至关重要的组成部分。

印度财政部的数据显示，2005—2006年度，尽管印度软件出口比往年增长了33%，但同期国际移民汇款收入却超过软件出口带来的外汇收入（236亿美元），达到241亿美元。2004—2005年度，印度政府投在教育上的总支出竟然比该年度

[①] MOIA, *Annual Report* 2004/2005, 2007/2008, p. 24, p. 63, http://www.moia.gov.in/link.asp?plinkid=14.

[②] Parveen Nangia and Uma Saha, "Profile of Emigrants from India: A Comparative Study of Kerala and Punjab", p. 5, http://iussp.org/Brazil2001/s20/S27-01-nangia.pdf.

[③] K. C. Zachariah, E. T. Mathew, S. Irudaya Rajan, "Impact of Migration on Kerala's Economy and Society," July, 1999, *Working Paper* No. 297, Center for Development Studies, Kerala, India, p. 41.

[④] K. P. Kannan, K. S. Hari, "Kerala's Gulf Connection: Emigration, Remittances and Their Macroeconomic Impact 1972—2000", March 2002, *Working Paper* No. 328, Center for Development Studies, Kerala, India, p. 4.

[⑤] K. C. Zachariah and S. Irudaya Rajan, "Gulf Revisited: Economic Consequences of Emigration from Kerala, Emigration and Unemployment", September 2004, *Working Paper* No. 363, Center for Development Studies, Kerala, India, pp. 32-34.

[⑥] Gabi G. Afram, *The Remittance Market in India: Opportunities, Challenges, and Policy Options*, World Bank, 2012, p. 19. 当然，这项调查没有区分国内或国际汇款。

第一章 开放发展的印度：移民汇款、外援、外债和外资

的印度国际移民汇款收入还少，投在医疗保健上的总支出也不到国际移民汇款收入的一半。印度工业联合会首席经济学家包米克在评论海外印度人的国际移民汇款时说："国际移民汇款的大量流入及其对经济的重要作用，清楚地表明人才外流并不是人才输出国的损失。"[①]

近些年，一些研究开始比较分析 FDI、ODA、国际移民汇款、国际援助等方面对经济发展的不同影响。Mamoun Benmamoun、Kevin Lenert 运用 GMM 模型对 1990—2006 年的数据进行了实证研究，表明国际汇款、FDI 和 ODA 对低收入国家的经济增长呈现积极、显著的作用，且国际汇款对经济增长的贡献大于官方发展援助和外国直接投资，即使国家高度依赖外国直接投资。Syed Jawad Hussain Shahzad, Sajid Ali, Mobeen Ur Rehman, Faiza Abbasi 运用 PMG 方法研究了 1988 年到 2011 年经济增长、劳动力、资本、汇款、出口和外国直接关系的长期均衡关系，认为汇款、出口和外国直接投资对南亚的经济增长和资本发挥了至关重要的作用。通过汇款和外国直接投资有效地利用资金，提高出口对获得经济增长的最佳成果是必要的。Muhammad Azam 则研究了 1976—2012 年孟加拉国、印度、巴基斯坦和斯里兰卡四国的情况。研究表明汇款对经济增长有积极作用，FDI、基础设施和开放贸易也对经济增长有积极和显著的影响。

海外印度人不仅对其所在国家的社会、经济、文化和科技的发展起到了巨大的作用，对印度本土的影响和对印度经济发展的贡献也越来越大。印度的国际移民汇款构成自 2001 年开始发生质变，即由生活消费型国际移民汇款占主导逐渐转向生产投资型国际移民汇款占主导，这显示国际移民汇款在推动印度经济发展进程中的作用和方式发生了很大变化，从而为印度自由化改革的不断深化提供了大量难能可贵的资金。在此过程中，虽然强烈的文化认同仍起着重要作用，但随着时间的推移，海外移民对印度经济发展的信心强弱已成为印度争取海外国际移民汇款的决定性因素。移民国外的印度人在事业获得成功后，或是携带资金、技术、合同等回归故里寻求发展，直接为印度经济的发展提供帮助，或是积极支持祖国公益事业的发展，充当联系印度和世界的"纽带和桥梁"，提高印度的国际地位，间接带动祖国经济的发展。

---

① Scott Johnson, Joseph Contreras. "The Migration Economy: With the Rapid Rise of Foreign Workers, the World is Rethinking its Immigration Policies", *Newsweek International*, January19, 2004.

五、小结

金融部门改革导致印度经济逐步放开后，不少文献都倾向于认同外国资本流入促进了印度的经济增长。他们主要是基于以下逻辑：外国资本的流入可以视为接受国的资本和技术的"净增加"，直接参与接受国的国内资本形成，因此可通过投资促进收款国的经济增长。我们认为这些研究固然具有相当的洞察力，但对印度经济的解释力却很有限。我们倾向于认为：印度经过几次改革逐步扩大对外开放，融入全球经济体系，但总的来说，其经济对外开放程度不大，相对封闭，其增长动力主要来自国内。官方发展援助、外债、外国直接投资和海外汇款等外国资本对印度经济增长的影响十分有限，官方发展援助甚至还在一定程度上对经济增长构成了负面影响。这一观点支持了 Mazumdar（2005）等人的研究结果，但是与 Duttaray（2003）、Pradhan（2010）和 Ray（2012）等人的研究结果刚好相反。我们认为，在这种条件下，印度仅仅依靠外国资本尚无法创造出经济"奇迹"。因此，印度经济增长模式更多地表现出"一种'自然而然'的增长过程""一种以稳定的内资经济和消费需求拉动为主导的发展模式，而不是依靠投资和 FDI 为主导的发展模式""一种投入产出效率较高的集约式增长方式，低经济增长产生出了比较好的经济运行质量模式"。

这也从另一个角度反映了这一观点：印度国内储蓄是经济增长的基石，印度经济增长主要是靠内需来拉动的，庞大的国民消费支出是推动印度经济全面增长的重要因素之一。[1] 这在一定程度上反映了印度特殊经济增长模式，即主要靠内需来拉动经济增长。[2] 事实上，早在瓦杰帕伊政府期间，刺激国内消费便被看作是整个经济改革进程中的一个重要环节。印度前总理曼莫汉·辛格在国家计划委员会的例行会议上再次表示："我们还是需要想尽各种办法来拉动内需。"印度经济观察中心的资深专家辛格在接受记者采访时也表示，印度政府非常重视内需在经济增长中的作用。因此，对外依赖程度较低的内源式增长模式支撑了印度的经济稳定。虽逐步扩大对外开放，融入全球经济体系，但总的来说，印度经济对外开放程度不大，相对封闭，其增长动力主要来自国内。

其一，以居民消费为主体的消费推动。为实现民族和经济独立，历届印度政

---

[1] 杨文武：《试析印度经济增长》，《南亚研究季刊》2005 年第 3 期。
[2] 张环：《印度经济增长因素实证分析》，《亚太经济》2007 年第 2 期。

第一章　开放发展的印度：移民汇款、外援、外债和外资

府均强调以内需促发展，通过运用多种政策扩大国内消费，包括宣传推动消费观念转变，放宽银行消费信贷限制，提升中产阶级购买力等。因此，私人消费在印度经济中长期占据主体地位。按照市场价格计算，2011—2014 年，私人消费占印度 GDP 比例分别为 58.8%、59.7% 和 60.1%，均超过一半以上。根据印度中央统计局最新的数据，2015—2016 财年，以不变价格计算的私人消费占国内生产总值比重也预计达到 55.9%。因此，私人消费增长与 GDP 走势大体一致，对印度国内生产总值的主导作用很强。①

历史上，资本形成和私人消费是拉动印度经济增长的两个主要因素。此次危机对资本形成的冲击作用更大，而居民消费因较强的稳定性和主导性保证了危机后印度 GDP 的增长。2007 年下半年起，国际物资基础价格出现波动，印度央行收紧银根，外国资本大量撤出；而消费则相对不易受到外部经济冲击影响，具有一定支撑，2008 年仍维持了 7.2% 的增长。2013 年，对未来政策不确定性的担忧和投资者信心下挫进一步导致投资下滑。出于风险规避，私人投资建设行为减少，家庭消费偏好从投资更多转向消费，消费信贷占总非食品银行信贷的比例由 2011 年的 15.3% 上升到 2015 年的 34.2%。2013—2015 年度，资本形成增长有明显向下动作，后向上反弹。总体来看，印度国内总资本形成年增长率波动较大，2008 年和 2013 年都为 -5.2%，其降幅甚至大于中等收入国家平均值，危机后仅在 2010 年前后出现了明显高于 GDP 的增长；而居民消费始终保持比较稳定的增长。

2013—2014 财年至 2015—2016 财年，印度私人最终消费对经济增长的贡献率分别达到 57.1%、48.3% 和 55.9%。私人最终消费支出占印度 GDP 比例也从 2011—2012 财年的 56.2% 提高至 2015—2016 财年的 59.8%（参见表 1-27），成为经济增长的"起搏器"。可见，私人消费具有一定刚性，因而维持了相对稳定的增速，在经济环境尚不稳定的情况下对缓和印度经济波动、推动增长的作用更大。此轮经济增长基本表现为由私人消费拉动。

---

① http：//mospi.nic.in/.

表1-27　经济各部分对实际GDP增长贡献

最终支出增长率（%）	占GDP比例					贡献率（%）		
	2011年	2012年	2013年	2014年	2015年	2013年	2014年	2015年
对GDP增长	-12	-16	-14	-15	-16	-14	-15	-16
私人最终消费	56.2	59.8	6.8	62	7.6	57.1	48.3	55.9
政府最终消费	11.1	10.7	0.4	12.8	3.3	0.7	17.6	4.5
国内总资本形成	34.3	29 4	3.4	4.9	5 3	17.5	22.1	22.4
股票变化	2.4	1.7	-18.6	2013	5.5	-6.0	4.6	1.4
贵重品	2.9	1.5	-42.2	15.4	13.3	-17.9	3.2	2.9
净出口	-6.5	-2.6	70	11.1	6.1	67.4	2.9	1.2
以不变价格计算的GDP	100.0	100.0	6.6	7.2	7.6	100.0	100.0	100.0

注：2015—2016财年数据为预估值，由于错误和遗漏，占比和贡献率总值可能不是100%。

数据来源：Ministry of Finance,"Econom ic Survey 2015—2016", http//indiabud get. nicin/vol1 - survey. asp.（上网时间：2016年6月23日）

面对高涨的财政赤字，印度政府力图通过增加生产性财政支出破除这一恶性循环，但这势必会带来补贴资金的减少，触动印度国民长期享有的社会保障制度，可能激化社会矛盾，带来新的复杂问题。

近些年强劲的资本流入反映了印度国内经济的持续活力、企业业绩的提升、投资环境的改善以及外国资本将印度作为投资目的地的长期意愿。然而，印度需要对此持谨慎态度，因为大量资本持续流入超过了经常账户赤字，对实体经济构成了很大压力。大量资本持续流入导致汇率升值压力加大，从而导致贸易逆差扩大、经济和工业增长放缓。因此，印度货币和汇率管理部门面临高资本流入以及国内经济吸收能力较低的挑战。有鉴于此，印度政策改革应该将其重点放在将其外国资本流动从债务流动转向非债务流动的结构性转变，必须严格规范外部商业借款，特别是短期债务的规模。

第一章 开放发展的印度：移民汇款、外援、外债和外资

第四节 开放发展的制约因素

上述结论和印度长期实行谨慎的外资政策息息相关，同时落后的基础设施、严重的腐败和繁琐的审批程序等严重阻碍和制约 FDI、外援和海外汇款的流入和利用。[①] 虽然目前印度已成为世界经济增速最快的经济体，且对外国投资放宽了限制，经济环境良好，但是也存在一些问题：印度的经济基础薄弱，人均 GDP 远低于中国，没有针对外资企业的优惠政策，在外商投资领域依然存在诸多限制，民族企业保护倾向的存在也使得外资企业在市场竞争中处于不利地位。

一、基础设施发展滞后

印度基础设施发展多年来一直滞后对外国资本形成了严重束缚。自 1947 年独立以来，印度基础设施一直都由政府进行集中的建设和管理，由于其中央政府的低效运行，基础设施的建设发展缓慢。1990 年，印度开始向私人资本开放基建领域，但是私人参与不尽如人意，能源短缺加剧、商用能源匮乏、运输瓶颈严重、电力供应不足。据世界银行的报告显示，印度有三分之一的企业主表示印度的机场、港口、水等基础设施落后是影响企业发展的重要障碍。印度落后的基础设施降低了投资回报率，也阻碍了外国直接投资的进入。印度在其 2012—2017 的第十二个五年计划中指出，印度着重发展基础设施，大力开展包括电力系统、邮电系统、交通运输系统在内的基础设施建设，基础设施投资成为印度政府促进经济发展的重要经济手段。印度独立后一直采用政府集中管理的方式进行基础设施开发、建设和管理，但十分低效。长期的电力能源不足一直阻碍着印度经济发展。国家输电网络建设资金短缺严重，大型国有配电公司濒临破产。电力盗窃已是常态，还有近三分之一地区无法获得电力供应。资源短缺使问题变得更严重。印度道路建设面临挑战。目前一半国土没有公路，质量达标的高速公路不足四分之一。印度铁路网同样面临老化问题。港口都面临通关手续繁杂和效率低下的问题。印度基础设施建设不足将限制其经济发展，吸引外国投资充满挑战。直到 2005 年，印度政府才放松此前严格的外商投资政策，但是，高通胀率和高利率

---

① 张伟伟、杨昭:《印度利用外国直接投资问题研究综述》,《经济纵横》2008 年第 2 期。

令国内外公司不愿投资印度急需的长期项目。①

　　印度基础设施落后,这也是很多外国企业不愿到印度直接投资的原因之一。印度的公路和铁路虽然运输总长度居世界前列,但多修建于英国殖民统治时期,不仅建成年代久远,而且缺乏必要的维修和更新,导致运输效率低下、事故高发。近年来,印度的民航和海运发展较快,拥有了100多个运营机场、13个主要港口和200个中小港口,但其建设质量以及运营效率仍然不高。此外,印度的基础设施还存在电力供应不足且不稳定、给排水设施老旧、内河运输能力差等问题。为改善基础设施落后的现状,印度政府已经批准了多项基础设施建设投资,但是短期内印度的基础设施难以得到明显的改善。电力供应方面,根据"走出去智库"2016年最新中资企业印度生存报告,印度年人均发电量仅670千瓦时,远低于世界平均水平3000千瓦时/人,而且拉闸限电的现象时有发生。电力供应不足,无法保证投资企业的正常运营生产。

二、外资管制过多

　　印度政府制定了一系列监管和促进外国投资合作的法规,主要包括《印度储备银行法》《工业政策》《公司法》《外汇管理法》《仲裁调解法》《工会法》《所得税法》《土地法》《劳工法》和《环境保护法》等。② 自1991年印度经济改革以来,印度政府通过逐步与国际惯例接轨、取消歧视性政策和放宽外商投资领域限制,外资利用政策逐步转向国民待遇。2010年以来,印度商业和工业部、产业政策和促进部每年负责公开发布修订后的印度年度外商投资政策联合通告(Consolidated FDI Policy Circular),还负责发布详细介绍印度外资利用情况的印度外商投资月度统计资料(FDI Statistics)。然而,印度政府没有制定专门针对外商投资的优惠政策,外商在印度投资设立的企业视同本地企业,须与印度企业一样遵守印度政府制定的产业政策。外资只有投资于政府鼓励发展的产业领域或区

---

① De Haas H., Migration, Remittances and Regional Development in Southern Morocco, 2006, Geoforum 37: 565-580.

② 商务部国际贸易经济合作研究院、商务部投资促进事务局、中国驻印度大使馆经济商务参赞处编《对外投资合作国别(地区)指南:印度(2015年版)》, http://fec.mofcom.gov.cn/article/gbdqzn/upload/yindu.pdf.

第一章 开放发展的印度：移民汇款、外援、外债和外资

域，才能和印度本土企业一样享受优惠政策。①

印度对外商投资的主要优惠措施包括：在行业鼓励措施方面，目前印度吸引外国投资的农业行业主要是部分作物种植、畜禽养殖和水产养殖。在地区鼓励措施方面，投资于印度东北部各邦、克什米尔（印控）等落后地区即依各邦不同可享 10 年免税、50%—90% 的运费补贴和设备进口免税，投资额在 2.5 亿卢比以上的项目享有最高 600 万卢比投资补贴和 3%—5% 的利息补贴等；投资于 Uttaranchal 及 Him achalPradesh 两个邦的项目在前 5 年 100% 免税，后 5 年减税 25%。在出口鼓励措施方面，产品全部出口的企业、出口加工区和自由贸易区的国外企业 5 年内免征所得税；企业进口用于生产出口商品的机器设备零部件和原材料免征关税；落后地区合资企业 10 年内免征所得税 25%。在特殊经济区（Special Economic Zone）规定方面，根据 2006 年 2 月起正式实施的新《特殊经济区法》，在关税、外汇管制、借款、所得税、服务税/土地用途、申请手续等方面对外资企业给予一系列优惠。②

印度金融体系和证券体系比较完善，拥有 1 家中央银行、27 家国有银行、29 家私有银行和 31 家外资银行，并拥有 70 000 家分支机构。印度的两大证券交易所——孟买证券交易所和印度国家证券交易有限公司，分别为南亚第一大和第二大证券交易所，且孟买证券交易所在世界排名第十位。目前，印度大部分行业已经放开或放宽了对外商直接投资的限制。印度政府鼓励外资进入的产业领域主要有：基础设施领域、具有出口潜力的项目、能大量雇佣劳动力的项目、农业综合开发项目等。

印度关于外国投资企业的立法还没有形成体系，针对外资的法律规定主要出自《1999 年外汇管理法》。外资企业进入印度首先要通过准入审批，其次是企业登记，最后通过了项目的常规审批之后才可以开始项目建设。准入审批和企业登记都比较通畅，只是最后的项目的常规审批经常会在邦级政府遭遇审批瓶颈。印度政府部门的审批速度在莫迪政府执政以来的两年里有了明显的改进。印度的劳动法堪称世界上最复杂、最严格的法律，对劳动者权益的保护力度极大。如《1947 年工业争议法》规定，雇员在 100 人以上的公司必须先得到政府的批准才

---

① 张雯丽、翟雪玲、曹慧：《巴西、韩国、印度农业利用外资实践及启示》，《国际经济合作》2013 年第 5 期。

② Ministry of Law and Justice of Government of India. The Right to Fair Compensation and Transparency in Land Acquisition, Rehabilitation and Resettlement (Amendment) Second Ordinance 2015, 2016 - 08 - 12, http：//lawmin.nic.in.

能解雇员工,而在实践中很难得到批准。这些法规在保护劳动者权益的同时也对企业的市场灵活性造成了极大限制。印度的税制复杂,而且还存在税率过高的问题。外国投资企业只有在特殊经济区内投资,才可享受部分税收优惠。

印度继承了英国殖民时期的法律制度,总体上法律体系比较健全,但其司法系统的执法效率低下,导致大量案件被积压,且案件的审理过程复杂、耗时长。为了改善这种情况,印度联邦政府颁布了一系列《民事诉讼法》的修正案,但实施情况依然不乐观。此外,由于各邦具体的法律规定以及法律的实施情况各不相同,给投资者造成极大的不便,是移民汇款等外国资本难以发挥其对印度经济发展的积极作用的重要原因。

印度政府从1991年开始实行更加自由的外商投资政策并欢迎外资切实进入所有经济部门。现在外国企业可按照规定条件在印度成立外商独资公司,但是由于对印度政局稳定的担心和对政策连贯性缺少信心,直接投资总额有限。虽然近些年来印度的开放力度在加大,特别是莫迪政府执政以来,各项吸引外资的政策正在稳步推进,但是印度吸引外资的政策从来没出现过"超国民待遇",对外国投资依然限制过严,外资企业外贸逆差严重,技术使用费过低,多数外资企业要面临和本土企业至少相等甚至更苛刻的税收、劳动及地方政策约束。伴随着自由化改革,多数领域的外国直接投资所有权比例的上限都增加到100%,但还有一些领域保持对外国直接投资所有权比例的限制。譬如保险业的限制为26%,印度政府已经建议立法将这一比例增加到49%,但立法程序尚未完成。另外,目前印度零售业禁止外国直接投资,印度产业部正在考虑放松这一管制。

三、腐败盛行

现如今,腐败俨然已成为印度人生活方式的一部分,渗透到了社会生活的各个角落,以至于每个人似乎都很难完全逃脱它的影响。印度学者普拉塔普曾经指出,在印度,公民与政府打交道的每一个场所,都存在公开的索贿和讨价还价现象。上至土地管理、农村就业贷款,下至医疗、治安、供水供电,每个公共服务领域都存在数不胜数的"微腐败"(petty corruption)行为。甚至是居住在贫民窟里的穷人,也常常免不了要为其生活的改善而被迫向公务人员交付所谓的"好处费"。印度媒体研究中心最近的研究也发现,"社会上和经济上被边缘化的人会因为公共服务中的腐败实践而更多地遭受损失"。据《印度腐败研究2008》中公

第一章 开放发展的印度：移民汇款、外援、外债和外资

布的数据，印度贫困线以下家庭每年需支付总额高达 88.3 亿卢比（1 元人民币约等于 10.5 印度卢比）的"疏通费用"，以保证获取本该免费的基本公共服务。

印度中央监察委员会（Central Vigilance）2005 年发布的《反腐败指导手册》还指出，由于腐败的盛行，尽管印度各级政府出台和推行过不少济贫政策，但其效果往往都大打折扣。数据显示，"用于补助贫困线以下人口的公共分配系统中，31% 的粮食被转移到黑市，这相当于政府每年用于公共分配系统的 1500 亿卢比补助津贴中的 500 亿卢比落到了腐败的店主和与之相勾结的政客和官员手中；用于反贫困工程的每一个卢比中，只有 15 派沙（1 卢比等于 100 派沙）能到受益者手中，其余的 85 派沙中的 40 派沙在行政管理过程中被消耗，剩下的 45 派沙被各种腐败行为吞噬"。其结果就是直到今天印度的人类发展指数排名依然非常靠后，按照世界银行的统计，印度的穷人大约占世界穷人总数的三分之一 。[1]

（吴 元 林 勇）

---

[1] 张伟伟、杨昭：《印度利用外国直接投资问题研究综述》，《经济纵横》2008 年第 2 期。

第二章
外国资本与经济发展：巴基斯坦在开放发展中的机遇与障碍

第一节 文献回顾

外债、外国直接投资、官方发展援助和海外移民汇款等外国资本为全球资本缺乏国家的经济增长做出了一定贡献。巴基斯坦作为外国资本大量流入的发展中国家之一，海外移民汇款等外国资本对弥补经济增长中的资本短缺具有重要意义。

一、外债和经济增长

目前在发展中国家对这一主题的研究仍然是一个值得商榷的问题。根据南亚1994—2014年的数据，Khursheed&Siddiqui（2016）采用多元回归分析技术，发现短期和长期外债与南亚GDP增长率之间存在显著的正线性关系。他们的研究结果证明，外债对南亚国家来说是一种重要的发展资源。此外，Azeez&Sulaiman（2012）使用普通最小二乘法（OLS），发现外债对尼日利亚经济的增长起到了积极作用。Wahab（2004）根据以往的研究结果，发现外债显著促进巴基斯坦经济增长，显著改善财政赤字。

Sachs（1989）质疑这一观点，称巴基斯坦因债务偿还而无法获得经济复苏。此外，Malik（2009）使用OLS模型研究了1972—2005年外债对巴基斯坦经济增长的影响，发现外债与经济增长之间存在显著的负相关关系。Qayyum等（2012）分析了外援、外债和治理对巴基斯坦经济增长的影响。这项研究证实了外债存在负面影响。Hameed等人（2008）也发现外债偿还对巴基斯坦经济增长的负面影响。作者使用了协整和误差修正技术研究了1970—2003年外债对巴基斯坦经济增长和企业活动的影响。他们认为，外债与巴基斯坦经济增长之间的负面关联可以消弱长期的偿债能力。Bauerfreund（1989）使用一般均衡模型也发现偿债降低

第二章　外国资本与经济发展：巴基斯坦在开放发展中的机遇与障碍

了土耳其的投资水平。Pattillo，Poirson 和 Ricci（2002）研究发现外债对增长没有影响。其后续研究还发现较高水平的债务降低了投资效率，并对投资和全要素生产率产生显著的负面影响。

二、移民汇款和经济增长

近些年来，不少学者发现海外移民汇款是发展中国家继外国直接投资（FDI）之后的重要外国资本来源（Ratha，2003；Azam&Khan，2011；Zhang&Lin，2018）。根据世界银行数据（2016），发展中国家的海外移民汇款收入自 1995 年以来急剧增加，到 2015 年已达到了 6010 亿美元。① 这引起了各国政府、决策者和学者的广泛关注。因此，一系列研究成果探讨了海外移民汇款和经济增长之间的联系，但研究结果仍然众说纷纭。一些人认为移民汇款与经济增长有正相关关系，另一些人倾向于存在负面关系，有的人则倾向中立或没有关系（Chami，2003，2005）。

Pradhan，Upadhyay 和 Upadhyaya（2008）依据 39 个主要发展中国家 1980—2004 年的面板数据，采用固定效应和随机效应模型分析，调查了移民汇款与经济增长之间的关系。他们得出结论，移民汇款与经济增长有直接的正向关系。Nsiah 和 Fayissa（2011）通过 1987—2007 年非洲、亚洲和拉丁美洲加勒比海地区 64 个国家的面板数据调查了经济增长与移民汇款之间的关系。他们采用面板单位根和面板协整检验来考察移民汇款与经济增长之间的关系。他们发现移民汇款与整个经济增长之间存在着积极的关系。Ratha 和 Mohapatra（2007）研究了移民汇款对宏观经济发展的影响，得出结论：移民汇款是最重要的融资来源，在大多数欠发达国家，移民汇款有助于减少贫困。Jongwanich（2007）采用 GMM 回归技术分析了 1993—2003 年 7 个亚太发展中国家的面板数据以确定移民汇款与贫困及经济增长的关系。研究也得出结论：移民汇款与经济增长以及减贫具有重要的直接关系。Jawaid 和 Raza（2012）考察了 113 个国家 7 年来的数据，以确定移民汇款和经济增长的关联，经实证检验确定，移民汇款与经济增长之间存在着重要的直接关系。Junaid Ahmed（2011）运用 1976—2009 年的数据发现海外移民汇款显著促进了巴基斯坦 GDP 增长。同期 Muhammad Javid（2012）通过对 Punjab，Sindh 和 Balochistan3 个地区海外移民汇款对减贫的研究也证明了海外移民汇款对

---

① World Bank，World Development Indicators，October 2016，http：//data.worldbank.org.cn/data-catalog/world-development-indicators.

巴基斯坦经济的积极作用。Najid Ahmad，M. L.（2012）则对1978—2011年的数据进行了分析，最后确认短期和长期移民汇款对GDP都产生了显著的正向影响。Hanson和Woodruff（2002）以及Yang（2005）的研究则发现海外移民汇款也大大改善了教育条件。在经济危机期间，海外移民汇款流入有助于减少经济冲击对家庭福利的不利影响，海外移民汇款提高了消费品购买力以及对房地产的投资（Glytsos，1993）。Iqbal和Sattar（2005）基于巴基斯坦1973—2003年的时间序列数据，考察了移民汇款是否有助于经济增长的问题，并证实了移民汇款是经济增长的重要来源。Admas（1989）的研究认为海外移民汇款有助于减少贫困，有助于减少原籍国的收入差距。同样，Irfan（2011）对巴基斯坦1975—2009年的移民汇款和贫困也进行了实证研究，证实了移民汇款是促进减贫和经济发展的重要因素。此外，海外移民汇款有助于收入来源多样化，促进穷人生活水平的提高（Bebbington，1999），国际移民转移带来的额外收入有助于弥补母国家庭收入减少的损失（De Haas，2000）。所有这些发现都意味着海外移民汇款有助于移民母国的经济增长。

另有学者发现海外移民汇款对国家经济增长影响不显著甚至存在负面影响。Gapen，Barajas，Chami，Montiel和Fullenkamp（2009）通过使用1970—2004年84个国家的面板数据，探讨了"移民汇款促进经济增长"的问题。他们认为移民汇款和经济增长之间存在负相关关系。同年，Karagoz（2009）通过使用土耳其1970—2005年的年度数据，发现移民汇款与经济增长之间存在负相关的关系。Giuliano和Ruiz Arranz（2005）关于移民汇款对经济增长影响的一项研究，分析了101个发展中国家的数据，发现移民汇款与增长之间没有任何关系。Karagoz（2009）对土耳其的移民汇款和经济增长进行了研究，经过三十五年的时间序列数据分析后，移民汇款与经济增长密切相关，这两个变量是负相关的。Jawaid和Raza（2012）对工人的移民汇款和经济增长进行了研究，以便通过分析中国和韩国29年的时间序列数据来确定这两个变量之间的关系，结论是：移民汇款与中国和韩国的经济增长有重要关系，但两国情况并不相同。长期来看，韩国移民汇款与经济增长呈显著正相关关系，而移民汇款与中国经济增长呈显著负相关关系。

Siddique，Selvanathan和Selvanathan（2010）则对南亚国家即孟加拉国、印度和斯里兰卡的移民汇款和经济增长进行了研究。经过实证分析发现移民汇款对经济增长有不同的反应。在孟加拉国，移民汇款不是经济增长的原因；在印度也

第二章 外国资本与经济发展：巴基斯坦在开放发展中的机遇与障碍

没有发现移民汇款和经济增长之间存在因果关系；而在斯里兰卡，移民汇款和经济增长之间存在双向因果关系。Wakayama（2011）写了一篇有关发展中国家移民汇款和国内生产总值增长的论文，分析了欧洲和中亚地区国家，结论为移民汇款与国内生产总值之间没有相关性。Glytsos（2005）研究发现移民汇款与经济增长有正相关关系，但同时还发现海外移民汇款导致的负面影响甚至大于海外移民汇款对经济增长的贡献。Jackman 等人（2009）的研究也发现了类似的结果。他们认为，如果汇率处于上升趋势，移民汇款可以为经济带来好处，但如果汇率处于下降趋势，移民汇款也可能是有害的。因此，经济不能完全依赖移民汇款收入。另外，Craigwell 等人（2010）发现，虽然海外移民汇款有助于减轻经济危机的影响，但对消费和投资变化没有显著影响。Waheed 和 Aleem（2008）透过 1981—2006 年巴基斯坦的时间序列数据，研究了移民汇款对经济增长的影响，发现移民汇款与短期经济增长具有显著的正向联系，且对经济长期增长存在负面影响。

三、对外援助和经济增长

迄今为止，学术界关于对外援助对经济增长的影响的研究结果还存在很大争议。Chenery&Strout（2000）认为官方发展援助对经济增长有积极影响。这得到了 Burnside&Dollar（1966）研究结果的支持。该研究表明官方发展援助通过增加储蓄来促进经济增长。Hansen 和 Tarp（2001）的一项研究也证明了官方发展援助与经济增长之间存在正相关关系。

然而，与 Burnside 和 Dollar（2000）的观点相反，Hansen 和 Tarp（2001）则认为外国援助的积极影响取决于合适的政策制度。Kaosar 和 Idrees（2001）使用 LSDV 模型探讨了官方发展援助对南亚经济增长的影响。他们发现，官方发展援助的有效性取决于政策环境。如果没有适当的政策环境，官方发展援助就无法促进经济增长。

同样，Boone（1996）通过 1971—1990 年 91 个经济体的面板数据，分析了外国援助对投资、消费和一些福利指标的影响，发现援助并未刺激投资增长。Ferreira 等（2013）使用了广义的矩量法，发现撒哈拉以南非洲和 31 个亚洲国家的 44 个经济体的外援与增长之间存在负相关关系。Bowen（1998）考察了 67 个欠发达国家的外国援助与经济增长之间的直接和间接关系。他发现了外国援助通过对国内储蓄产生强烈的负面影响对经济增长产生间接影响。Razzaque 和 Ahmad

(2002) 也发现了外国援助与国内储蓄之间的负相关关系。Mosley (1980) 通过将外国资本分解为援助和其他外国资本，揭示了外国援助与经济增长之间存在显著的负相关关系。

四、外国直接投资（FDI）和经济增长

Mohey (2006) 认为，外商直接投资与经济增长之间存在着积极的关系。外国直接投资刺激了巴基斯坦的经济增长。Ahmad, Alam 和 Butt (2004) 认为外国直接投资对巴基斯坦的国内投资有利。Falki (2009)，Borensztein, Gregorio&Lee (1998)，Gruben&Mcleod (1998)，Rachdi&Saidi (2011)，Vita&d Kyaw (2009) 和 Khor (2000) 也得出了类似的结果。此外，FDI 也可以导致先进知识和技术的转移，外国直接投资企业也可以通过雇佣家务劳动来产生技术溢出效应，从而加快东道国技术进步的速度（Haddad&Harrison, 1993; Wang, 1990）。Najid 等 (2012) 也发现了外国直接投资与巴基斯坦经济增长之间的正相关关系，但强调外援和外国直接投资扩大了巴基斯坦的收入差距。Shah, Hasnat 和 Jiang (2012) 认为由于外国直接投资流入弥补了资金缺口，对巴基斯坦国内投资会产生积极影响。此外，外国直接投资流入还能带动先进知识和技术转移，外资企业雇佣国内劳动力也能产生技术溢出效应。

其他一些研究发现，外国直接投资对经济增长没有任何关系（Rahman & Shahbaz, 2010; Singh, 1988）。Saltz (1992) 认为外国直接投资可能对受援经济产生不利影响。Borensztein 等人 (1998) 和 Carkovic 等 (2002, 2005) 运用了面板数据增长回归分析，也没有发现外国直接投资对经济增长带来积极影响的证据。Chakraborty 和 NunnenKamp (2003) 分析了印度外国直接投资和经济改革的影响，发现外国直接投资对不同经济部门增长的影响有所不同。这项研究得出结论，外国直接投资在印度无法制造经济奇迹。Shen, Lee 和 Lee (2010) 利用 80 个国家的面板数据来检验外国资本流动与经济增长之间的关系，结果显示：外商直接投资与经济增长之间呈正相关关系，但 FDI 对巴基斯坦经济增长存在负面影响。Oyinlola (2005) 将外国资本分解为外债、外国直接投资和出口收入，使用双缺口模型分析发现：外国直接投资与尼日利亚的经济增长呈负相关关系。还有研究人员认为，由于技术落后的原因，FDI 对巴基斯坦国内生产产生了负面影响。

第二章　外国资本与经济发展：巴基斯坦在开放发展中的机遇与障碍

Lemi（2004）认为包括巴基斯坦在内的大多数发展中国家依靠 FDI 作为其经济增长的主要外国资本。Gee 和 Karim（2010）使用自回归分布滞后模型（ARDL）研究外国直接投资对马来西亚制造业增长的影响，结果显示：来自欧盟国家、中国和美国的外商直接投资对马来西亚的制造业产生了积极的影响。但是来自日本和东盟四国的外商直接投资对马来西亚的制造业增长产生负面影响。由此说明来自发达国家研发密集型部门的外商直接投资，可能通过技术转移渠道对制造业产生积极的影响。另外，法律和制度环境对外国直接投资和经济增长的关系也至关重要。很多研究都强调经济开放对外国直接投资促进经济增长贡献的必要性。Mohey（2006）的研究结果认为：在适当的财政、货币和贸易政策制度下，外国直接投资刺激了巴基斯坦的经济增长，因此建议应该更多引入外国直接投资而不是官方援助和外债。

总而言之，关于移民汇款、FDI、国家援助等外国资本对经济增长的影响的研究结论迄今依然众说纷纭。理论上而言，像巴基斯坦这样的发展中国家，收入水平低，储蓄和投资低，外国资本对其经济会产生重要影响。外债和外援帮助巴基斯坦经济弥补储蓄投资差距。外债为经济基础设施发展提供资金，比如建设重工业、科研院所、水坝、桥梁、公路、高速公路、加强机构需要大量资金，外国资本有可能为其经济发展创造有利的投资环境。外国直接投资和移民汇款等外资也在刺激国内投资和增长方面发挥了关键作用。但是目前关于外国资本对经济增长的影响的研究并无一致结论。本章试图在上述文献回顾研究的基础上，对外国资本带给巴基斯坦经济发展的影响做一点探索。

第二节　巴基斯坦外国资本概况

一、外国直接投资（FDI）

对巴基斯坦来说，过去由于内部政治纠纷，人口增长迅速，外国直接投资在经济中所占份额微不足道。① 近些年来外国直接投资有所增长。其中，在严峻的反恐和周边环境挑战的形势下，巴基斯坦外国直接投资仍然连续三年保持高速增

---

① World Bank Document（PDF），2008，p.14，Retrieved 2 January 2010.

长，2014—2016 财年增速分别为 13%、10%、5%，且来源趋于多样化。这表明巴基斯坦已逐渐摆脱国际上的孤立局面，也表明"一带一路"重点打造的中巴经济走廊建设带动了欧洲和美国投资者对巴基斯坦的投资兴趣。近三年，巴基斯坦外汇储备也实现年均 22% 以上的增长速度，2016 财年总额达 214 亿美元，为历史最高水平。① 由此，标准普尔将其长期评级定为展望稳定。2016 年，BMI 研究报告将巴基斯坦列为十大新兴经济体之一，尤其侧重于其制造中心。②

其中，中国对巴基斯坦的投资在巴基斯坦 FDI 中占主导地位。2015 年，巴基斯坦 FDI 净流入 12.8 亿美元，受前一财年基数偏低影响，实现 38.8% 的增长。仅中国对巴基斯坦直接投资就达 5.9 亿美元，大幅增长 130.0%，且连续 3 年排名 FDI 来源国第一位，是巴基斯坦实现 FDI 增长的主要力量。关于中国投资，分行业看，电力、油气开发、通讯、化工、交通运输业的中国 FDI 净流入分别为 5.7 亿美元、2.6 亿美元、2.0 亿美元、6460 万美元和 3680 万美元，分别增长 158.9%、6.3%、332.8%、16.8% 和 493.6%；贸易、金融和纺织业 FDI 净流入 3 010 万美元、2820 万美元和 2100 万美元，同比下降 39.8%、89.0% 和 52.2%。③

二、外债

自 1976 年以来，外债一直是巴基斯坦最重要的外资来源。外债是发展中国家公共融资的传统重要来源，在促进经济增长方面发挥着重要作用（Azeez & Sulaiman, 2012）。它可以通过弥补投资—储蓄差距来促进经济增长，并为现代技术和提高劳动生产率的经济活动提供充足的资金支持（Pattillo 等，2002）。2013 年，巴基斯坦的外债总额达到 609 亿美元，2014 年增加到 654 亿美元，2016 年增加到 731 亿美元。截至 2017 年 3 月，外债增加到 757 亿美元。④

2016—2017 财年，巴基斯坦政府、国有企业、银行和私营企业一共借外债 160 亿美元。这个金额是以往 2—3 年才能达到的数额。巴基斯坦的未偿外债余额

---

① SBP Monthly Statistical Bulletin（PDF）. SBP. Retrieved 2018 – 03 – 04.
② These are the '10 emerging markets of the future'. *World Economic Forum*. Retrieved 2016 – 07 – 31.
③ 中国驻巴基斯坦使馆经济商务参赞处编《巴基斯坦＜2015—2018 年战略贸易政策框架＞》，《商务部调研报告》，2016 年 03 月 28 日，http：//www.mofcom.gov.cn/article/i/dxfw/cj/201603/20160301284177.shtml.
④ 《巴基斯坦外债：占国内生产总值百分比，2000—2017 年》，https：//www.ceicdata.com/zh – hans/indicator/pakistan/external – debt – – of – nominal – gdp.

第二章 外国资本与经济发展：巴基斯坦在开放发展中的机遇与障碍

已达到 830 亿美元，其中政府所借额度最大，为 660 亿美元。政府所借外债主要来源包括：首先，是多边金融机构，例如世界银行、国际开发署和亚洲开发银行提供的，一般是长期优惠贷款，大概有 30 亿美元；其次是双边贷款，主要是巴黎俱乐部成员国给予的援助性贷款，大概是 50 亿美元；第三是中国提供融资，中资商业银行提供了约 16 亿美元的项目贷款。此外政府还发行了 10 亿美元的伊斯兰债券。国有企业、银行和私营企业一共借取了总额为 50 亿美元的商业贷款。巴基斯坦本地的商业银行首次从国际市场承借大量短期贷款，额度超过了 30 亿美元。超过 65 亿美元用来偿还债务，大约 100 亿美元本可用于别的目的，但所有剩余额度都用于弥补当年超过 120 亿美元的经常项目逆差。此外，外汇储备减少了约 20 亿美元，用于弥补经常项目逆差中通过上述方式还不能覆盖的部分。①

三、外援

巴基斯坦自独立以来国内储蓄率一直偏低，投资率与储蓄率之间的差额主要通过国外资金来填补。这是巴基斯坦经济发展的一个突出特点。巴基斯坦自 20 世纪 60 年代开始大量接受外援资金，得到的外援资金数总体不断上升。除援巴财团外，中国是重要的援助国。巴基斯坦作为长期受援国，接受过规模庞大、种类繁多的援助。2013 年 10 月至 2014 年 9 月，巴基斯坦从 9 个主要援助国共获得 76.24 亿美元有偿贷款和 41.37 亿美元无偿援助。其中，中国是对巴基斯坦最大的贷款国，贷款额 65.14 亿美元，排名其后的分别为韩国和沙特，贷款额分别为 5 亿美元和 3.37 亿美元。② 英国、美国和中国是排名前三的对巴基斯坦无偿援助国，援助额分别为 21.52 亿美元、14.65 亿美元和 2.97 亿美元。外援资金主要集中用于能源、道路基础设施建设、国防、地震和洪水救灾、公共安全、公共卫生、毒品控制、流离失所者安置以及水利项目等领域。外援资金呈现如下特点：从援助构成看，赠款减少，贷款增多；从援助方式看，工程技术援助增多；外援资金使用率下降，同时使巴基斯坦政府外债负担增加。外援是巴基斯坦经济发展资金的重要来源，对基础设施建设、增强国民经济基础、缓解国内困境等方面起

---

① 《巴基斯坦外债：占国内生产总值百分比，2000—2017 年》，https://www.ceicdata.com/zh-hans/indicator/pakistan/external-debt-of-nominal-gdp.

② [巴基斯坦] 乌丁、斯瓦蒂著，陈继东、晏世经译：《巴基斯坦经济发展历程——需要新的范式》，巴蜀书社，2010 年，第 49 页。

到了关键性作用。在巴基斯坦平均77%的投资来自国民储蓄,而高达23%的投资来自外部,在弥补投资—储蓄差距方面对外部资金呈现出较强的依赖性。

无论哪种形式的外援都附有明确的政治目的,是援助国推行对外政策、实现国家利益的重要工具。外援资金的流入虽然缓解了巴基斯坦资金短缺的困难,但巴基斯坦长期对外援的较强依赖,一方面加剧了财政赤字,另一方面援助国援助目标、援助政策的变化影响到其自力更生发展经济。援助国援助资金的大起大落、时断时续,直接影响到巴基斯坦国内经济发展。以美国为例,美国因不满巴基斯坦推行核计划,自1999年起停止提供约为573亿美元的经济和军事援助,这给当时的巴基斯坦经济造成一定困难。而"9·11"事件后,因巴基斯坦对待反恐的明确态度和在美国对外战略中的地位提升,2001年11月美国总统布什接待来访的穆沙拉夫总统时公开表示,向巴基斯坦提供10亿美元的援助,解除对巴基斯坦的大多数制裁,减免巴基斯坦对美国的债务。

发展中国家经常遇到许多复杂的经济问题,例如国内生产总值增长缓慢、通货膨胀率高、贸易平衡差和投资不足。为了摆脱这些经济问题,这些国家需要大量的财政动力来使经济摆脱低迷,但是在提供推动经济发展所需的资金方面面临着障碍。因此,许多发展中国家和欠发达国家需要来自发达国家、国际金融机构和联盟的援助、赠款或贷款等形式的资金。这些资源用于建立发展过程所需的经济机构和基础设施。因此,外援可以被看作是将资源从发达经济体转移到某个发展中国家。

通常援助计划是通过各国联合体或金融机构进行的聚集在一起为发展中国家提供所需的经济援助。这些援助可以为各个经济部门的运转提供支持,因为它可以用于实现发展目的或维持国际收支平衡。当一个发展中国家在某次军事考察或战争中与发达国家结盟时,也为军事目的提供援助。这些经济援助计划对支持和维持接受国的经济增长至关重要。此外,他们一直被视为减贫的源泉,并成为接受国经济改善的源泉。因此,在这方面,学界已经进行了许多研究来检验这一理论,其结果显示既有积极的,也有负面的效应。大多数研究认为,援助要么对接受国的经济产生负面影响,要么影响微不足道(Boone,1996)。虽然有些人得出结论认为它具有积极影响,但是这种有益效果也受到接受国某些特定条件的限制(Burnside & Dollar,2000)。理论和试验中的这种冲突是一个奇怪而有趣的现象,需要更深入的研究才能更好地理解它。

第二章　外国资本与经济发展：巴基斯坦在开放发展中的机遇与障碍

四、移民汇款

（一）移民历史回顾

巴基斯坦人到国外谋生的历史较久。早在英国人统治时期，就有来自大陆西北省份的劳工到美洲、欧洲和亚洲其他国家和地区谋生，其中多数前往英国。20世纪70年代以来，中东石油经济繁荣，需要大批劳动力进行经济建设。人力资源丰富的巴基斯坦利用相同的宗教信仰和相邻的地理位置，向中东产油国大量输出劳动力。1977年在沙特阿拉伯、科威特、阿拉伯联合酋长国、巴林、阿曼、卡塔尔等6国的巴基斯坦劳工达50万人，1982年增至120万人，平均每年输出近12万人，并且呈现出增长的趋势。

巴基斯坦人海外移民历史虽然悠久，但是大规模的海外移民在20世纪70年代才出现。这一时期石油繁荣使海湾国家兴起了大规模建筑活动，为亚洲海外移民创造了大量就业机会，如水管工、泥瓦匠、电工和木工等。巴基斯坦由于经济发展水平较低，能够提供的就业岗位有限，政府积极鼓励和推动对外移民劳务输出，为此每年对外输出大批劳务，以解决剩余劳动力的就业问题和保证社会稳定。自1971年以后，巴基斯坦开始了有组织有计划的劳动力输出工作，每年对外输出大批劳务。[①] 据巴基斯坦海外基金会统计，在1985年，巴基斯坦就有约300万海外移民，其中大部分生活在美国、英国、沙特阿拉伯和阿联酋。[②] 由于海湾国家人口规模小而经济规模却在不断扩大，劳动力需求增长很快，需要从世界各地吸引熟练和非熟练劳动力，故而其劳动力市场比较容易进入，由此导致多数巴基斯坦劳动力都移民到了这些国家。他们的主要职业是建筑工人，其次是从事零售、油气开采、运输服务、旅游领域、清洁和家庭服务工作等。

随着海外劳动市场人力需求结构开始发生变化，对工程师和其他技术工人的需求越来越多。到20世纪90年代初，巴基斯坦技术移民数一直持续增长。1995年之后，其数量才开始逐渐下降。此后低技术工人移民越来越多。进入21世纪以后，巴基斯坦海外移民工人数量猛增。据巴基斯坦移民局统计，1971—2004

---

① Farid Makhlouf and Mazhar Mughal, *Remittances and Dutch Disease in Pakistan—A Bayesian Analysis Approach*, CATT – UPPA, February 2010.

② Farid Makhlouf and Mazhar Mughal, *Remittances and Dutch Disease in Pakistan—A Bayesian Analysis Approach*, CATT – UPPA, February 2010.

年累计输出劳务354万（见表2-1）。而自2007年1月到2009年6月巴基斯坦海外移民数量翻了一番，达到每月近38 000人。

2009年，巴基斯坦通过正规渠道派出的移民劳务约30万人次。[①] 如表2-1和表2-2所示，2004年海外巴基斯坦人估计有400万，2010年估计已增加到了630万，到2012年海外巴基斯坦人的总数估计已超过了670万。海外巴基斯坦人已经遍布世界各地，尤其是大量集中于海湾地区、欧洲和美国。仅2012年统计数据显示，他们的主要分布国家有沙特阿拉伯（170万）、英国（120万）、美国（90万）、阿联酋（120万）（见表2-1）。

表2-1 巴基斯坦海外移民存量

（单位：百万）

国别	2004年	2010年	2012年
全部	4.0	6.3	6.7
沙特	1.1	1.5	1.7
阿联酋	0.5	1.0	1.2
美国	0.6	0.9	0.9
英国	0.8	1.2	1.2

资料来源：Anum Nisar and Saira Tufail, 2013, An Analysis of Relationship between Remittances and Inflation in Pakistan, Zagreb International Review of Economics & Business, Vol. 16, No. 2, pp. 19 – 38.

表2-2 1971—2004年各目的国（地区）巴基斯坦海外移民数量

目的地	1971—2000年	2001年	2002年	2003年	2004年	总计
阿联酋	626 705	18 421	34 113	61 329	65 786	806 354
阿尔及利亚	708	8	5	0	4	725
安哥拉	66	2	2	0	0	70
巴林	65 987	1173	1022	809	855	69 846
文莱	192	174	41	78	107	592

---

① Farid Makhlouf and Mazhar Mughal, *Remittances and Dutch Disease in Pakistan—A Bayesian Analysis Approach*, CATT - UPPA, February 2010.

第二章 外国资本与经济发展：巴基斯坦在开放发展中的机遇与障碍

(续上表)

目的地	1971—2000年	2001年	2002年	2003年	2004年	总计
加蓬	287	2	0	2	0	291
希腊	428	0	2	8	6	444
几内亚	60	1	0	17	30	108
中国香港	97	10	7	13	6	133
伊朗	12 544	2	1	5	12	12 564
伊拉克	68 132	1	0	0	0	68 133
约旦	4367	189	39	61	140	4796
肯尼亚	33	0	0	2	7	42
科威特	106 307	440	3 204	12 087	18 498	140 536
利比亚	63 701	713	781	1 374	375	66 944
黎巴嫩	359	1	0	1	0	361
马来西亚	1 993	64	59	114	65	2 295
尼日利亚	2019	16	21	66	14	2136
阿曼	212 131	3802	95	6 911	8 982	231 921
卡塔尔	50 481	1 633	480	367	2 383	55 344
沙特阿拉伯	1 648 279	97 262	104 783	126 397	70 896	204 7617
塞拉利昂	124	0	0	0	0	124
苏丹	668	37	128	27	93	953
新加坡	113	9	14	5	3	144
索马里	59	1	3	0	2	65
西班牙	159	362	389	202	254	1 366
坦桑尼亚	342	8	3	45	53	451
突尼斯	25	0	0	0	0	25
乌干达	303	0	0	0	1	304
英国	1 059	800	703	858	1419	4 839
美国	802	788	310	140	130	2 170
也门	3796	25	73	85	157	4 136
西非	307	0	0	0	0	307

(续上表)

目的地	1971—2000 年	2001 年	2002 年	2003 年	2004 年	总计
南非	24	3	8	59	7	101
赞比亚	834	5	2	1	0	842
日本	91	24	10	12	12	149
韩国	3634	271	564	2 144	2474	9 087
克罗地亚	44	0	0	0	0	44
土库曼斯坦	493	216	4	214	16	943
塞浦路斯	140	17	31	22	40	250
土耳其	149	3	3	1	0	156
中国	137	4	8	1	3	153
喀麦隆	41	1	2	0	0	44
摩洛哥	38	0	0	0	0	38
意大利	405	824	48	128	581	1 986
瑞典	46	2	0	0	8	56
瑞士	18	8	3	5	4	38
叙利亚	217	20	2 0	6	5	25
德国	77	23	5	42	8	155
阿塞拜疆	3	1	0	5	7	16
其他国家	2798	563	454	396	381	4 592
总 计	2 882 017	127 929	147 422	214 039	173 824	3 545 006

资料来源：Bureau of Emigration and Overseas Employment, 2005.

（二）移民汇款现状

在 20 世纪 70 年代中期以前，巴基斯坦海外移民人数还很少，移民汇款十分有限。其移民目的地主要是英国和美国，多数都和家人一道生活在海外，其汇款意愿不强。70 年代中期以后前往中东地区的移民却不一样。他们需要寄钱回家养家和偿还当初移民时所欠下的债务。自 70 年代末期开始，巴基斯坦移民汇款开始逐渐增加。详见图 2-1。

第二章 外国资本与经济发展:巴基斯坦在开放发展中的机遇与障碍

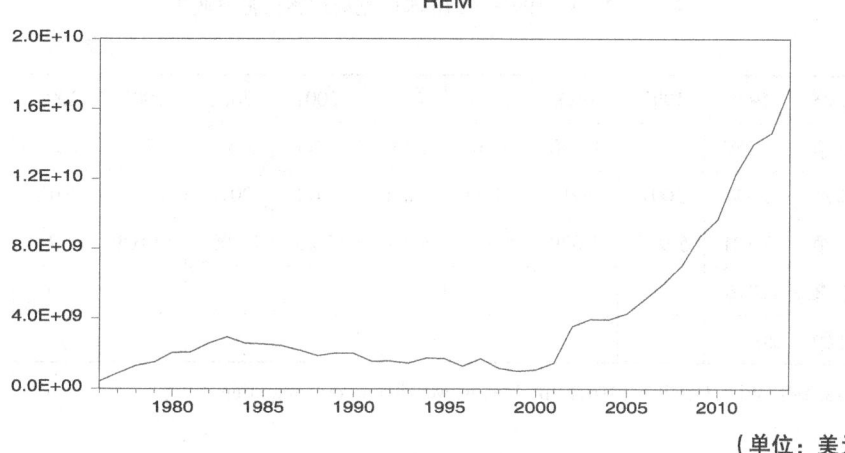

(单位:美元)

图 2-1 1976—2014 年巴基斯坦移民汇款发展走势图

由于大量输出劳动力,巴基斯坦移民汇款收入也逐年增加。移民汇款是巴基斯坦外汇重要来源,连续 10 年保持高速增长,平均增速达 16%。1976 年巴基斯坦移民汇款仅有 4.12 亿美元,到 1979 年已增加到了 15 亿美元,但是在整个 80 年代相对比较稳定,变化不大。1980 年为 20.5 亿美元,1982 年为 22.48 亿美元,1983 年曾经一度增长到了 29.4 亿美元,10 年中增加了近 60 倍,但此后却小幅下降,1988 年已降到了 18.7 亿美元。整个 90 年代依然在不停地下降,由 1990 年的 20.1 亿美元,下降到了 1999 年不足 10 亿美元(9.96 亿美元)。进入 21 世纪以来,特别是 2002 年以后,巴基斯坦移民汇款开始迅猛增长,由 2000 年的 10.8 亿美元增加到了 2002 年的 35.5 亿美元,[1] 2003 年汇款总额达 40 亿美元,2004 年略有下降,但 2007 年再次上升至 60 亿美元,2008 年移民汇款增长至 70 亿美元。根据《世界银行报告》(2011 年),在 2011 财年,700 万名巴基斯坦移民汇款近 123 亿美元。2012 年,巴基斯坦汇款超过 140 亿美元,2013 年近 150 亿美元,2014 年为 172 亿美元。[2] 而后一路增长到了 2015 年的 193.06 亿美元和 2016 年的 203 亿美元(见表 2-3)。

---

[1] Nisar Ahmad, Zahid Ullah Khan, Muhammad Atif. "Econometric Analysis of Income, Consumption and Remittances in Pakistan:Two Stage Least Square Method", *The Journal of Commerce*, 2013, Vol.5, No.4, pp.1 -10.

[2] Niaz Hussain Ghumro, Mohd Zaini Abd Karim. "the Role Remittances in the Stability of Money Demand in Pakistan:A Cointegration Analysis", *ECONOMIC ANNALS*, 2017, Vol. LXII, No. 213, pp.45 -65.

表2-3　1996—2016年巴基斯坦移民汇款收入

（单位：百万美元）

年份	1996	1997	1998	1999	2000	2001	2002	2003	2004	2005
金额	1 280	1 710	1 170	996	1 080	1 460	3 550	3 961	3 942	4 280
年份	2006	2007	2008	2009	2010	2011	2012	2013	2014	2015
金额	5 121	5 998	7 039	8 717	9 690	12 263	14 007	14 629	17 244	19 306
年份	2016									
金额	20 300									

资料来源：WDI, October 2016, http://www.worldbank.org/migration.

移民汇款是发展中国家外汇流入的重要来源。全球十大汇款收入国中有五个在亚洲：中国、印度、孟加拉国、菲律宾和巴基斯坦。据《世界银行2014年报告》，巴基斯坦2009年汇款流入量排名第12位，2014年排名第7。[1] 同样，如下表2-4亦可知，1976—1995年，巴基斯坦仅次于印度，位列南亚地区第二大移民汇款接收国。20世纪70年代后期到80年代早期是巴基斯坦移民汇款流入的历史峰值时期。这一时期大多数海湾国家吸引了大量巴基斯坦劳动力积极参与经济建设，南亚地区的移民汇款收入约有一半流入了巴基斯坦。而1983年是这一时期移民汇款最多的一年（移民汇款收入总额已经超过了其出口总量），此后一直呈减少趋势。自1996年以来，巴基斯坦被孟加拉国超越，退到了第三的位置（见表2-4）。这种下滑趋势一直持续到了2000年。根据官方数据，巴基斯坦的移民汇款从1991年的14.67亿美元减少到了2000年的10.86亿美元。[2]

---

[1] Niaz Hussain Ghumro, Mohd Zaini Abd Karim. "the Role Remittances in the Stability of Money Demand in Pakistan: A Cointegration Analysis", *ECONOMIC ANNALS*, 2017, Vol. LXII, No. 213, pp. 45-65.

[2] Farid Makhlouf and Mazhar Mughal, *Remittances and Dutch Disease in Pakistan—A Bayesian AnalysisApproach*, CATT-UPPA, February 2010.

第二章 外国资本与经济发展：巴基斯坦在开放发展中的机遇与障碍

表2-4 南亚国家移民汇款收入情况表

（单位：百万美元）

	年份	孟加拉国	印度	马尔代夫	尼泊尔	巴基斯坦	斯里兰卡
平均	1976—1980	145	1 387	—	—	1 228	56
	1981—1985	511	2 469	2	—	2 543	281
	1986—1990	725	2 444	1	—	2 104	358
	1991—1995	1 008	4 358	2	54	1 606	629
	1996—2000	1 650	10 517	2	71	1 247	1 011
每年	2001	2 105	14 273	2	147	1 461	1 185
	2002	2 858	15 736	2	678	3 554	1 309
	2003	3 192	20 999	2	771	3 964	1 438
	2004	3 584	18 750	3	823	3 945	1 590
	2005	4 315	22 125	2	1 212	4 280	1 991
	2006	5 428	28 334	3	1 453	5 121	2 185
	2007	6 562	37 217	3	1 734	5 998	2 527
	2008	8 941	49 941	3	2 727	7 039	2 947
	2009	10 523	49 256	3	2 986	8 720	3 363
	2010	11 050	55 000	3	3 513	9 407	3 612

资料来源：World Bank staff estimates based on the International Monetary Fund's Balance of Payments Statistics Yearbook, 2011.

移民汇款流入大幅增加，有助于减少贫困和经常账户赤字，增加外汇储备和经济增长，稳定汇率。但20世纪70—90年代，巴基斯坦移民汇款来源国数量十分有限，过于集中于美国与海湾地区国家，其中来自阿联酋和沙特两国的移民汇款在1981年和1986年就分别占了60%和57%。美国和英国虽是第二和第三大移民汇款来源地，但同期仅占12%和16%，其他地区分别为28%和27%。

表2-5 巴基斯坦移民汇款收入的主要来源国

(单位：百万美元)

来源国	1973年	1977年	1981年	1986年	1991年	1996年	2002年	2005年	2008年
阿联酋	0	118	265	311	172	162	469	713	1090
沙特	8	159	984	1163	682	503	376	627	1251
英国	73	49	185	223	180	110	152	372	459
美国	10	29	71	194	190	142	779	1249	1762
其他	45	223	610	703	624	544	612	1208	1889
总计	136	578	2116	2595	1848	1461	2389	4169	6451
比重%									
阿联酋	0	20	13	12	9	11	20	17	17
沙特	6	27	47	45	37	34	16	15	19
英国	54	9	9	9	10	8	6	9	7
美国	7	5	3	7	10	10	33	30	27
其他	33	39	28	27	34	37	25	29	30
总计	100	100	100	100	100	100	100	100	100

资料来源：Vaqar Ahmed, Guntur Sugiyarto & Shikha Jha, Remittances and Household Welfare: A Case Study of Pakistan, ADB Economics Working Paper Series, No.194, Asian Development Bank, February 2010.

五、移民汇款、发展援助与FDI的比较

如图2-1所示，20世纪70年代末以来海外移民汇款虽然远远落后于出口，但是始终超过发展援助和外国直接投资，是巴基斯坦最重要的外国资本来源。从历史上看，巴基斯坦海外移民汇款约占国内生产总值的2%—10%，可以媲美许多发展中国家，同时与其他外国资本流入相比也颇具优势。在20世纪70年代和80年代初期，巴基斯坦海外移民汇款快速增长，海外移民汇款收入占GDP的百分比不断增加。1982—1983年是这一时期的高峰阶段，海外移民汇款相当于巴基斯坦国内生产总值的9.39%。1989年巴基斯坦海外移民汇款相当于其商品贸易总额的37%，占国内生产总值GDP的5.9%。到了20世纪90年代末，海外移民汇款仅占国内生产总值GDP的1.5%。虽然近些年巴基斯坦海外移民汇款在迅

第二章 外国资本与经济发展：巴基斯坦在开放发展中的机遇与障碍

速增加，但与此同时其 GDP 总量也在快速增长，因此海外移民汇款占 GDP 的百分比仍只有温和的增长。2008 年，巴基斯坦的海外移民汇款仅占 GDP 的 4.2%，到 2015 年已恢复到了 7.2%。

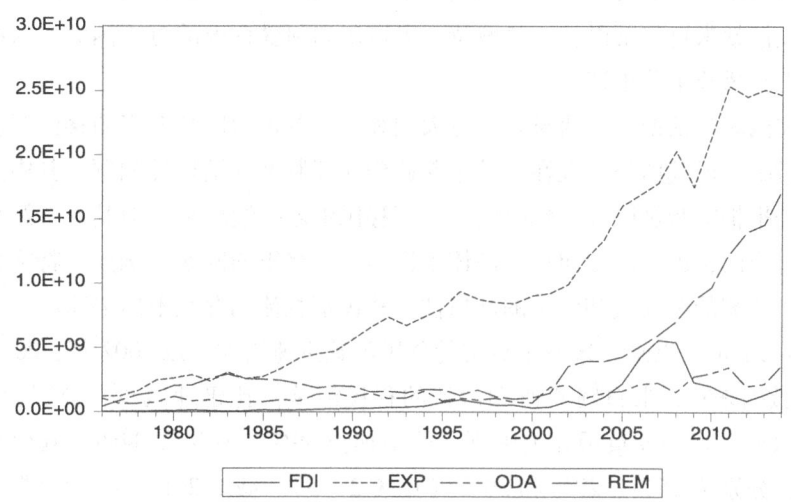

（单位：美元）

图 2-2 1976—2014 年巴基斯坦海外移民汇款、发展援助、外国直接投资和出口发展趋势比较
资料来源：World Bank, Migrant Remittance Inflows (USMYM million), WDI (World Development Indicators), October 2016, http://data.worldbank.org.cn/data-catalog/world-development.

发展援助是仅次于海外移民汇款的外国资本来源。过去几十年巴基斯坦的外援流入也出现了大幅的波动。比如巴基斯坦在美苏阿富汗冲突中处于前线位置，20 世纪 80 年代外援一直比较多，但在接下来的十年外援逐渐减少，到 1998 年核试验之后就再也没有外援了。2001 年以后巴基斯坦再次成为美国领导的阿富汗战争的前线国家，外援才重新恢复。发展援助对推动巴基斯坦经济增长的作用很明显。比如 1991—1996 年巴基斯坦接受的净官方发展外国援助每年约为 16 亿美元，这一时期巴基斯坦的 GDP 年均增长率为 4.7%；而受 1997 年亚洲金融危机和 1998 年巴基斯坦核试验的影响，1997—2000 年巴基斯坦接受的外国援助下降了 26.7%，而这一时期巴基斯坦的 GDP 年均增长率也下降至 2.9%。这似乎表明发展援助影响了巴基斯坦经济的持续稳定增长。[①]

---

① World Bank, World Development Indicators, October 2016, http://data.worldbank.org.cn/data-catalog/world-development-indicators.

外国移民汇款一直是巴基斯坦的重要收入来源。如前所述几十年来巴基斯坦的移民汇款取得了长足的快速增长。沙特阿拉伯仍然是巴基斯坦移民汇款最大的来源国,其后依次为阿联酋、美国和英国。巴基斯坦一直是全球劳动力进口的有吸引力的市场。该国的工人已成功进入中东、欧洲和北美的劳动力市场。巴基斯坦的移民汇款来自包括巴林、科威特、卡塔尔和阿曼在内的海湾国家。这些国家的移民汇款增长十分迅速。

欧盟国家包括德国、西班牙、意大利和爱尔兰也为巴基斯坦的移民汇款结构做出了贡献。巴基斯坦工人在国外不断遇到签证制度和结构性问题,其中最主要的是不公平报酬和剥削性工作时间。尽管移民汇款持续增加,但其可持续性对巴基斯坦这样的移民汇款导向型经济体来说是一个严重的问题。例如沙特阿拉伯和其他海湾国家的劳动法和政策的严格性使移民汇款流动存在不确定性。

进入21世纪以来,来源于英美的移民汇款迅速增加。以2002年、2005年和2008年数据来看,来自阿联酋和沙特的移民汇款占比迅速减少,分别为36%、32%和36%,而同期英国和美国则迅速增加至39%、39%和34%,其他地区变化不大,分别为25%、29%和30%(见表2-5)。截至2015年,巴基斯坦国家银行报告记录了移民汇款流入巴基斯坦的情况为:主要汇款国是沙特阿拉伯(KSA)、阿联酋、卡塔尔、巴林、阿曼和科威特(海湾合作委员会国家或GCC)、美国和欧盟国家。从2011—2014年,移民汇款数量呈指数增长,如表2-5所示。

第三节　移民汇款与巴基斯坦经济发展

一、移民汇款与经济增长

巴基斯坦过去四十年间收到了大量移民汇款。虽然移民汇款流入也出现过波动,但无论怎样,移民汇款在巴基斯坦成长过程中发挥了关键作用。自1990年以来,全球各地的国际移民汇款呈上升趋势,巴基斯坦也经历了相同的情况。特别是"9·11"事件以后,巴基斯坦的移民汇款每年都大幅增长。

一些学者的研究表明,1972—1973年度到2002—2003年度的国际移民汇款对实际GDP增长的影响是积极的。移民汇款是外国资本的第三大重要来源。图2-3也清晰地描述了国内生产总值与移民汇款之间的正相关关系。到1983年以前,GDP和移民汇款流入均呈增长趋势,1983年以后移民汇款流入量一直呈下

第二章 外国资本与经济发展：巴基斯坦在开放发展中的机遇与障碍

降趋势，直到 2000 年。2000 年后，两个系列向上移动。这个数字清楚地表明，移民汇款和 GDP 增长的趋势在一段时间里几乎都是相同的。①

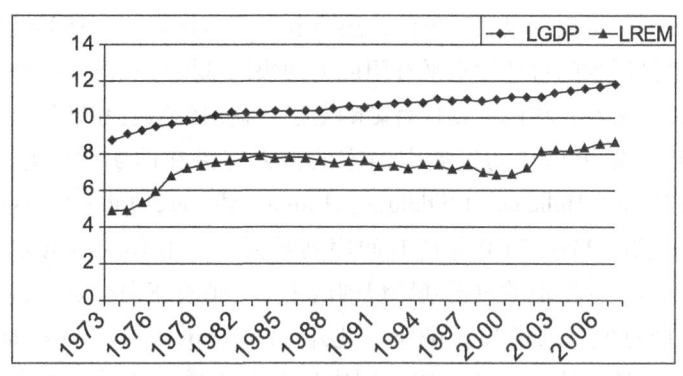

图 2-3 GDP 与移民汇款趋势

资料来源：Abdul Qayyum, Muhammad Javid, Umaima Arif, Impact of Remittances on Economic Growth and Poverty, Impact of Remittances on Economic Growth and Poverty: Evidence from Pakistan, All content following this page was uploaded by Abdul Qayyum on 20 March 2017, https://www.researchgate.net/publication/46447075.

此外，统计显示，20 世纪 80 年代移民汇款大幅上涨（从 20 世纪 70 年代 GDP 的 3.9% 上升至 80 年代的 8.2%），国内生产总值年均增长也有所增加，自 20 世纪 70 年代的 5.2% 上升到 80 年代的 6.4%。但整个 20 世纪 90 年代，移民汇款又大幅下降至国内生产总值的 3.3%。与此同时，这十年间年均实现国内生产总值增长也整体大幅下降（从 5.2% 至 4.5%）。值得注意的是，相比较于 20 世纪 80 年代国内生产总值增长的巨大波动，在 20 世纪 90 年代，所有主要部门，如农业、制造业和服务业的增长率明显下降。2001—2002 年度，官方移民汇款上升至 GDP 的 4.3%，2002—2003 年度上升至 6.7%。这似乎有助于同期的本地 GDP 增长（2001—2002 年度的 3.4%，2002—2003 年度的 5.1%）。②

对移民汇款是否促进经济增长，学界仍有疑义。Giuliano（2008）的研究发现，移民汇款确实有促进金融体系欠发达国家经济增长的作用，因为它为投资融

---

① M. Javid, U. Arif, A. Qayyum. "Impact of Remittances on Economic Growth and Poverty", 2012, Vol.2, No.1, pp.433-447.

② Zafar Iqbal, Abdus Sattar. "The Contribution of Workers' Remittances to Economic Growth in Pakistan", Research Report, No.187.

资提供了一种替代方式，减少流动性限制。Safiullah 和 Arab Naz（2016）等的研究报告也明确指出，移民汇款与巴基斯坦国内生产总值之间存在着正相关关系。国外移民汇款每增长1%，GDP 会增长0.25%。

通过移民汇款不仅可以获得外汇，还有利于巴基斯坦减少外部借款和外债负担。因此，移民汇款的可持续水平有望成为加快巴基斯坦经济实际增长的一个重要前提。从长远来看，移民汇款显著影响着巴基斯坦的减贫和增长。因而，国际劳工移民对巴基斯坦这样的发展中国家的穷人有潜在的实质性好处。[①] 为此，Syed Zeeshan Zafar, Muhammad Siddique, Haroon Ahmad, Tahir Ahmad Khan 等人（2016）特别选取1981—2010年的时间序列数据，采用OLS模型方程得到的结果也准确地显示：移民汇款对巴基斯坦国内生产总值有正向影响，移民汇款增长1%，国内生产总值就会增长6.68%。此外，Zafar Iqbal 和 Abdus Sattar（2007）更进一步论证发现，移民汇款和实际国内生产总值增长之间呈现显著的积极影响。移民汇款与GDP比率上升1%，将导致国内生产总值每年增长0.4%。这些结果也支持了早些时候提出的主张，即移民汇款在1972—1973年到2002—2003年对巴基斯坦的产出增长做出了积极的贡献。因此，移民汇款持续一定水平的发展，是加速实际产出增长的重要前提。

除此以外，移民汇款还改善了国际收支状况，减少了对外部借款的依赖，[②]对巴基斯坦的快速发展将会助益良多。巴基斯坦移民汇款的增长为国际收支和减贫提供了支持。外汇储备在稳定巴基斯坦金融部门方面发挥重要作用。[③] Safiullah 和 Arab Naz 等（2016）的研究报告利用1980—2011年的数据，探讨了移民汇款对巴基斯坦金融发展的影响。作者采用多元回归方法验证因变量（经济增长）与移民汇款、外商直接投资、农业增长、通货膨胀和汇率等自变量之间的关系，证实移民汇款对农业增长和外商直接投资的促进作用，从而对巴基斯坦经济增长带来积极影响。外商直接投资对巴基斯坦金融发展影响不大，移民汇款与农业增长关系十分显著，金融发展成效也十分明显。仅在2014年，巴基斯坦收到了大约160亿美元的移民汇款。这些资金流入为该国进口费用的38%，占贸易赤字总

[①] M. Javid, UArif, A Qayyum. Impact of Remittances on Economic Growth and Poverty. Vol. 2, No. 1, January 2012. pp. 433 – 447.

[②] M. Javid, UArif, A Qayyum. Impact of Remittances on Economic Growth and Poverty. Vol. 2, No. 1, January 2012. pp. 433 – 447.

[③] Najid Ahmad and Arslan Ahmad and Muhammad Farhat Hayat. Foreign Remittances and Economic Growth in Pakistan: An empirical investigation. J. Basic. Appl. Sci. Res., 3（7）813 – 819, 2013, Online at http://mpra.ub.uni-muenchen.de/49132/MPRA Paper No. 49132, posted 19. August 2013 13:56 UTC.

第二章　外国资本与经济发展：巴基斯坦在开放发展中的机遇与障碍

额的95%，为巴基斯坦国民收入贡献了6%以上。[①]

二、移民汇款与减贫

移民汇款是指将资金从国际移民转移到本国的家庭成员。与外国直接投资、外国贷款和援助等外部资本流入不同，移民汇款是发展中国家最大的外汇收入来源。20年来，许多发展中国家依靠出口人力来获得汇款，且数量越来越多，相应地，移民汇款流入量急剧增加。移民汇款是减贫、改善保健和教育的保障源泉，也是收款国增加投资和消费的主要来源。而投资和消费的增加又是促进经济发展的重要标志。[②] 对巴基斯坦来说，移民汇款流入促进经济增长，减少贫困、刺激消费、减少信贷约束，推动了社会各方面的发展。许多家庭的收入来源主要依赖于来自在世界各地不同国家开展业务的家庭成员的移民汇款。这对他们的健康、教育和社会生活，以及巴基斯坦的社会各方面影响巨大。虽然有着一定的负面效应，但总体而言积极的效果应是主流。

国内高失业率、大量贫困人口、国外收入上涨的预期可能是巴基斯坦出国人数不断增加的原因。多数的移民来自低收入家庭，为非技术熟练的或半熟练的工人。他们之所以移民是冀图帮助家人建立小企业，掌握实物资产，进而大幅度提高和完善生活水平。[③]因而，大量的移民汇款占巴基斯坦居民平均收入的78%。Burney（1988）和Kazi（1988）的研究表明，汇款收入除用于当前消费外，通过偿还债务或修理房屋可以看出它对家庭的重要性。虽然私人消费支出开始占据较高比例，但自1982—1983年起，比例呈下降趋势。整个20世纪90年代的实证研究表明，汇款改善了受助人的生活水平。平均来说，巴基斯坦的移民工人的收入高出家庭就业人员2—8倍，比国家平均收入高出78%。因此，减少汇款流量预计对贫困产生双重影响。首先，它将通过限制流入来减少贸易自由化，从而影

[①] Muhammad Tahir, Imran Khan. Afzal Moshadi Shah. Foreign Remittances, Foreign Direct Investment, Foreign Imports and Economic Growth in Pakistan: A Time Series Analysis. ARAB ECONOMICS AND BUSINESS JOURNAL 10 (2015), pp. 82 – 89.

[②] Najid Ahmad and Arslan Ahmad and Muhammad FarhatHayat. Foreign Remittances and Economic Growth in Pakistan: An empirical investigation. J. Basic. Appl. Sci. Res., 3 (7) 813 – 819, 2013, Online at http://mpra.ub.uni-muenchen.de/49132/MPRA Paper No. 49132, posted 19. August 2013 13:56 UTC.

[③] Abdul Qayyum, Muhammad Javid and Umaima Arif. Impact of Remittances on Economic Growth and Poverty. See Discussions, Stats, and Author Profiles for This Publication at https://www.researchgate.net/publication/46447075.

响进口,降低消费选择。第二,减少收入以及家庭消费。移民汇款流入在1970—1983年上升,此后一直下降,直至2000年,2001年9月11日以后,汇款流入增加显著。相应地,贫穷的比例,无论是在农村还是城市都表现出与移民汇款流入成反比的趋势。①

巴基斯坦经济调查(2011—2012)结果显示,移民汇款多年来一直是外汇的重要来源。这些汇款不仅为国际收支提供支持,而且还通过不同的方式帮助减贫和经济增长。② 图2-4展示了1973—2006年巴基斯坦贫困与移民汇款之间的关系,结果表明,贫困与移民汇款有负相关关系。随着1973—2006年巴基斯坦移民汇款的增加,贫困人口在20世纪80年代明显减少,移民汇款流入增加,而20世纪90年代的移民汇款流入减少则与移民贫困的增加有关,且达到最低点。不过,"9.11"事件后移民汇款又大幅流入,贫困率也开始下降。③

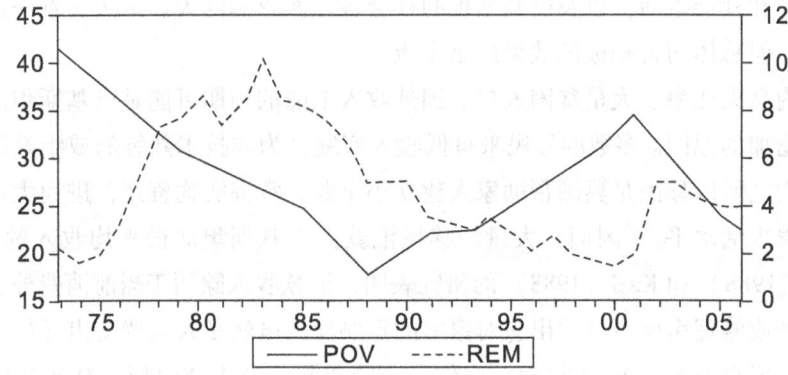

图2-4 1973—2006年巴基斯坦贫困和移民汇款趋势

资料来源:转引自 M Javid, U Arif, A Qayyum . Impact of Remittances on Economic Growth and Poverty. Vol. 2, No. 1, January 2012, pp. 433 – 447.

---

① Rizwana Siddiqui and A. R. Kemal. "Remittances, trade liberalisation, and poverty in Pakistan: The role of excluded variables in poverty change analysis", *MPRA Paper* No. 4228, posted 24. July 2007, Online at http://mpra.ub.uni-muenchen.de/4228/.

② Waqas Bin Dilshad. "Impact of Workers' Remittances on Economic Growth: An Empirical Study of Pakistan's Economy", *International Journal of Business and Management*, Vol. 8, No. 24, 2013, pp. 126 – 131.

③ M Javid, U Arif, A Qayyum. "Impact of Remittances on Economic Growth and Poverty", Vol. 2, No. 1, January 2012, pp. 433 – 447.

第二章　外国资本与经济发展：巴基斯坦在开放发展中的机遇与障碍

在"9·11"事件发生以来的十年间，巴基斯坦汇款流入急剧增加，从2000年的1.75亿美元增加到2007年的60亿美元。汇款大量流入有助于减少经常项目赤字，增加外汇储备，稳定汇率，减少贫困。一般以前的研究都是基于调查数据，忽略了汇款和贫困之间的关系。[1]

从长远来看移民汇款的增加可以直接导致减贫。这可能是因为这样的事实，即汇款直接增加穷人的收入，满足家庭消费并打破资本约束。汇款对贫困的短期影响是负面的，但这可能是由于与迁移相关的交易成本所致。从长远来看关于收入差距（基尼系数）的贫困弹性是积极和重要的。这个积极和重要的关系表明，在一定的经济增长率下，贫困的不平等程度降低了。[2] 因而，我们得出结论，汇款流入的下降是解释巴基斯坦贫困日益加剧的主要因素。贸易自由化增加收入差距。汇款下降加剧了这一影响。[3] 但需要指出的是，巴基斯坦和菲律宾所遵循的政策制度没有将移民的减贫或改善生计作为其明确目标之一。事实上，国家发展规划和减贫战略文件并不把移民现象作为发展挑战的一部分。因此，移民政策在很大程度上脱离了总体发展框架，即使它对个人移民和经济的发展和减贫具有重要的意义。[4]

Kruijk（1987）在探索收入不平等根源的一项研究中也早就指出，在70年代中期和80年代初期，劳动和财产收入，以及外来因素如向中东移民，对贫穷也有着非常重要的作用。直接和间接的汇款影响表明，汇款有利于货物贸易和服务、收入增长，并有助于节省开支（虽然可以忽略不计）。因此，可以肯定地得出结论，汇款对福利增加和减少贫困有贡献，并且很重要。90年代巴基斯坦汇款急剧下滑，贫困的比率明显上升。因而，研究得出结论，移民汇款的增减确实

---

[1] Abdul Qayyum, Muhammad Javid and Umaima Arif. Impact of Remittances on Economic Growth and Poverty. See Discussions, Stats, and Author Profiles for This Publication at https://www.researchgate.net/publication/46447075.

[2] Abdul Qayyum, Muhammad Javid and Umaima Arif. Impact of Remittances on Economic Growth and Poverty. See Discussions, Stats, and Author Profiles for This Publication at https://www.researchgate.net/publication/46447075.

[3] Rizwana Siddiqui and A. R. Kemal. "Remittances, trade liberalisation, and poverty in Pakistan: The role of excluded variables in poverty change analysis", MPRA Paper No. 4228, posted 24. July 2007, Online at http://mpra.ub.uni-muenchen.de/4228/.

[4] Farooq Azam. "Public Policies to Support International Migration in Pakistan and the Philippines", Arusha Conference, New Frontiers of Social Policy, December 12–15, 2005.

影响着贫困。①

三、移民汇款的其他影响

Calero（2008）探讨了汇款增加入学率减少童工的程度。研究发现，当家庭面临总体冲击时，汇款有益于金融教育，因为这些都是相关的增加工作活动。此外，一些结果似乎也支持这一主张，即以前发展的汇款对产出增长有积极的促进作用。如巴基斯坦在1972—1973年至2002—2003年即是如此。因此，汇款可能是加快实际产出的重要前提生长。②

Arif（2012）的调查也证实了移民汇款对巴基斯坦经济增长和减贫的重要性和影响。研究发现：移民汇款对发展中国家的社会和经济增长产生积极的影响。由于发展中国家的失业率高，高技能劳动力转移到发展中国家赚取外汇，并将这笔钱转移到他们的家庭和国家。这一数字已显示从2000年的1075万美元增加到2007年的6000万美元。移民汇款有助于资本流入，有助于稳定汇率、减少贫困、增加外汇储备和降低经常账户赤字。另外，移民汇款有助于改善教育和卫生系统。为了更好的生活方式，移民家庭将收入用于消费目的。高素质、健康的社会将增加国家的人力资本，从而有助于经济增长。③

第四节 重要制约因素

一、恐怖主义已成为巴基斯坦经济发展的最大障碍

巴基斯坦是南亚地区面临恐怖主义威胁最为严重的国家之一。其境内恐怖主义由开普省"巴塔"为主导的恐怖势力、俾路支省的民族分裂势力、遍布巴基

---

① Rizwana Siddiqui and A. R. Kemal. "Remittances, trade liberalisation, and poverty in Pakistan: The role of excluded variables in poverty change analysis", *MPRA Paper* No. 4228, posted 24. July 2007, Online at http://mpra.ub.uni-muenchen.de/4228/.

② Zafar Iqbal, Abdus Sattar. "The Contribution of Workers' Remittances to Economic Growth in Pakistan", Research Report No. 187.

③ Rabia Munir, Shabana Mureed, Adeel Ahmad Dar, Muhammad Ali Gardezi. "Impact of Personal Remittances on Economic Growth of Pakistan: A Multivariate Cointegration Analysis", *Developing Country Studies*, Vol. 6, No. 3, 2016, pp. 45–49.

第二章 外国资本与经济发展：巴基斯坦在开放发展中的机遇与障碍

斯坦全境的宗教极端势力以及卡拉奇和北部的黑社会势力构成。2013年以来，巴基斯坦恐怖袭击事件显著增加。根据全球恐怖主义数据库（Global Terrorism Data）数据显示，从2003—2013年，巴基斯坦针对企业的恐怖袭击事件显著增加，成为当地政府军队、个人之后的第三高风险袭击目标。

巴基斯坦近来安全形势的恶化已使外国投资者望而却步。据巴基斯坦国家银行统计，2009—2010财政年度的头7个月，外商对巴基斯坦直接投资同比下降了13%。巴基斯坦在2004—2009年为反恐遭受的直接和间接损失高达2.08万亿卢比（约合245亿美元）。恐怖主义已成为巴基斯坦经济发展的最大障碍。

一方面，反恐战争和恐怖袭击给巴基斯坦社会发展和稳定带来了巨大压力，造成数以百万计的人员流离失所，大批学校被毁。据巴基斯坦官方统计，仅在西北部的斯瓦特地区，目前就有近200所学校被毁，近15万学生被剥夺受教育的权利。另一方面，遭受反恐战争拖累和恐怖袭击困扰的巴基斯坦政府无力顾及民生和社会发展问题。在2010—2011财年预算方案中，只有军费和涉及反恐的预算有所增加，其他诸如医疗、卫生、教育等方面的投入均有所下降。而贫困和教育的落后反过来势必会为恐怖势力的滋生和蔓延提供土壤。

当然，恐怖主义对中巴经济走廊建设的威胁也是潜在的和现实的。2013年6月23日，巴基斯坦塔利班组织和极端武装"真主旅"发动的恐怖袭击致使中国游客在巴基斯坦遇险。[①]另外，阿富汗与巴基斯坦接壤，2008年以来，阿富汗的动荡局势也波及到巴基斯坦。巴基斯坦财政部公布的数据显示，2011—2014年，恐怖袭击造成的经济损失超过280亿美元，安全局势是制约未来投资发展的决定性因素。[②]自以美国为首的联军撤离阿富汗起，阿富汗国内塔利班组织有死灰复燃之势，一旦阿富汗安全形势恶化，与巴基斯坦国内局势形成呼应，巴基斯坦安全形势不容乐观。目前仅活跃于俾路支省的恐怖组织就有数十个，包括俾路支解放军（Baloch Liberation Army）、俾路支共和军（Baloch Republican Army）、俾路支民族阵线（Baloch National Movemen/Front）、民族党（National Party）、俾路支斯坦民族党（Balochistan Nationalparty）、俾路支学生组织（Baloch Student Organization）以及真主旅（Jun—D allah）和圣贤军（Sipha. e—Sahaba）等。巴基斯坦社会秩序与安全形势有可能不断恶化，这将给中巴经济走廊建设带来诸多潜在的安全挑

[①] 姚芸：《中巴经济走廊面临的风险分析》，《南亚研究》2015年第2期。
[②] 《中企投资巴基斯坦的风险因素与应对策略》，和讯网，2016年1月20日，http://news.hexun.com/2016-01-20/181918342.html.

战,也增加了一些中国企业对巴基斯坦投资的担忧和恐慌。① 由此可见,以恐怖主义为代表的安全风险需要引起在巴基斯坦投资的中国企业的高度警惕。

"9·11"事件发生之前,巴基斯坦的恐怖主义呈现出低度和零星的态势,恐怖袭击的主要目标为政府官员,具有代表性的恐怖事件1988年1起、1990年2起、1992年1起、1994年1起、1996年4起、1997年1起、1998年1起、2000年6起。② 然而"9·11"事件之后,巴基斯坦等"动荡弧"地区一下子被曝光在聚光灯下,恐怖势力越来越猖獗,"基地"组织、塔利班、宗教极端组织等各类恐怖势力在巴基斯坦境内及边境地区展开了轰轰烈烈的蓄谋行动,暴力袭击事件频繁发生。特别是2003年以后,巴基斯坦恐怖主义事件的强度与破坏力均急剧上升,截至2014年底,已有5万多名巴基斯坦人(平民、政府人员和恐怖分子)在恐怖袭击中丧生。仅平民死亡人数就从2003年的14人骤升至2013年的3001人。2009年,巴基斯坦在恐怖暴力袭击中的死亡人数达到了11704,对巴基斯坦来说可谓是血腥之年。尽管随后几年巴基斯坦因恐怖事件伤亡的人数有所减少,但是基数依然庞大。巴基斯坦全国平均每5天就发生一起恐怖事件,平均每月有105人因此而丧生,③ 国内安全形势岌岌可危。历任巴基斯坦总统和总理都承认恐怖主义已经是巴基斯坦最大的威胁,巴基斯坦深受其害且难以自拔。2012年8月14日,巴基斯坦陆军总参谋长卡亚尼发表演讲时称"国内威胁程度之甚已经超过国外威胁"。④ 2013年8月14日,巴基斯坦总理谢里夫在庆祝独立日的活动中呼吁全国人民一起携手应对极端势力和恐怖势力的挑战。⑤

巴基斯坦是"一带一路"建设的重要支点国家。它紧邻"恐怖漩涡"阿富汗,在其独特的建国过程中,各省和地区的分裂主义倾向与迅速成势的恐怖主义相勾结,进而使本国的安全与稳定陷入泥潭。其国内恐怖主义风险"外溢"到"一带一路"沿线的阿富汗、伊朗、印度、中国和中亚等国家和地区,制约着"一带一路"建设的顺利推进。截至2014年底,已有5万多名巴基斯坦人(平民、政府人员和恐怖分子)在恐怖袭击中丧生。2015年的反恐利剑行动确实发

---

① 谢贵平:《"中巴经济走廊"建设及其跨境非传统安全治理》,《南洋问题研究》2016年第3期。
② Major incidents of Terrorism – related violence in Pakistan, 1988—2004, South Asia Terrorism Portal, http://www.sat.porg/satporgtp/countries/pakistan/database/majorinc2004.htm.
③ 唐孟生:《巴基斯坦反恐任重道远》,《南亚研究》2010年第1期。
④ Press Release - COAS SPEECH AZADI PARADE – 2012Inter Services Publlic Relatons, https://www.ispr.gov.pk/front/main.asp?o = t_press_release&date = 2012/08/14, 2012年8月14日。
⑤ 《巴基斯坦总理呼吁应对恐怖主义威胁》,新华网, http://news.xinhuanet.com/world/2013 – 08 / 14/ c_116945122.htm.

第二章　外国资本与经济发展：巴基斯坦在开放发展中的机遇与障碍

挥了较大作用，全年袭击数量同比下降了近60%。然而，必须看到，在阿富汗和平进程仍未取得实质进展的情况下，位于巴阿边境的恐怖组织仍可源源不断地向巴基斯坦输送恐怖分子。2016年3月27日和8月9日，巴基斯坦旁遮普省首府拉合尔和俾路支省分别发生重大恐怖袭击事件，巴基斯坦的安全形势急转直下。"一带一路"沿线国家都不同程度地受到了巴基斯坦境内恐怖主义的影响。巴基斯坦境内的多种历史与现实问题互相叠加，国内困境与国际矛盾互相交错。中国"一带一路"倡议要想在这一地区顺利实施，必须采取妥善措施来应对这些已有的和潜在的各方挑战。

二、腐败严重削弱了巴基斯坦政府效能和公信力

根据透明国际（Transparency International）2014年全球清廉指数报告，巴基斯坦得分为29分（总分100分），在175个国家和地区中排在第126位，处于50个腐败最严重的国家和地区之列。巴基斯坦贪污腐败盛行主要受其社会根基——亲缘政治化的影响。政治团体的领导人在赢得选举前需要大量费用以保证选票。他们当选后一方面需要利用执政期间能够掌握的权力填补之前的付出，另一方面还要感谢那些曾经支持过自己的政治势力，所以腐败不仅发生在这些政治团体领导人的亲属身上，也发生在那些支持他们的政治势力身上。

三、电力供应不足

巴基斯坦是一个发展中国家，① 也是一个有可能成为21世纪世界大型经济体的国家之一。然而，经过数十年的战争和社会不稳定之后，截至2013年，该国铁路运输和发电等基础服务发展严重不足。② 其时共有各类大中型电站66座（其中水电站22座），总装机2570万千瓦。巴基斯坦国家电力公司辖区内装机容量2281万千瓦，实际发电能力约为1200万—1400万千瓦，其中火电1529万千瓦、水电677万千瓦、核电75万千瓦。国家电力公司辖区内实际缺电600万千

---

① Malcolm Borthwick (1 June 2006). Pakistan steels itself for sell – offs. BBC News. Retrieved 12 February 2008.

② Declan Walsh (18 May 2013). Pakistan, Rusting in Its Tracks. The New York Times. Retrieved 19 May 2013. Natural Disasters and Entrenched Insurgencies, Abject Poverty and Feudal Kleptocrats, and an Economy Near Meltdown.

瓦。总体上，巴基斯坦电力供应紧张，夏季用电高峰期城市日均拉闸限电达12小时左右，农村达16小时左右。巴基斯坦输配电由国有企业垂直垄断，电网网架薄弱，长距离输送通道非常有限，强制断电情况普遍；电网建设落后，输电损耗大，窃电现象严重，线损高达25%以上。①

截至2017年6月，巴基斯坦各类大中型电站仅有40余座，发电机组总装机不足0.3亿千瓦，其中水力发电厂占比不足30%，核电厂占比仅有5%左右，风能、太阳能、生物能等可再生能源发电项目建设尚未形成规模。这种严重不足的电力设施，使得夏季全国用电缺口达500万千瓦，首都伊斯兰堡与农村绝大部分地区的最长停电时长分别为12小时/天和超过18小时/天，也加大了我国与当地电力合作的难度。为了控制电量、降低电能耗费，巴基斯坦制定了高达4.05卢比/度的电价，且可能在2018年后提高80%，至7.3卢比/度。我国企业投资该国电力产业，将缴纳约为总收入十分之一的高昂电费，加大了投资成本。另外，受输变电设施落后、电价结构不合理等影响，巴基斯坦电力产业一直存在较为突出的三角债问题，且难以彻底解决。2017年3月，该国电力三角债问题时隔四年再次出现，中央电力采购局累计欠发电费高达4140亿卢比。若总规模达7000MW的各新建发电站建成发电，且电价持续提高，巴基斯坦电力三角债将达到不可控制的规模，进一步加大我国与该国电力合作的难度与成本。②

四、巴基斯坦营商环境较差，财政赤字严重

现阶段，巴基斯坦国内的营商环境总体较差。据世界银行《2017年营商环境报告》显示，巴基斯坦的营商环境在全球190个国家和地区中排名较后，为第141位，较2016年的第138位下降了3位。以营商环境中的行政效率为例，相较于南亚地区与经合组织，巴基斯坦的行政效率总水平较低。例如，巴基斯坦开办一个工业或商业企业所需的全部手续有12个，办理时间为18天。而南亚地区与经合组织开办企业的平均手续数量分别仅为8.1个和4.8个，平均时长分别为15.4天和8.3天。这样的营商环境，加大了我国与巴基斯坦电业合作的投入成本与负担。此外，近几年，巴基斯坦的财政赤字持续处于高位，政府的债务负担也日益加重。据巴基斯坦财政部发布的数据显示，2016—2017财年上半年，巴

---

① 肖欣、何时有：《巴基斯坦电力行业发展与投资机会》，《国际经济合作》2017年第3期。
② 张丽娟：《中国与巴基斯坦电力合作的优势、挑战与前景分析》，《对外经贸实务》2017年第9期。

第二章 外国资本与经济发展：巴基斯坦在开放发展中的机遇与障碍

基斯坦的财政赤字创近4年新高，达0.8万亿卢比，同比增长了55%。预计下一财年，巴基斯坦联邦政府的财政赤字将达到1.83亿卢比，约为国内生产总值的4.7%。为偿还到期的公共债务，2017年6月，巴基斯坦政府向国会提出了新财年融资额为15万亿卢比的申请，同比增长44%，成为巴基斯坦史上最多的一次政府借贷。这种长期高额的负债状况和不断提高的借贷，使得巴基斯坦经济发展缓慢，制约了电力发展进程。

五、投资不足导致融资成本提高，巴基斯坦投资偏低问题依然严重

FDI方面，除中国对巴基斯坦直接投资额大幅度增加达5.94亿美元外，美国、英国、阿联酋等传统投资来源国对巴基斯坦的投资力度均出现不同程度的下降。投资不足导致巴基斯坦政府负债维持高位。尽管巴基斯坦《财政责任和债务限制法案》规定，联邦政府债务占GDP比重不准超过60%，但目前实际水平已达64.8%，预计随着源自巴黎俱乐部等国际组织的债务从2017年开始陆续进入偿还期，政府的债务压力将进一步增大，加之通胀预期升温导致短期债务比例上升，融资成本也将随之提高。①

此外，还有几个原因也阻止了移民汇款和外资流入巴基斯坦。一是巴基斯坦在世界银行"经商便利"指数（Ease of doing business，EODB）中排名不高，仅在189个国家和地区中排名第144位。2010年，巴基斯坦该指数排名还位列75，2016年排名下降至144，说明巴基斯坦相对于其他国家而言营商环境变差了。二是税收政策不连续。最近几年随意开征了一些新的税，例如3%—4%的超级税。投资者要拿到退税也非常难。如果按照税收征收指数排名，巴基斯坦仅仅位列世界第172位。② 三是政策制定者和投资者没有充分的沟通，很多合法的事情迟迟得不到解决。例如退税、石油和电力行业的三角债等。

---

① 田甜：《新形势下巴基斯坦水电投资机会与风险分析》，《企业科技与发展》2014年第14期。
② 田甜：《新形势下巴基斯坦水电投资机会与风险分析》，《企业科技与发展》2014年第14期。

第五节　政策启示

我们的研究结果表明，与外债、外国直接投资和官方发展援助相比，移民汇款的两个特点使汇款成为巴基斯坦外汇更有效的来源。首先，它相对稳定，有利于该国的宏观经济健康。其次，流入巴基斯坦的汇款主要是对国内经济状况的回应，而对发送国经济波动影响甚微。这使得它们成为稳定工具的自动选择。因此，允许更方便和更便宜的汇款政策及基础设施应成为一项重要的政策目标。尽管如此，由于汇款与本国的商业周期有关，它们也可能会成为经济震荡的来源。因此，巴基斯坦决策者面临的长期挑战应该是寻找替代品以减少对汇款的依赖，以便该国能够更好地应对相关风险。

当然，透过移民汇款与巴基斯坦经济增长的关系可以看出，正确的政策可以引导移民汇款流入更有成效的投资活动。巴基斯坦政府应该可以通过各种积极措施吸引更多的移民汇款，并充分有效地利用移民汇款以促进经济增长。如果没有移民工人的汇款，很可能汇率、货币和财政政策都面临巨大的压力。更明智的政策需要拟订以鼓励汇款人了解潜在的收益汇款。作为政策事宜，政府应该提供有吸引力的投资机会吸引更多的汇款流。政府也需要探索新的人力出口市场，以实现汇款水平的可持续发展。政府也需要制定政策，通过正式的银行渠道吸收大部分汇款。[1] 其次，政府为减少失业，并通过汇款现金显著增加国民收入的路径考量，重点还是要鼓励和促进移民，特别是就业，并为移民在国内外的安全和利益提供保护，为移民的汇款和投资提供奖励和促进流动。[2] 再次，政府也应制定有助于说服失业人员出国的政策。政府应着眼于国际上可以派出的国际知名的劳动力输入目的地，从而保证大量的国际汇款可以用于人民福利。第四，政府还应制定可能遏制总消费的政策，以便节省汇款的消费支出，支持用于国际收支赤字问

---

[1] Zafar Iqbal, Abdus Sattar. "The Contribution of Workers' Remittances to Economic Growth in Pakistan", *Research Report*, No.187.

[2] Farooq Azam. Public Policies to Support International Migration in Pakistan and the Philippines. Arusha Conference, New Frontiers of Social Policy – December 12 – 15, 2005.

第二章　外国资本与经济发展：巴基斯坦在开放发展中的机遇与障碍

题的正确性。[1] 研究分析显示，巴基斯坦消费、收入、汇款和投资之间有着稳定的关系。消费与汇款和人均国内生产总值呈正相关。因此，为了提高国家的经济福利，建议制定政策以吸引外国汇款的流入，但不要过度用于消费。[2]

巴基斯坦金融、劳动力技能和物质资本缺乏，国内宏观经济环境较为脆弱，国民收入水平低也导致了国家储蓄水平较低。当面临财政赤字时，在不能大幅提高税率的情况下，政府最好的解决方法就是借债。这种持续增长的外债对国家长期经济发展是不可持续的。巴基斯坦政府也采取了一系列措施试图解决债务问题，包括颁布债务限额法案、债务销账制度，并重新设计了债务和责任规划，但效果并不明显。因此，政府需要确保提供足够的有形资本（包括适当的基础设施）、有效的私营部门参与，以长期维持国内投资对经济增长的有力支撑。

储蓄和投资是巴基斯坦国民核算账户中最薄弱的两个要素，国内较高的消费是造成国民储蓄较低的主要原因，投资需求超过国民收入的部分要靠国外资本流动来弥补。20世纪70年代总投资占国内生产总值年均为17.1%，国民储蓄率平均为11.2%；20世纪80年代以来投资比例进一步下降。进入2000年以来略有好转，2005—2006年度，国民储蓄率为15.2%，总投资占国内生产总值19.3%；2013—2014年度分别为12.94%和13.99%。巴基斯坦的投资总额一直低于国内生产总值的20%。研究表明投资率水平占到国内生产总值20%—25%是最合理的。这样的水平可以满足实现平衡经济目标所需要的置换成本以及增量需求。较高的储蓄率和投资率是实现经济增长至关重要的因素，巴基斯坦的国际收支和财政状况又不允许依靠大量的外债来增加投资。因而，巴基斯坦必须进一步提高储蓄率和投资率。

综上所述，外国资本给巴基斯坦的经济增长带来了机遇和发展，但恐怖主义、政府腐败以及资金使用的无效率等因素，也给经济带来负面效应。因而，为充分、有效地实现外国资本的积极影响，巴基斯坦政府应在如下方面有所改进，方能实现外国资本的正面价值。

首先要形成完善的制度机制，充分利用外资和外援。在国防开支拮据、各种

---

[1] Nisar Ahmad, Zahid Ullah Khan, Muhammad Atif. "Econometric Analysis of Income, Consumption and Remittances in Pakistan: Two Stage Least Square Method", *The Journal of Commerce*, Vol. 5, No. 4, 2013, pp. 1 – 10.

[2] Nisar Ahmad, Zahid Ullah Khan, Muhammad Atif. "Econometric Analysis of Income, Consumption and Remittances in Pakistan: Two Stage Least Square Method", *The Journal of Commerce*, Vol. 5, No. 4, 2013, pp. 1 – 10.

基础设施需要重建等情况下，这些外国资本给了极大帮助。但与此同时也出现另外一种情况，移民汇款、外资和外援没有得到充分利用，利用汇款、外资和外援投资的项目没有得到应有的投资回报。赤字财政是巴基斯坦财政政策的一项基本内容。债务负担重，还本付息已成为经常性预算的最大支出项目，反映出依赖外援进行经济建设是财政政策的基本内容。国家在发展过程中应该通过对汇款、外资和外援的利用，达到一种解决困难并逐渐能够恢复发展的目的。因此，应建立完善的制度机制，对汇款、外资和外援的引进、利用进行引导、监督和管理，逐步形成一种营利的机制。

其次要稳定国内外局势，积极促进发展对外贸易。独立后的巴基斯坦面临着国内外的双重挑战。在国内，政局不稳、政治斗争不断，甚至导致长时间军法管制下的统治局面。国家外部则有来自历史遗留下的边界问题，也有一些大国的全球战略引起的干涉问题。内外因素影响了巴基斯坦的发展。在国际上，经济实力是决定因素，有了经济实力才能在外交上有说话的余地，才能够得到别人的认可与合作。特别是发展中国家，普遍面临本国的历史遗留问题、资源开发不完善和投资环境不好等挑战，更应该从国情出发，制定对本国经济发展有利的、起推动作用的外贸政策；创造良好投资环境的同时，把握好国际局势，打好外交牌，利用经济全球化和区域一体化的有利条件，积极和各国开展交流与合作，从而促进对外贸易的发展和国家的繁荣强大。由于发展中国家经济的内向性特点较强，对外贸易额占国内生产总值的比重还很小，与非洲、拉美的贸易往来还不密切，因而其发展对外贸易的潜力还很大。只要政策和方法正确，发展中国家的对外贸易会获得更大发展。

此外还要提高劳务输出人员的素质，增加移民汇款收入。教育对一个国家的发展起着至关重要的作用，教育程度代表了一个国家的收入水平这句话是有一定道理的。如果教育程度过低，出国移民只能从事一些低薪的体力劳动。巴基斯坦的教育国情并不是很乐观。教育的基础设施和教育水平有待进一步的发展和完善。首先凭借英语为官方语言之一的有利优势，积极提高巴基斯坦外出劳务人员的知识水平，从事一些技术性的职业。收入的提高将会带来更多的移民汇款收入，这是一举两得的事情。另外，如果基础设施不完善甚至落后，高等教育培养的人才就会因为本国的落后贫困而选择出国不再回来，从而造成人才的流失，长此以往会形成严重的恶性循环。因此，发展中国家也应该完善教育基础设施，提高国民素质，从而促进对外经济关系的长远发展。因而，为实现这一目标，政府

第二章 外国资本与经济发展：巴基斯坦在开放发展中的机遇与障碍

还需要探索新的人力出口市场，以获得更多可持续移民汇款源源不断的流入。鉴于目前还有大量移民汇款流经非正规渠道，因此政府还需要制定政策让更多移民汇款通过正式的银行渠道流入、吸收。

（杨宏云　林　勇）

第三章
孟加拉国的国际移民与经济发展

第一节 孟加拉国的国际移民

孟加拉国是一个劳动力资源大国,全国大约有1.6亿人口,其中有6 000万劳动力。孟加拉国每年都输出约50万海外劳动力,成为全球最主要的国际移民输出国之一。据孟加拉国人力、雇佣和培训局(BMET)数据显示,在1976—2016年,其境外务工人数近1000万。① 2017年,孟加拉国海外劳工数量为100.8万,同比增长33%,创历史新高。②

一、孟加拉国海外移民的历史

孟加拉国海外移民历史悠久。早在1942年孟加拉国国民就开始移居到英国伦敦和利物浦等港口城市。1971年孟加拉国独立后,减贫是政府优先的发展议题,其中最重要的减贫途径之一就是海外就业。1976年实施自由化政策以后,孟加拉国正式启动海外就业,当时数量规模不大,只有6078人。③ 孟加拉国海外移民的大发展主要分为三个阶段。第一阶段是1978—1989年,主要以前往中东国家的短期移民工人为主。总人数约为72.4万。第二阶段是1990—2000年,其突出特点是马来西亚和新加坡成为孟加拉国工人新的移民目的地。这一时期约有230万孟加拉人赴海外务工。第三阶段是2001—2010年,这一时期的突出特点是东欧国家和意大利、韩国等新兴外劳市场向孟加拉国开放,还包括马来西亚的外劳市场在禁止3年后再次向孟加拉国开放。此外,孟加拉国向中东和北非国家输出劳动力,其中仅沙特阿拉伯、阿联酋、科威特、卡塔尔、伊拉克、利比亚、巴

---

① 《孟移民汇款收入下滑》,孟加拉国《独立报》2016年12月29日。
② 《孟加拉国2017年海外劳工数量创历史新高》,《金融快报》2018年8月29日。
③ 林勇主编《华侨华人研究报告(2013—2014)》,光明日报出版社,2014年,第155页。

第三章 孟加拉国的国际移民与经济发展

林和阿曼 8 个国家就占到孟加拉国总移民人数的 82% 以上。其中沙特阿拉伯是孟加拉国最大的移民汇款来源国（表 3-1）。

表 3-1 1981—2010 年孟加拉国海外移民分布情况

（单位：人）

年份	沙特	阿联酋	卡塔尔	阿曼	巴林	科威特	美国	英国	马来西亚	新加坡	其他国家	总计
1981	13 384	6418	2268	7352	1392	5464	0	0	0	385	19 124	55 787
1982	16 294	6863	6225	8248	2037	7244	0	0	0	1083	14 741	62 762
1983	12 928	6615	7556	11 110	2473	10 283	0	0	0	331	7924	59 220
1984	20 399	5185	2726	10 448	2300	5627	0	0	0	178	9851	56 714
1985	37 133	8336	4751	9218	2965	7384	0	0	0	718	7189	77 694
1986	27 235	8790	4847	6255	2597	10 286	0	0	0	792	7856	68 658
1987	39 292	9953	5889	440	2055	9559	0	0	0	25	6804	74 017
1988	27 622	13 437	7390	2219	3 268	6524	0	0	0	0	7661	68 121
1989	39 949	15 184	8462	15 429	4830	12 404	0	0	401	229	4836	101 724
1990	57 486	8307	7672	13 980	4563	5957	0	0	1385	776	3688	103 814
1991	75 656	8583	3772	23 087	3480	28 574	0	0	1628	642	1709	147 131
1992	93 123	12 975	3251	25 825	5804	34 377	0	0	10 537	313	1910	188 124
1993	106 387	15 810	2441	15 866	5396	26 407	0	0	67 938	1739	2524	244 508
1994	91 385	15 051	624	6470	4233	14 912	0	0	47 826	391	5434	186 326
1995	84 009	14 686	71	20 949	3004	17 492	0	0	35 174	3762	8396	187 543
1996	72 734	23 812	112	8691	3759	21 042	0	0	66 631	5304	9629	211 714
1997	106 534	54 719	1873	5985	5010	21 126	0	0	2844	27 401	5585	231 077
1998	158 715	38 796	6806	4779	7014	25 444	0	0	551	21 728	3834	267 667
1999	185 739	32 344	5611	4045	4639	22 400	0	0	0	9596	3808	268 182
2000	144 618	34 034	1433	5258	4637	594	0	0	17 237	11 095	3780	222 686
2001	137 248	16 252	233	4561	4371	5341	0	0	4921	9615	6656	188 965
2002	163 269	25 462	552	3854	5421	15 769	0	166	85	6856	4545	225 256
2003	162 131	37 346	94	4029	7482	26 722	0	166	28	5304	11 148	254 190
2004	139 031	47 012	1268	4435	9194	41 108	0	2055	224	6948	25 006	272 958
2005	80 425	61 978	2114	4827	10 716	47 029	0	2793	2911	9851	35 165	252 702
2006	108 671	129 155	7662	8038	16 301	35 483	0	1597	20 452	20 077	40 979	381 516

(续上表)

年份	沙特	阿联酋	卡塔尔	阿曼	巴林	科威特	美国	英国	马来西亚	新加坡	其他国家	总计
2007	204 112	226 392	15 130	17 478	16 433	4212	0	972	273 201	38 324	68 188	832 609
2008	132 124	419 355	25 548	52 896	13 182	319	0	952	131 762	56 851	68 836	875 055
2009	14 666	258 348	11 672	41 704	28 426	10	0	1253	12 402	39 581	80 141	475 278
2010	7069	203 308	9354	42 641	21 824	48	0	1253	919	39 053	75 840	390 702

资料来源：Bangladesh Economic Review2010, Ministry of Finance, Government of Bangladesh.

从表 3-1 数据可以看出，目前孟加拉国海外移民约有 700 万，分布在世界上 130 多个国家，主要包括中东国家和东南亚国家。其中巴林、利比亚、科威特、马来西亚、阿曼、卡塔尔、沙特阿拉伯、新加坡和阿拉伯联合酋长国是孟加拉国移民工人最主要的目的地。

1976—2010 年，孟加拉国共有 2 580 198 人赴沙特务工，占总数的 35.18%。从 20 世纪 80 年代后期至 1997 年，马来西亚曾经是孟加拉国移民的第二大目的地。然而，由于受金融危机的影响，2008 年以后到马来西亚的孟加拉人数量急剧下降。因此，阿联酋便成为孟加拉国的第二大移民目的国。这一时期赴阿联酋的孟加拉国工人有 1 790 791 人，占其总量的 25.11%。前五大移民目的国还包括科威特、阿曼和卡塔尔。

2010 年，与沙特阿拉伯、科威特、阿曼和新加坡相比，阿联酋的孟加拉国移民数量超过了总数的一半，占 51%。目前，沙特阿拉伯、阿联酋、科威特、卡塔尔、阿曼、伊拉克、利比亚、巴林、伊朗、马来西亚、韩国、新加坡、中国香港和文莱是孟加拉国海外移民最主要的目的国家和地区。

总的来看，孟加拉国的海外劳动力市场也不是一成不变的。20 世纪 70 年代，沙特阿拉伯、伊拉克、伊朗和利比亚是其主要移民目的地国，其中沙特是最大的市场，马来西亚和阿联酋位居第二、第三。20 世纪 90 年代中期，马来西亚成为孟加拉国的第二大海外劳务市场。1997 年金融危机以后，阿联酋已经超过了马来西亚成为孟加拉国最大的劳务市场。

二、孟加拉国海外移民的分类

孟加拉国的海外移民可分为两大类，即海外移民劳工（短期移民）和永久居民（长期移民）。移往中东和东南亚的移民通常是短期的，移民在东道国完成劳动合同后就回到母国。从历史上看，20世纪40—60年代其移民目的国主要是英国。他们通常是长期或永久性移民。

20世纪60年代，孟加拉人移民到英国的趋势开始减弱。20世纪70年代中期，由于中东国家开采石油，急需大量的熟练工人和非熟练工人。因此，孟加拉国海外移民去向发生重要变化，即大多数孟加拉移民主要前往中东国家。这一时期的移民往往以半熟练和非熟练的临时移民工人为主。而20世纪90年代以来，马来西亚、韩国、新加坡、美国、加拿大、德国和意大利等已经逐渐成为孟加拉海外移民最重要的目的地。这些移民大多是熟练和半熟练工人以及专业人士，移民后逐渐成为海外永久居民。

就其主要职业情况而言，短期移民分为四类，包括专业人士、熟练工人、半熟练工人和非熟练工人。医生、工程师、护士和教师为专业人士，制造或成衣工人为熟练工人，裁缝、泥瓦匠等为半熟练的工人，保姆、清洁和体力劳动者为非熟练工人。1976—2011年的孟加拉国海外工人中，50%都是非熟练工人，余下的50%是熟练和半熟练工人（表3-2）。

表3-2 1976—2011年孟加拉国海外短期移民分类

（单位：人）

年份	专业人士	熟练工人	半熟练工人	非熟练工人	合计
1976	568	1775	543	3201	6087
1977	1766	6447	490	7022	15 725
1978	3455	8190	1050	10 114	22 809
1979	3494	7005	1685	12 311	24 495
1980	1983	12 209	2343	13 538	30 073
1981	3892	22 432	2449	27 014	55 787
1982	3898	20 611	3272	34 981	62 762
1983	1822	18 939	5098	33 361	59 220
1984	2642	17 183	5484	31 405	56 714
1985	2568	28 225	7823	39 078	77 694
1986	2210	26 294	9265	30 889	68 658
1987	2223	23 839	9619	38 336	74 017
1988	2670	25 286	10 809	29 356	68 121

(续上表)

年份	专业人士	熟练工人	半熟练工人	非熟练工人	合计
1989	5325	38 820	17 659	39 920	101 724
1990	6004	35 613	20 792	41 405	103 814
1991	9024	46 887	32 605	58 615	147 131
1992	11 375	50 689	30 977	95 083	188 124
1993	11 112	71 662	66 168	95 566	244 508
1994	8390	61 040	46 519	703 77	186 326
1995	6352	59 907	32 055	89 229	187 543
1996	3188	64 301	34 689	109 536	211 714
1997	3797	65 211	43 558	118 511	231 077
1998	9574	74 718	51 590	131 785	267 667
1999	8045	98 449	44 947	116 741	268 182
2000	10 669	99 606	26 461	85 950	222 686
2001	5940	42 742	30 702	109 581	188 965
2002	14 450	56 265	36 025	118 516	225 256
2003	15 862	74 530	29 236	134 562	254 190
2004	12 202	110 177	28 327	122 252	272 958
2005	1945	113 655	24 546	112 556	252 702
2006	925	115 468	33 965	231 158	381 516
2007	676	165 338	183 673	482 922	832 609
2008	1864	292 364	132 825	448 002	875 055
2009	1426	134 265	84 517	255 070	475 278
2010	387	90 621	20 016	279 678	390 702
2011	1192	229 149	28 729	308 992	568 062
总计	182 915	2 409 912	1 140 511	3 966 613	7 699 961

资料来源：Bureau of Manpower, Employment and Training(BMET).

最近十几年孟加拉国海外求职者中妇女的数量显著增加，妇女在移民工人中所占的比例已由2008年的2.4%提高到了2010年的5%。1991—2010年，孟加拉国约有150万女工迁移到不同的国家（表3-3）。

表3-3 2001—2010年孟加拉国海外妇女移民的就业分布情况

（单位：人）

年份	沙特	阿联酋	科威特	阿曼	卡塔尔	巴林	黎巴嫩	约旦	利比亚	马来西亚	毛里求斯	其他	合计
2001	162	15	27	335	—	22	—	95	—	1	—	2	659
2002	827	217	18	14	—	30	—	104	—	2	—	4	1216
2003	808	108	333	—	—	37	1	1053	—	—	—	13	2352
2004	3133	3241	1773	60	—	1058	—	1883	—	25	—	86	11 259
2005	6319	3786	930	132	6	553	12	1745	—	25	—	62	13 570
2006	7458	7355	589	629	3	232	743	518	—	468	—	149	18 045
2007	7341	5181	49	1380	4	244	3498	12	250	354	610	171	19 094
2008	4144	5902	—	276	—	173	7948	201	25	1091	801	278	20 842
2009	386	6095	—	11	4	29	13 062	439	7	87	87	279	22 224
2010	44	7111	1	18	3	57	15 116	2136	185	16	16	324	27 706

资料来源：Bureau of Manpower, Employment and Training(BMET).

第二节 孟加拉国经济发展历程及现状

一、经济发展概况

孟加拉国位于孟加拉湾以北的南亚次大陆上，东、西、北三面与印度相邻，东南面与缅甸接壤，在历史上是"海上丝绸之路"和"陆上丝绸之路"的必经之地。孟加拉国一直以来积极参与全球经济一体化，并从中获得巨大收益，使得国民经济迅速发展。

孟加拉国独立后，以穆吉布·拉赫曼为首的政府为改变贫穷落后的状况，全心致力于发展本国经济。1972年3月实行国有化政策，但结果并没有使孟加拉国的经济出现预期的发展与繁荣，反而出现停滞现象。1972年颁布的《土地改革法》也没有得到很好的贯彻，很多无地的农民仍然未能得到自己的土地。再加上天灾人祸，如1974年的严重水灾，使孟加拉国的经济受到了极大的破坏。为了使本国经济有所起色，齐亚·拉赫曼将军在执政期间对经济进行了较大的改革与调整，废除了国有化政策，鼓励私人投资建厂，并将亏损严重的企业逐步私有化。在对外商的投资方面也采取了一系列优惠政策，借以吸收外国的资金和技术参与孟加拉国经济的振兴和发展。由此，孟加拉国的经济有所恢复和发展，但仍不能令人满意。第一个五年计划（1974—1978 年）的指标没有完成，1977 年 6 月制定的两年过渡计划（1978—1980 年）所定的各项指标也没有完成。直到在经济困境中上马的第二个五年计划（1981—1985 年），孟加拉国的经济才有所发展。1986 年的国内生产总值达 154.4 亿美元，人均 153 美元左右。[①]

孟加拉国奉行市场经济体制。自 20 世纪 80 年代中期开始，孟加拉国实施以市场为导向的自由经济增长战略，并在 20 世纪 90 年代初期加大实施这一战略的力度，全面修订工业贸易政策，推动贸易、投资自由化进程，加强对民营企业发展的支持，大力改善基础设施。经历届政府努力，孟加拉国经济与社会取得了一定程度的发展，GDP 从上世纪 80 年代年均增长 3.84% 上升到 90 年代的 4.88%，2005 财年进一步上升至 5.4%，21 世纪头十五年平均增速已升至 5.8%，2006—2013 年的 GDP 平均增长率为 6.2%（表 3-4），2014 年为 6.1%，2015 年达到 6.5%。[②] 2015—2016 财年，孟加拉国国内生产总值为 2214 亿美元，人均国内生产总值达到 1466 美元。

表 3-4　2007—2013 年孟加拉国宏观经济数据

财年	实际 GDP 总量（万亿塔卡）	人均 GDP（万塔卡）	投资占 GDP 比重（%）	经济增长率（%）	人均收入（万塔卡）
2007—2008	3.22	2.26	24.21	6.19	2.46
2008—2009	3.40	2.36	24.37	5.74	2.57
2009—2010	3.61	2.47	24.41	6.07	2.70
2010—2011	3.85	2.60	25.15	6.71	2.81
2011—2012	4.09	2.70	25.45	6.32	2.97
2012—2013	10.38	6.71	26.8	6.18	8.14

资料来源：孟加拉国央行。

① 《孟加拉国的经济现状与发展趋势》，孟加拉国中文网，http://mengjialaguo.qqdaili.com/tid-10814/，2012-09-18。

② 孙喜勤：《中国与孟加拉国经贸关系的现状、问题与前景》，《东南亚南亚研究》2016 年第 3 期。

第三章 孟加拉国的国际移民与经济发展

孟加拉国是最不发达国家之一，经济发展水平较低，产业结构比较单一，国民经济主要依靠农业。近年来，孟加拉国产业结构正处于良性调整之中，农业产值、农业增长率以及农业在 GDP 中所占比重均不断下降（表3-5、表3-6）。

表3-5 孟加拉国三大部门产值、增长率、在 GDP 中所占比重统计表

财年	2006—2007	2007—2008	2008—2009	2009—2010	2010—2011
三大部门产值					单位：亿塔卡
农业产值	6257.96	6458.52	6724.39	7076.94	7427.76
工业产值	8621.91	9206.51	9801.46	10437.21	11289.34
服务业产值	14399.31	15334.23	16303.52	17358.73	18509.44
三大部门增长率					单位：%
农业	4.56	3.20	4.12	5.24	4.96
工业	8.38	6.78	6.46	6.49	8.16
服务业	6.92	6.49	6.32	6.47	6.63
三大部门在 GDP 中所占比重					单位：%
农业	21.37	20.83	20.48	20.29	19.95
工业	29.45	29.70	29.86	29.93	30.33
服务业	49.18	49.47	49.66	49.78	49.72

资料来源：根据孟加拉国统计局资料整理，2012年7月。

表3-6 孟加拉国产业 GDP 增长率统计情况

（单位：%）

产业类型	2011—2012 财年	2012—2013 财年	2014—2015 财年	2015—2016 财年
农业	3.0	2.5	4.4	3.0
工业	9.4	9.6	8.2	9.6
服务业	6.6	5.5	5.6	5.8

资料来源：孟加拉国中央银行。

2012—2013 财年，孟加拉国产业结构进一步优化，农业、工业和服务业三大产业占 GDP 的比重分别为 18.7%、32% 和 49.3%。世界经济论坛《2016—2017年全球竞争力报告》显示，孟加拉国在全球最具竞争力的 138 个国家和地

区中排名第 106 位。①

根据孟加拉国政府对外发布的第六个五年规划（2011—2015 财年），政府将努力实现 GDP 年均增长 7.3% 以上，并将通货膨胀率控制在 7% 以下；到 2015 年将贫困率从现在的 31.5% 降低到 22%，创建 1 000 万个新就业岗位；在五年内吸引外资 13.5 万塔卡，其中 77.2% 来源于私有投资，其余来源于公共投资，投资占 GDP 比重由 24.4% 上升到 32.5%。②

2015 年，孟加拉国政府出台"七五计划"（2016—2020 财年），设定了 8% 的 GDP 增长率以及 26.6% 的投资/GDP 占比，并提出在未来 15 年内建设 100 个经济区，以此创造 1000 万个就业岗位，实现 400 亿美元的出口目标（2015 财年出口总额为 312 亿美元）。根据孟加拉政府 2021 年远景规划，2021 年将贫困人口控制在 2500 万以下，贫困率降低到 15%；将农业、工业、服务业产出比例调整至 15%、40%、45%；将失业率降至 15% 以下。③

二、经济区发展战略

2010 年，孟加拉国政府提出经济区发展战略，拟通过设立经济区的方式，推动潜在区域经济发展，增加就业、产能及出口，实现国家的社会经济承诺。经济区可采取公私合营（PPP）、私人投资、政府投资、特别经济区四种模式（特别经济区指为某特别产业或商业组织设立的经济区，投资渠道可为以上三种模式中的任意一种）。目前，孟加拉国政府已完成 59 个经济区的选址工作，其中 12 个为私人投资（含外国投资），2 个为公私合营，其余为政府投资。就地域分布而言，达卡行政区 20 个，吉大港行政区 16 个，库尔那行政区 7 个，剩余分布在其他行政区。2016 年 2 月底，孟加拉国政府举行首批 10 个经济区开发的启动仪式。④

---

① 赵蕾、王国梁：《孟加拉国投资环境分析》，《对外经贸》2017 年第 2 期。
② 《孟加拉国贸易投资环境指南》，http://www.360doc.com/content/15/1218/00/11421685_521187548.shtml，2015 - 12 - 18。
③ 中国驻孟加拉国经济商务参赞处编《孟加拉国经济区调研报告》，http://bd.mofcom.gov.cn/article/ztdy/201605/20160501320040.shtml，2016 - 5 - 17。
④ 孟加拉国投资咨询邦：《孟加拉经济区建设概况》，http://www.sohu.com/a/151525272_99906996，2017 - 06 - 23。

第三章 孟加拉国的国际移民与经济发展

(一) Mirsarai 经济区

位于吉大港行政区的米尔沙来市（Mirsarai），占地 15 000 英亩（约合 60.7 平方千米），一期开发 550 英亩（约合 2.2 平方千米），全部为 BEZA 自有土地，主要面向服装、综合纺织、机动车配件、机动车组装、造船等行业。园区距离达卡—吉大港快速路 16 千米（配套 4 车道连接线工程），距吉大港国际机场 79 千米，距吉大港码头 67 千米。园区由国家电网提供 40 兆瓦用电量，并计划修建 1320 兆瓦燃煤电站，先从附近 132 千伏变电站接入 33 千伏的专用线路，并计划于 2020 年前修建 132 千伏变电站。园区 3 千米处有地下水，距离芬尼（Feni）河 16 千米。园区计划 2016 年 6 月完成堤岸防护工程，2016 年 12 月完成地上建筑（2 层）。[①]

(二) Shreehatta 经济区

位于希莱特行政区的毛尔维巴扎尔市（Moulovibazar），占地 352 英亩（约合 1.4 平方千米），为希莱特行政区第一个采取公私合营模式建设的经济区，主要面向纺织、陶瓷、油漆及玻璃制造、食品加工行业。园区邻近达卡—希莱特快速路，距离希莱特市 40 千米，距离达卡市 208 千米，距离 Shreemongol 火车站 35 千米，距离希莱特奥斯曼尼国际机场 55 千米。园区用电为孟加拉国农村电力委员会提供的 20 兆瓦电量，并从附近 132 千伏变电站接入 33 千伏的专用线路。园区距离 Kusiara 河 1 千米。可取地表水使用，并计划从 Jalalabad 燃气公司接入天然气，每天可供应 140 万立方英寸燃气（14MMSCFD）。[②]

(三) Mongla 经济区

位于库尔那行政区的巴盖尔哈德市（Bagerhat），占地 205 英亩（约合 0.83 平方千米），为孟加拉国首个采取公私合营模式的经济区，主要面向服装、黄麻、食品加工、造船行业，已宣布作为保税仓库。园区距离库尔那市 40 千米，距离 Jessor 机场 105 千米，距离蒙哥拉港 0.5 千米，现可提供 20 兆瓦用电量，并计划从附近 132 千伏变电站接入 33 千伏的专用线路。园区 21 千米处有地下水，可从

[①] 中国驻孟加拉国经济商务参赞处：《孟加拉经济区调研报告》，《国际工程与劳务》2017 年第 1 期。

[②] 中国驻孟加拉国经济商务参赞处：《孟加拉经济区调研报告》，《国际工程与劳务》2017 年第 1 期。

Rampal 乡接入供水管道。①

（四）Sabrang 旅游区

位于吉大港行政区的考克斯巴扎尔市（Cox's Bazar）代格纳夫乡（Teknaf），占地 1027 英亩（约合 4.15 平方千米），其中 882.26 英亩（约合 3.57 平方千米）为 BEZA 自有土地。该园区西临孟加拉湾，依靠世界上最长的不间断沙滩优势，意在打造孟加拉第一个旅游园区，重点开发生态旅游、运动休闲、水上旅游和极限旅游、教育健康和商务旅游等产业。园区距考克斯巴扎尔机场 96 千米，距代格纳夫内陆码头 9 千米，距离孟缅界河 8 千米。孟加拉国政府正在修建考克斯巴扎尔至园区的沿海公路，并计划通过支线公路与国家高速路相连。距离园区 7 千米处有变电站（10 兆瓦），20 千米处计划修建 20 兆瓦的太阳能发电站。园区 3 千米处有地表水，计划修建 4 百万升/天的引水管道。②

（五）Abdul Monem 经济区

位于达卡行政区的蒙希甘杰市（Munshiganj），占地 216 英亩（约合 0.87 平方千米），后期会扩展至 300 英亩，为私人投资经济区，主要面向纺织服装、制革、制药、食品加工、塑料及消费品制造、轻工业、机动车配件等行业。园区毗邻达卡—吉大港快速路（相距 70 米），背靠梅格纳河（相距 600 米），距离达卡国际机场 61 千米。园区目前已向 BEZA 争取到的优惠政策包括：十年所得税减免（前两年全免，第三年免 80%，此后每年 10% 递减）；进口原材料免关税；分红免税等。③

（六）A. K. Khan 经济区

位于达卡行政区的诺尔辛迪市（Narsingdi），占地 200 英亩（约合 0.8 平方千米），为私人投资经济区，面向手机、制药、农产品加工、化学、电子设备、商业流程外包、信息技术等各行业。园区三面环水（Shitalakhya 河），距离达卡市 57 千米，距离卫星城普尔巴扎（Purbachal）5 千米，拟配套建设一个内陆集装

---

① 中国驻孟加拉国经济商务参赞处：《孟加拉国经济区调研报告》，《国际工程与劳务》2017 年第 1 期。

② 中国驻孟加拉国经济商务参赞处：《孟加拉国经济区调研报告》，《国际工程与劳务》2017 年第 1 期。

③ 中国驻孟加拉国经济商务参赞处：《孟加拉国经济区调研报告》，《国际工程与劳务》2017 年第 1 期。

箱码头（ICT）。园区计划投入7800万美金，建成后可吸纳10万就业。①

（七）Meghna经济区

位于达卡行政区的纳拉扬甘杰市（Narayanganj），占地245英亩（约合1平方千米），为Meghna集团私人投资的经济区，主要面向造纸、炼油、面粉、石化、陶瓷等行业。园区三面环水（梅格纳河），南面1千米处为达卡—吉大港快速路，距离达卡国际机场38千米，距离卡马拉普（Kamalapur）火车站27千米。园区自建发电厂，同时取梅格纳河水及地下水。园区总投资1.75亿美元，预计创造2万个就业岗位。②

（八）Meghna工业园

Meghna集团私人投资另一个经济区，占地80英亩（约合0.3平方千米），也位于纳拉扬甘杰市，毗邻达卡—吉大港快速路，主要面向塑料、陶瓷、服装、饮料、信息技术等行业，预计投资1.23亿美元。

（九）Aman经济区

位于达卡行政区的纳拉扬甘杰市（Narayanganj），占地150英亩（约合0.6平方千米），一期建设90英亩（约合0.36平方千米），为私人投资经济区，建成后Aman集团旗下的水泥厂、包装厂、食品饮料厂、养殖厂、新能源公司、钢铁厂及造船厂将入驻园区。园区邻近梅格纳河，距离达卡—吉大港快速路4千米，水电网络正在建设中，预计投资2670万美元。③

（十）Bay经济区

位于达卡行政区的加济布尔市（Gazipur），占地40英亩（约合0.16平方千米），投资方为孟加拉皮革制造商Bay集团，主要面向制革、制鞋、食品加工、信息技术、化学、电子、轻工等行业。园区邻近Joydebpur—Tangail快速路，距离达卡市34千米，距离达卡国际机场22千米，水电燃气正在建设中，目前向

---

① 中国驻孟加拉国经济商务参赞处：《孟加拉国经济区调研报告》，《国际工程与劳务》2017年第1期。

② 中国驻孟加拉国经济商务参赞处：《孟加拉国经济区调研报告》，《国际工程与劳务》2017年第1期。

③ 中国驻孟加拉国经济商务参赞处：《孟加拉国经济区调研报告》，《国际工程与劳务》2017年第1期。

BEZA 争取的政策优惠包括：十年所得税减免（前三年全免，第四年免 80%，此后每年递减 10%），进口原材料免关税，分红免税，出口加工区产品 20% 内销等。①

第三节 国际援助与孟加拉国经济增长

一、孟加拉国接受国际援助的概况

孟加拉国是世界最不发达国家之一，自 1971 年独立以来接受了大量国际援助，从 1971—1972 财年的 6.1 亿美元增至 2015—2016 财年的 70.5 亿美，增长了 10 倍。2015—2016 财年共接受 70.5 亿美元援助，同比增长 34.1%，创历史新高；支出 35.6 亿美元，同比增长 17.1%，支出率较上一财年提高 2.32 个百分点，支出额也创历史新高。② 2011 年以来，孟加拉国经济增长连续六年超过 6%，2016 年首次突破 7%，但人均 GDP 仅为 1200 美元左右，仍是最不发达国家之一，未来还将接受大量国际援助。孟加拉国政府也一直强调国际援助对孟加拉国经济社会发展的重要性，并采取诸多措施，力图拓宽援助资金来源，提高资金使用效率，提升援助效果。

孟加拉国独立初期接受的援助主要用于战后的救济、恢复和重建，援助方主要是印度和苏联，由"联合国孟加拉救济行动"（UNROB）来具体协调和实施。在战后恢复完成后，1973 年开始的第一个五年计划因国内资源的不足使外来援助成为经济发展的一个重要组成部分，用于进口粮食、必要的物资并资助国内的发展项目，对外来发展援助的接受和使用逐渐制度化，在财政部之下组建了经济关系局（Economic Relations Division，ERD）作为政府援助协调机构，其主要职能是具体负责外来援助的管理，通过加强与援助方的关系支持国家发展战略的实施。

1971—2010 年孟加拉国共获得了来自不同援助方提供的 525.98 亿美元援助（包括赠款和贷款），平均每年 13 亿美元，前 20 年（1971—1990 年）获得了 207

---

① 中国驻孟加拉国经济商务参赞处：《孟加拉国经济区调研报告》，《国际工程与劳务》2017 年第 1 期。

② 中国驻孟加拉国经济商务参赞处：《孟加拉国接受国际援助概况》，http://bd.mofcom.gov.cn/article/ztdy/201705/20170502583538.shtml，2017-05-30。

亿美元，后 20 年（1990—2010 年）为 318.98 亿美元，如 1992 年就收到了 16.11 亿美元，占了该国 GDP 的 7%，人均 14 美元。[1] 进入 21 世纪的第二个十年，外来发展援助继续增长，2011—2012 财年接收了 20.3 亿美元，净援助（赠款和贷款的支付总额减去偿还以往贷款的本金）达 12.478 亿美元；2013—2014 财年接收的外援达 31.2 亿美元，首次突破 30 亿美元大关，其中净援助高达 19.1 亿美元。[2] 在援助构成方面，赠款的比例逐渐减少，贷款份额则呈增长态势并一直保持（表 3-7），1971—2012 年贷款占 58.22%，赠款占 41.7%，[3] 2013—2014 财年实际支付的所有赠款为 6.8 亿美元，贷款 23.16 亿美元，2014—2015 财年赠款下降为 5.708 亿美元，贷款额升至 24.72 亿美元。[4]

表 3-7 1971—2010 年孟加拉国外来发展援助中赠款和贷款的构成

（单位：百万美元）

时间段	赠款		贷款		共计
	数额	占比	数额	占比	
1971—1980	3360	51%	3247	49%	6607
1981—1990	6742	48%	7379	52%	14 121
1991—2000	7379	47%	8283	53%	15 617
2001—2010	5122	32%	11 131	68%	16 253
总计	22 603	43%	29 995	57%	52 598

数据来源：孟加拉国经济关系局网站，http://erd.portal.gov.bd/.

发展援助按照援助形式可分为粮食援助（food aid）、物资援助（commodity aid）、项目援助（project aid）和技术援助（technical assistance）。粮食援助主要是应对受援国粮食短缺或自然灾害时的应急状况；物资援助的目的是帮助受援国

---

[1] Anisul M. Islam, "Foreign Assistance and Development in Bangladesh", *Recent Economic Thought Series*, 1999, Vol.68, pp.211–231.

[2] Central Bank of Bangladesh, Annual Report July2013–June2014, p.106. http://www.bangladesh-bank.org/pub/annual/anreport/ar1314/index1314.php.

[3] Basharat Hossain, "The Effect of Foreign Aid on the Economic Growth of Bangladesh", *Journal of Economics and Development Studies*, June 2014, Vol.2, No.2, pp.93–105.

[4] Economic Relations Division, Bangladesh, "Disbursement 2014—2015", http://erd.portal.gov.bd/sites/default/files/erd.portal.gov.bd/page/c30bf7ee_44e8_445f_a430_fd37d8a04c98/Disbursement_1415%20(1).pdf.

维持稳定的工业原料、农业物资（化肥、杀虫剂等）及石油产品等进口；项目援助是资助受援国特定的发展项目如修路、灌溉系统等项目技术援助通常包含在项目援助中。孟加拉国接受的发展援助以粮食援助、物资援助和项目援助为主。这三种形式在不同时间段呈现此消彼长的特征。第一个10年（1971—1980）以粮食援助和物资援助为主，分别占32%和42%。从第二个10年开始，两者的比重逐渐下降，项目援助的份额则持续上升（见表3-8、表3-9），从1971—1980的26%增加到2001—2010年的94%。1971—2010年，工程援助占了所有援助的67%，物资援助占21%，粮食援助仅为12%。[①] 2014—2015财年孟加拉国实际收到的援助为30.09亿美元，相比2013—2014财年的31.2亿美元下降3.62%，粮食援助和工程援助分别为0.38亿美元和19.72亿美元，自2005—2006财年以来就没有了对物资援助的统计（表3-9）。

表3-8 1971—2010年财年三大援助形式的额度和比例

（单位：百万美元）

时间段	粮食援助		物资援助		项目援助		总计	年均
	数额	占比	数额	占比	数额	占比		
1971—1980	2090	32%	2768	42%	1749	26%	6607	660
1981—1990	2346	17%	4435	31%	7340	52%	14121	1412
1991—2000	1537	10%	3169	20%	10911	70%	15617	1562
2001—2010	613	3%	536	3%	15104	94%	16253	1625
合计	6586		10908		35104		52598	1315

数据来源：孟加拉国经济关系局网站，http://erd.portal.gov.bd/.

[①] Central Bank of Bangladesh, Annual Report July2013 - June2014, p.106. http：//www.bangladesh-bank.org/pub/annual/anreport/ar1314/index1314.php.

表 3-9　2005—2015 年孟加拉国不同形式的外来发展援助

(单位：百万美元)

年度	2005—2006	2010—2011	2011—2012	2012—2013	2013—2014	2014—2015
援助总额	1568	1777	2126	2786	3122	3009
粮食援助	97	55	69	50	38	37.53
物资援助	—	—	—	—	—	—
项目援助	1741	1722	2057	2766	3047	1972

数据来源：孟加拉国中央银行，Annual Report July2014 - June2015.

截至 2015—2016 财年，孟加拉国累计接受国际援助 992 亿美元，其中粮食援助 68.8 亿美元（6.9%）、商品援助 110.7 亿美元（11.2%）、项目援助 776.7 亿美元（78.3%）、预算支持 35.8 亿美元（3.6%）；累计支出 691.5 亿美元，总体完成率 89%，其中无偿援助 265 亿美元（38.3%），贷款 426.5 亿美元（61.7%）；粮食援助支出 68.7 亿美元（9.9%）、商品援助 109.1 亿美元（15.8%）、项目援助 478.1 亿美元（69.1%）、预算支持 35.7 亿美元（5.2%）（图 3-1、图 3-2）。

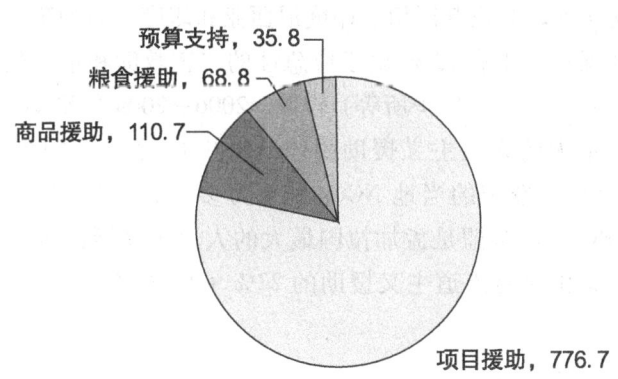

(单位：亿美元)

图 3-1　截至 2015—2016 财年孟加拉国接受援助总体情况

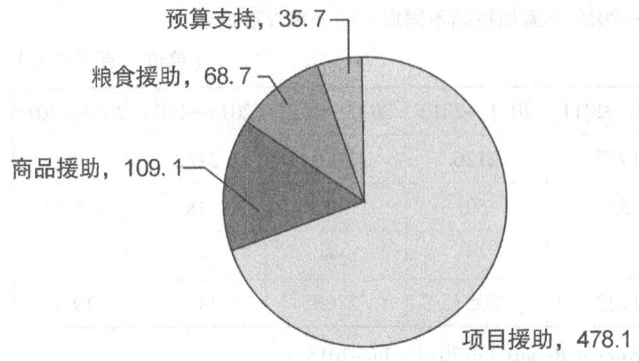

图3-2 截至2015—2016财年孟加拉国援助支出总体情况

孟加拉国接受的外来发展援助还包括了人道主义援助。2007年7月锡德（Sidr）飓风灾害发生后收到独立以来最大的一笔人道主义援助，共3.4亿美元，排在全球第6位，其中联合国900万美元、欧盟650万欧元、伊斯兰开发银行（IDB）20万美元、科威特1000万美元、丹麦90万美元、德国1.22亿塔卡、荷兰100万欧元、利比亚100万美元、韩国50万美元等。[1] 2002—2012年孟加拉国共收到3.714亿美元，是巴基斯坦、印度尼西亚和印度之后的第四大接收国。该国接受的人道主义援助中有73%属于应急性的灾害救助和重建救济，而对灾害的预防投资（如修建堤坝、庇护所等）较低，2006—2009年平均为13%。[2] 孟加拉国拥有世界上最大的人道主义援助团体，包括12个联合国机构、77个国际NGOs、2000多个官方登记的当地NGOs及6万多个社区组织（community-based organizations，CBOs）。[3] 欧盟是孟加拉国最大的人道主义援助方，2003—2012年提供的款项占了该国所有人道主义援助的22%（2.32亿美元），2012年提供了3800万美元。[4]

---

[1] 《孟加拉国飓风灾害获大量国际紧急援助》，中国商务部网站，http://bd.mofcom.gov.cn/aarticle/jmxw/200711/20071105238967.html.

[2] "Global Humanitarian Assistance", Bangladesh: Country Briefing, January 2012, p.6. http://www.Global humanitarian assistance.org/wp-content/uploads/2012/01/Bangladesh-country-briefing.pdf.

[3] "Analysis: What's happening with aid to Bangladesh?", 27 November 2012. http://www.irinnews.org/report/96902/analysis-what-s-happening-with-aid-to-bangladesh.

[4] Global Humanitarian Assistance, "Bangladesh-Key Figures 2012". http://www.globalhumanitarianassistance.org/countryprofile/bangladesh.

二、孟加拉国外来发展援助的有效性低

援助项目的实施离不开受援国政府的紧密配合，而政府的执行能力对援助项目能否顺利实施是个关键的影响因素。第二次世界大战结束以来，援助资金的低使用率和援助项目的实施程度低是发展中国家存在的通病，在孟加拉国同样是普遍现象。

孟加拉国大多数发展项目和计划是由援助方推动的，主要问题在于援助方认为该国对发展援助的吸纳能力不足，没有能力有效使用外援，难以完成援助方每年承诺的援助目标，很多援助项目的实施存在拖延和质量问题。2009—2010 财年、2010—2011 财年前 7 个月孟加拉国利用外国援助资金的比率分别为 25.2% 和 17.9%，2011—2012 财年同期的利用率仅为 7.3%，创三个财年的最低。[①] 2015—2016 财年孟加拉国接受了 36.4 亿美元的外援，至 2016 年 5 月仅使用了其中 17.3 亿美元，只相当于本财年目标的 47.5%。[②] 大量外援项目难以按预期进度完成，经合组织（OECD）对 1980—1996 年在孟加拉开展的 63 个项目进行了审查和评估，认定其中 24 个项目的实施进度差。[③] 英国海外发展研究院（Overseas Development Institute, ODI）在 2008 年的一份报告中采用《关于援助有效性的巴黎宣言》五项指标对孟加拉国水资源、卫生和教育三个部门的援助有效性进行评估，得出的结论并不乐观（表 3-10）。2010 年 2 月，日本国际协力机构指出孟加拉国是南亚国家中使用日本援助资金效率最差的国家，每年仅利用日本承诺援助资金的 6%，主要由于该国政府机构复杂冗长的程序、贪腐行为盛行及双方政策之间的差异。[④]

孟加拉国在援助工程和项目中广泛存在腐败行为。以帕德玛（Padma）多功能大桥项目为例（全长 6.15 千米，跨越帕德玛河，将欠发达的南部和首都达卡

---

① Independent Evaluation Group（IEG），"Bangladesh：Country AssistanceReview"，http：//lnweb90.worldbank.org/oed/oeddoclib.nsf/DocUNIDViewForJavaSearch/609C127BFF0A89B1852567F5005D6129.

② 《孟加拉国政府计划新财年向外国融资 52 亿美元》，中国商务部网站，http：//www.mofcom.gov.cn/article/i/jyjl/j/201605/20160501323824，shtml.

③ Independent Evaluation Group（IEG），"Bangladesh：Country Assistance Review"，http：//lnweb90.worldbank.org/oed/oeddoclib.nsf/DocUNIDViewForJavaSearch/609C127BFF0A89B1852567F5005D6129.

④ 《日本认为孟是使用日本援助资金最差的南亚国家》，中国驻孟加拉国大使馆经济商务参赞处网站，http：//bd.mofcom.gov.cn/aarticle/jmxw/201002/20100206794048.html.

及吉大港港口连接起来），预算总造价29亿美元，建成后将带动国内经济增长1.2%①。该项目是哈西娜政府承诺改善国家基础设施的核心组成部分。在大桥建设过程中存在确凿的腐败证据，但孟加拉国政府没有采取任何措施查处。世界银行作为该项目的最大资助方，对孟加拉国采取的制裁措施包括2011年秋季暂停资助，2012年6月又取消了一笔对孟加拉国12亿美元的贷款。为了重新获得贷款，政府保证采取必要措施调查处理涉嫌腐败人员，防止项目中的贪污腐败并及时向世界银行汇报调查进展。此外，政府对援助资金使用不当，背离了援助方的使用规定或擅自挪作他用，导致这一部分援助未产生任何经济社会效益，如一部分外援资金用于支付吉大港山区的战事，每年花费的外来援助资金约1.25亿美元。②

表3-10 孟加拉国特定部门使用外来发展援助的有效性评估

《巴黎宣言》五项指标	水资源	卫生	教育
自主性	差	差	差至中等
联系	差	差至中等	差至中等
协调	差至中等	差至中等	差至中等
成效管理	差	差	差
相互问责	差	中等	差

资料来源："Is Water Lagging behind on Aid Effectiveness? – Lessons from Bangladesh, Ethiopiaand Uganda", ODI Briefing Paper 40, September 2008, p. 2 https://www.odi.org/sites/odi.org.uk/files/odi-assets/publications-opinion-files/2553.Pdf.

使用援助的能力及援助附加的条件是影响孟加拉国外来援助有效性的两个重要因素。作为受援国，孟加拉国外援有效性低的主要原因包括外来发展援助的变动和不可预测性、对外援的吸纳能力有限、资金分配不符合实际要求、缺乏相关人力资源、政府部门缺乏沟通和协调、官僚作风和腐败问题等；援助方的原因包括提供援助的繁琐政策和程序及其计划、方案与孟加拉国政府的计划不一致等。众多援助方彼此之间缺乏有效协调，很难实现一致的集体行动，从而使援助项目

---

① 李婉露：《孟加拉国帕德玛大桥工程在全球范围内开始招标》，国际在线网，2013年7月30日，http://gb.cri.cn/42071/2013/07/30/6931s4200639.htm.

② "Foreign Aid to Bangladesh", http://www.carebd.org/con_coff.php.

出现重复及条块分割的现象。随着援助方在该国政策中影响力的上升,援助中附带的严格的条件限制了孟加拉国政府的政策自主权。

三、外来发展援助对孟加拉国的影响

探讨外来发展援助对孟加拉国的影响是个复杂和困难的问题,涉及广泛的参考因素,如不同时间段、援助方、受益者、领域部门等。现有的研究多数认为外来援助对孟加拉国的发展是必要的,同时也带来一些负面影响。

(一) 对经济发展的影响

外来发展援助一直是孟加拉国发展资源中的一个重要组成部分,已成为该国外汇储备、国内投资的重要资金来源,在动员国内资源方面也发挥着重要的作用。1971—2010 年,孟加拉国年均接受外来援助达 13 亿美元,占该国年度发展计划(ADP)预算的 50%,[①] 外援在独立初期的作用更加突出,为 70% 以上的国内投资项目提供了资金来源。至 20 世纪 90 年代早期,外援在孟加拉国 GDP 中的份额已超过了 6%。[②]

外援的流入增加了孟加拉国的国内收入并扩大了需求,即援助引发了消费效应,间接导致了 GDP 增长的积极效应,1971—1990 年该国 GDP 年均增长 1%,90 年代达 4.8%,2005—2010 年均高达 6.2%,2013—2014 财年经济发展保持了 6.1% 的增速,2014—2015 财年增长 6.5%(按 2005—2006 财年不变市场价格计算)。[③] 客观来看,外来发展援助规模由独立初期至 20 世纪 80 年代后期以来稳步增加,援助方逐渐增多,是孟加拉国经济向好发展及对外政策和外交成果的一个标志,是该国综合发展的一个催化剂,一定程度上促进了经济的发展。随着经济的发展,外来援助在孟加拉国 GDP 及国内投资中的比重有所下降,20 世纪 70 年代至 90 年代早期,援助在 GDP 中的占比超过了 6%,2005 年下降到 2%,占国内投资的比重也由 70% 下降至 10% 左右,这一结果反映了政府动员国内资源所

[①] Economic Relations Division, Bangladesh, Aid Management in Bangladesh—A Review of Policies and Procedures, Executive Summary, August, 2011, http://reliefweb.int/report/bangladesh/aid-management-bangladesh-review-policies-and-procedures.

[②] M. G. Quibria, "Aid Effectiveness in Bangladesh - Is the Glass Half Full or Half Empty?", April 2010, p. 12. http://www.economics.illinois.edu/docs/seminar/aid-effectiveness-in-bangladesh.pdf.

[③] Central Bank of Bangladesh, Annual Report July2014 - June2015, p. 4, https://www.bb.org.bd/pub/annual/anreport/ar1415/index1415.php.

取得的成效以及私人部门投资活动的增加。① 1990 年，外来发展援助超过了同期的出口和汇款两项收入。21 世纪以来情况发生了显著变化，如 2010—2011 财年出口收入（229.28 亿美元）和汇款（116.5 亿美元）分别是外来援助（17.77 亿美元）的 12.9 倍和 6.6 倍（表 3 - 11）。

表 3 - 11　孟加拉国外来发展援助与出口及工人汇款的对比

（单位：百万美元）

财年	接受的外来援助	出口	工人汇款
2007—2008	2039	14 110.8	7914.8
2008—2009	1847	15 565.2	9689.3
2010—2011	1777	22 928.2	11 650.3
2012—2013	2811	27 027.4	14 461.2
2014—2015	3009	31 208.9	15 316.9

数据来源：孟加拉国中央银行，http://www.bb.org.bd/.

发展援助还以不同方式对受援国的贫困状况产生影响，具有一定的减贫作用，如粮食援助在紧急时期能够缓解穷人的粮食不足，一些针对贫困人口的发展项目也确实取得了一定成效。在综合发展的背景下，孟加拉国的贫困率从 1991—1992 财年的 58.8% 降到 2010 年的 31.5%，极端贫困率从 41% 下降至 17.6%。②

孟加拉国自建国以来一直都是较大的受援国，对外援有一定程度的依赖。这种依赖反映了其内在的结构性弱点。孟加拉国在独立前是巴基斯坦的一部分，后者自 20 世纪 50 年代后期开始接受美国的援助。1971 年孟加拉国独立后就从巴基斯坦手里接手了一笔 4.83 亿美元的债务。③ 2004 年孟加拉国的公共债务（包括内债与外债）为 282.4 亿美元，占 GDP 的 43.48%。2014 年公共债务达到 585.43 亿美元，占 GDP 的 33.87%；人均债务方面，2004 年是 211 美元，2014 年增加至 368 美元（表 3 - 12）。该国债务占 GDP 的比重在 187 个国家中排第 54 位，人

---

① M. G. Quibria, Aid Effectiveness in Bangladesh – Is the Glass Half Full or Half Empty?, April 2010, p. 13, http://www.Economics.illinois.edu/docs/seminars/aid-effectiveness-in-bangladesh.pdf.

② Economic Relations Division, Bangladesh, Aid Management in Bangladesh – A Review of Policies and Procedures, August, 2011, p. 1, http://reliefweb.int/report/bangladesh/aid-management-bangladesh-review-policies-and-procedures.

③ Muhammad Abu Obaydullah, Impact of Foreign Aid on Development in Bangladesh, February 2007, p. 38, http://researchbank.rmit.edu.au/eserv/rmit:9569/Obaydullah.pdf.

均债务数额排在第 27 位。① 不可否认的是，外援流入的确导致了孟加拉国外债的增加，从 1974—1975 财年的 9.738 亿美元增加到 2005—2006 财年的 194.2 亿美元，人均债务负担随之上涨，从 6.59 美元增加至 139.91 美元。② 孟加拉国 2008 年所有外债高达 200 亿美元，占同年 GDP 的 25.5%，③ 2015 年 6 月底未偿还外债为 234.89 亿美元，占 GDP 的 12.1%（表 3-13）。孟加拉国的外债相对于很多低收入国家而言并不高，90% 以上属于长期债务。

表 3-12 孟加拉国的公共债务评估

援助年份	债务（百万美元）	占 GDP 比重（%）	人均债务（美元）
2004	24 240	43.48	211
2010	41 566	36.62	296
2011	43 020	35.3	303
2012	44 845	33.82	310
2013	52 423	34.47	355
2014	58 543	33.87	368

数据来源："Bangladesh national debt goes up", http://countryeconomy.com/national-debt/bangladesh.

表 3-13 孟加拉国近年来的外债情况

（单位：百万美元）

财年	2010—2011	2011—2012	2012—2013	2013—2014	2014—2015
偿还债务	933	967	1102	1294	1106
本金	739	770	908	1088	924
利息	194	197	198	206	182
每财年 6 月底未偿还外债	22 086	22 095	22 381	24 388	23 489
未偿还外债占 GDP 比重%	19.7	16.6	14.9	14.1	12.1

数据来源：孟加拉国中央银行，Annual Report July2014 - June2015, https://www.bb.org.bd/pub/annual/anreport/ar1415/index1415.php.

---

① "Bangladesh National Debt Goes up", http://countryeconomy.com/national-debt/bangladesh.
② Shadnaz Khan, "Country Paper: Aid Flow to Bangladesh and the Question of Accountability of CSOs at National Level to the People They Serve", p.4. www.hapinternational.org/pool/files/cso.pdf.
③ ADB, Country Assistance Program Evaluation for Bangladesh, Manila, 2009.

(二) 对社会领域的影响

国际社会对孟加拉国的援助最早关注的是经济发展,近年已经扩展到更广泛的领域,包括政治和社会领域,包括民主、治理、人权、人力资源、环境保护和制度改革等。援助方自20世纪90年代以来对孟加拉国援助开始施加苛刻的附加要求,包括行政透明度、人权保护和民主及公共部门的改革,以及最近20年公共部门的行政能力建设、政策能力强化、制度完善及公务员队伍的裁减等。由于外来发展援助的支持,社会领域取得的积极成果包括提升了入学率、改善了母婴健康状况、扩展了可再生能源的利用、新建并改善了城市和农村的基础设施等。

有学者将孟加拉国的外来援助收益划分为两层:资金的流动和利益的流动。资金的流动可追踪援助的直接接受者,利益的流动涉及所有社会阶层,因外援的使用产生了商品流动和服务流动。① 理论上,该国外来援助的受益群体应该包括9个,即国外顾问、国内顾问、国内政治家及公务员、国外设备供应商、国内委托代理人、国内工程承包商、非政府组织、农村和城市精英、农村和城市贫困人口。而实际上,外来援助对经济发展的影响及其成果在不同社会阶层中的分配并不均等,真正的受益者更倾向于富有阶层,而没有触及到构成该国绝大多数人口的穷人,加剧了该国城市和农村精英财富的集中,加剧了分配的不平等。

总的来看,在评估外来发展援助对孟加拉国发展的影响方面存在积极和消极两种倾向,并在相当长的一段时期内继续角力。孟加拉国政府多年来有意减少对发展援助的依赖,但是低储蓄率和低投资率的弱点导致一些重大基础设施项目(运输、电力、公共服务设施等)的开工建设仍然需要发展伙伴提供大笔资金。2016—2017财年政府财政预算支出425亿美元,预算收入287.5亿美元,其缺口将通过发展援助来弥补,计划向世界银行、亚洲开发银行、日本及伊斯兰开发银行等发展伙伴融资52亿美元。②

---

① Muhammad Abu Obaydullah, Impact of Foreign Aid on Development in Bangladesh, February 2007, p. 153, http://researchbank.rmit.edu.au/eserv/rmit:9569/Obaydullah.pdf.
② 《孟加拉国政府计划新财年向外国融资52亿美元》,中国商务部网站,http://www.mofcom.gov.cn/article/i/jyjl/j/201605/20160501323824.shtml.

第四节 外国直接投资（FDI）与孟加拉国经济增长

一、孟加拉国的外国直接投资概况

孟加拉国吸收外国直接投资统计数据没有统一的来源。孟加拉国出口加工区管理局统计内外资情况，孟加拉国投资局一般统计出口加工区以外的外国直接投资，而孟加拉国银行（中央银行）则从央行角度进行有关外国直接投资的统计。孟加拉国银行、孟加拉国投资局两个主要主管部门统计的 FDI 数据经常出现巨额差异。这种统计矛盾问题经国内外人士强烈抗议后，近年有所缓解。孟加拉国银行和联合国贸易发展会议（UNCTAD）统计的孟加拉国吸收外国直接投资数据分列如下（表3-14、表3-15）：

表3-14 UNCTAD 统计的孟加拉国吸收外国直接投资情况

（单位：百万美元）

年份	1985—1995（年均）	1996	1997	1998	1999	2000	2001	2002	2003	2004
FDI额	3	135	139	190	180	280	79	52	268	460

资料来源：联合国贸易和发展会议《2005年世界投资报告：孟加拉国情况表》。

表3-15 孟加拉银行统计的孟加拉国吸收外国直接投资情况

（单位：百万美元）

年份	2000	2001	2002	2003	2004	2005
FDI额	383	550	391	376	385	776

资料来源：孟加拉银行。

据孟加拉国央行统计，2005财政年度孟加拉国吸收外国直接投资7.76亿美元，与2004财年相比增长101.6%。2005年底，有累计高达100亿美元的各类外国直接投资项目处于不同的进展阶段，涉及的投资领域包括电力、电信、工业、交通运输等。

2008年孟加拉国吸引外国直接投资9.7亿美元，较2007年增长49.2%。受全球金融危机和出口加工区投资的外商业绩下降影响，2009年吸引外商直接投资明显下降17.5%，引资规模为8亿美元。① 孟加拉国利用外资的重点领域主要包括电力、石油天然气开发、造船业以及农业基础建设等行业。天然气和电力短缺也是FDI下降原因之一。

2011年以来，孟加拉国FDI流入量增长较为平稳，2014年由于政局动荡导致FDI流入量有所下滑，但2015年有了大幅度增长（表3-16）。

表3-16 2011—2015年孟加拉国FDI流入量情况

（单位：百万美元）

年份	2011	2012	2013	2014	2015
FDI流入量	1136.38	1292.56	1599.16	1551.28	2235.39

数据来源：孟加拉国投资发展局。

根据联合国贸易和发展会议发布的2014年《世界投资报告》显示，2013年，孟加拉国吸收外资流量为16亿美元。截至2013年底，孟加拉国吸收外资存量为86亿美元。《世界投资报告》显示，2013年孟加拉国吸收的外国直接投资同比增长24%，达到16亿美元。其中，电信部门新增外资3.24亿美元，银行部门3.27亿美元，纺织业4.22亿美元，能源天然气和石油行业9900万美元，食品工业4000万美元，农业和渔业3100万美元，另有3.56亿美元外资流入其他行业。从资金构成上看，上述外资中5.41亿美元为新增直接投资，3.61亿美元为公司内部贷款，另有6.97亿美元为收益再投资。从地区情况看，孟加拉国为南亚地区第二大外资国，仅次于印度的280亿美元（约占南亚外资总额的78%），巴基斯坦以13亿美元位列第三。

据孟加拉国《金融快报》报道，孟加拉国最吸引外国投资者的行业主要有天然气、纺织、银行、电信、电力、食品、水泥、皮革以及皮制品等；大部分FDI来自美国、英国、韩国、澳大利亚、荷兰、马来西亚、中国香港、新加坡、日本和印度等国家和地区。

值得注意的是，2005年来，投资在孟加拉国中的比例呈上升趋势，且上升速度越来越快。据孟加拉国央行统计，2006年，外国投资在GDP中的比重为

---

① 中国信保：《孟加拉国投资与经贸风险分析报告》，《国际融资》2011年第8期。

26.1%，2009年上升到26.2%，2009—2014年上升速度比较快，达到28.7%。由于中国等国劳动力成本不断上升，孟加拉国正引起外国投资者的强烈关注。吸引外资流入更重要的因素是拥有充足且价格合理的天然气、电力等能源，以及劳动力水平不断提高、国家治理和营商环境逐步改善、获得土地便利等。此外，孟加拉国FDI中再投资收益和公司内部贷款占据很大比重（2016财年为75%），而具有形成产业多元化效应的新增投资所占比例相对较小。①

二、孟加拉国吸引外资策略

（一）出台鼓励投资政策

孟加拉国政府重视外国投资，致力于营造宽松的外商投资环境，出台了一系列鼓励投资的政策。根据世界银行评估报告，孟加拉国是南亚地区投资政策最自由的国家之一。其主要的外资鼓励政策包括：（1）在投资准入方面，赴孟加拉国投资只须到孟加拉国投资局办理登记注册即可，无须事先批准；对于在孟加拉国出口加工区内进行的投资，则受孟加拉国出口加工区管理局管辖；对于在电力、矿产资源和电信领域的投资，则须获得孟加拉国政府有关主管部门的同意；从事服装出口者则须向孟加拉国商务部出口促进局申请生产配额。（2）对外国投资者实施税收减免。（3）外国投资主体享受国民待遇。（4）关于投资领域非常开放只有以下四个部分为保留领域，私人企业不能投资：武器、军火、军用设施和机械；核能；造币；森林保护区内的森林种植及机械化开采。另有少数领域限制投资，如深海捕鱼业、天然气、油、煤、矿产的开采和供应，原油精炼，通信服务，保险公司私营业务等。其他所有行业则都属于孟加拉国政府鼓励投资的领域。（5）对资本形态和股权比例无限制，外国投资者可以享有100%股权。（6）保证外国投资不被无偿国有化和征收。（7）保证投资本金、利润和红利可汇回本国。（8）设立出口加工区，为区内投资者提供优质服务和优惠的投资政策。如可享受离岸金融服务、免征利息税、享受普惠制待遇、可开设非居民外币存款账户、享受单一窗口同天服务和简化程序等。

（二）投资法律较为完善

孟加拉国有关投资的法律主要有《1980年外国私人投资（促进和保护）法》

---

① 孙喜勤：《中国与孟加拉经贸关系的现状、问题与前景》，《东南亚南亚研究》2016年第3期。

《1980年出口加工区管理法》《1989年投资局管理条例》《1994年公司法》《1993年证券交易委员会法》《1996年孟加拉国私人出口加工区管理法》《2010年孟加拉国经济区法》和《2010年工业政策》。孟加拉国法律体系比较完备，但其司法系统的执法效率低下。当地商务纠纷案件诉讼程序较慢，个别案件审理过程可延续1—2年。[①] 孟加拉国是《关于解决国家与其他国家国民之间投资争端公约》和《联合国承认和执行外国仲裁裁决公约》的签字国，这将保障投资纠纷的解决和仲裁结果的执行。[②]

（三）设立出口加工区

为了积极吸引外资，加速发展经济，扩大出口创汇，增加就业机会，孟加拉国成功地设立了出口加工区制度。目前，孟加拉国共设有8个出口加工区，分别为吉大港出口加工区、达卡出口加工区、蒙格拉出口加工区、考米拉出口加工区、依苏尔第出口加工区、乌托拉出口加工区、卡拉普里出口加工区（也在吉大港）、阿达姆吉出口加工区。吉大港出口加工区设立最早，创立于1983年，而卡拉普里、阿达姆吉设立最晚，刚投入运行不久。在出口加工区内建立有关企业，可以享有投资优惠、进出口优惠等。由于需求增长，达卡出口加工区已经扩大了一倍。出口加工区企业涉及的行业包括服装、服装饰件、纺织、针织品、毛巾、电子、体育用品、塑料制品、制鞋与皮革等。

三、中国对孟加拉国的投资

孟加拉国是中国在南亚重要的投资目的地，中国长期资助孟加拉国的基础设施项目。孟加拉国总理哈西娜曾直言："从2003年起，中国就已经成为在孟加拉投资最多的国家。"[③] 据商务部统计，2005—2008年，中国企业在孟加拉国的非金融类直接投资流量分别为18万美元、531万美元、364万美元和450万美元。到2009年初，中国企业在孟加拉国的非金融类直接投资存量已经达到4814万美元，比2005年同期的866万美元存量增加了455.9%。中国企业投资主要集中在纺织服装及与之相关的机械设备等领域，还涉及陶瓷、装修、饮用水、医疗、养

---

① 中华人民共和国商务部编《对外投资合作国别（地区）指南：孟加拉国》，2015年。
② 《孟加拉国投资与经贸风险分析报告》，《国际融资》2011年第8期。
③ 杨振发：《孟加拉国环境影响评价制度及对外来投资的影响》，《生态经济》2014年第1期。

殖、印刷、家电等。① 据中国商务部统计，截至2013年年末，中国对孟加拉国直接投资存量为1.59亿美元。② 截至2016年6月，中国累计对孟加拉国直接投资2.03亿美元。③ 目前，中国对孟加拉国的投资还比较少。2015年，中国在孟加拉国的投资额仅5680万美元。

总之，从孟加拉国的外资来源看，主要投资国和地区为美国、英国、马来西亚、日本、中国香港、新加坡、挪威、德国、韩国等。中国内地对孟加拉国直接投资额较小，截至2005年底，累计投资额仅为2752万美元。从投资领域看，传统上外商最主要和最集中的投资领域是能源行业，比如天然气勘探开发和利用、电力建设等，其他投资领域主要是制造业尤其是纺织服装业。不过，近年来，电信业外国投资势头兴旺。可以说，20多年来尽管孟加拉国吸收外国直接投资的表现与其优惠的投资政策不匹配，但孟加拉国利用外资发展本国经济的战略实际上确实取得了令人瞩目的效果。比如，如果没有国际石油公司参与孟加拉国天然气资源的勘探开发，孟加拉国巨大的天然气资源可能仍然处于未开发状态，从而会严重制约孟加拉国紧缺的电力工业的发展，并进而影响国民经济的增长。

第五节 国际贸易与孟加拉国经济增长

一、孟加拉国对外贸易概况

孟加拉国是世界上49个最不发达国家之一，资源匮乏，人口众多，生产技术落后，工业基础薄弱。从生产到生活的各项物资，如粮食、棉花、食糖、食油、工业原料、机械设备、运输工具等主要依赖进口。近年来，孟加拉国政府采取了一系列刺激经济发展的政策，实施以市场为导向的自由经济增长战略，实行自由和开放的贸易政策，国际社会对孟加拉国也慷慨援助。这些因素都促进了孟加拉国经济的快速发展。目前，孟加拉国经济以每年5%—6%的速度增长。孟加拉国也一改过去单一依靠进口贸易的经济，努力建设自己的基础产业，注重投资和出口导向型企业发展，并形成一批在国际市场上较有竞争力的优势出口商品。

总的来看，目前，孟加拉国与130多个国家和地区有贸易关系，主要出口市

---

① 中国信保：《孟加拉国投资与经贸风险分析报告》，《国际融资》2011年第8期。
② 任佳、马文霞：《环印度洋南亚地区经济发展潜力分析》，《南亚研究》2015年第4期。
③ 刘小雪：《孟加拉国经济已进入高增长轨道》，《国际商报》2016年10月17日，第D04版。

场有美国、德国、英国、法国、荷兰、意大利、比利时、西班牙、加拿大和中国香港,主要出口商品为成衣、皮革及皮革制品、冷冻鱼虾、鞋类、黄麻及黄麻产品等。主要进口市场有印度、中国内地、新加坡、日本、中国香港、韩国、美国、英国、澳大利亚和泰国,主要进口商品为棉花及棉纱线、机电设备、石油及石油产品、钢铁、化工品、粮食、家电设备、塑料及橡胶制品等。① 2007年,中国已经取代印度成为孟加拉国最大的贸易伙伴国。②

(一) 孟加拉国进口基本情况

2011—2012年度,孟加拉从中国的进口额为50.33亿美元,占孟加拉国总进口额的17.1%,是孟加拉国的第三大商品进口来源国;2012—2013年度,孟加拉国从中国的进口额上升到63.08亿美元,中国超越美国和加拿大,成为孟加拉国的第一大商品进口来源国,占孟加拉国总进口额的21.7%;2013—2014年度和2014—2015年度,孟加拉国从中国的进口额都呈上升态势,分别为75.41亿美元和639.46亿美元,占孟加拉国总进口额的20.7%和22%。中国是孟加拉国第一大商品进口来源国。(表3-17)

表3-17 孟加拉国从主要贸易伙伴进口统计

(单位:百万美元)

国家(地区)	2014—2015年	占比(%)	2013—2014年	占比(%)	2012—2013年	占比(%)	2011—2012年	占比(%)
中国	63 946.1	22	7540.8	20.7	6307.6	21.7	5032.63	17.1
印度	452 66.51	15.6	6035.5	16.6	4740.7	16.3	3417.01	11.6
新加坡	17 070.5	5.9	2289.5	6.3	1078.5	3.7	1881.8	6.4
马来西亚	10 093.4	3.5	2041.7	5.6	1491.9	5.1	1420.25	4.8
日本	11 834.7	4.1	1283.8	3.5	1180.2	4.1	1397.85	4.75
印度尼西亚	10 853.6	3.7	1104.2	3	1054.3	3.6	1868.36	6.3

---

① 商务部:《孟加拉国国际贸易常见问题解答》,2016年9月11日,http://finance.sina.com.cn/roll/2016-09-11/doc-ifxvueif6510395.shtml.

② 岳小月:《中孟企业间贸易纠纷频发》,《进出口经理人》2010年第10期。

第三章　孟加拉国的国际移民与经济发展

（续上表）

国家 （地区）	2014— 2015年	占比 (%)	2013— 2014年	占比 (%)	2012— 2013年	占比 (%)	2011— 2012年	占比 (%)
美国	5362.4	1.8	836	2.3	537.6	1.8	796.9	2.4
中国香港	6619.9	2.3	759.2	2.1	607.5	2.1	1351.18	4.6
泰国	5324.6	1.8	741.4	2	689.1	2.4	543	1.8
澳大利亚	3972.5	1.4	606	1.7	471.5	1.6	4929.9	16.8
加拿大	5938.5	2	585.4	1.6	613.8	2.1	5094	17.3
德国	4588.1	1.6	582.9	1.6	528.6	1.8	4611.7	15.7
巴基斯坦	——	——	529.9	1.5	489.6	1.7	4843.5	16.4
其他	——	——	6561.9	18	5347.5	18.4	9946.06	33.8

资料来源：孟加拉国中央银行。

（二）孟加拉国出口基本情况

1. 出口市场集中在欧盟和北美

据统计，1998—2007财年孟加拉国出口保持了稳定、高速的增长，出口总额由1998财年的51.61亿美元增长至2007财年的121.78亿美元，增幅达236%。[①]

表3-18　孟加拉国2006—2007财年主要出口市场情况

国家（地区）	出口额（百万美元）	在总出口中的占比（%）
美国	3441.02	28.26
德国	1955.38	16.06
英国	1173.95	9.64
法国	731.76	6.01
西班牙	527.78	4.34

---

① 中国驻孟加拉国大使馆经济商务参赞处：《孟加拉国主要出口商品调查报告》，2007年11月7日，http://bd.mofcom.gov.cn/aarticle/ztdy/200804/20080405503763.html。

(续上表)

国家（地区）	出口额（百万美元）	在总出口中的占比（%）
意大利	515.66	4.23
荷兰	459.01	3.77
加拿大	457.21	3.75
比利时	435.82	3.58
印度	289.42	2.38
瑞典	188.77	1.55
土耳其	167.52	1.38
日本	147.47	1.21
中国香港	125.35	1.03
丹麦	113.69	0.93
中国	92.99	0.76
其他	1355.06	11.13
总计	12 177.86	100

资料来源：孟加拉国出口促进局。

表3-18是孟加拉国2006—2007财年主要出口国家和地区情况。从表中我们可以看出，孟加拉国出口市场高度集中在欧盟国家、美国、加拿大、印度和日本。其中美国和欧盟是孟加拉国最主要的市场，市场份额占孟加拉国总出口额的80%以上。

1990—1991财年至2011—2012财年，孟加拉国商品出口主要集中在美国、德国、英国、意大利、法国、比利时、荷兰、日本与加拿大9个国家。我们选取1990—1991财年、2000—2001财年、2011—2012财年这三个时间点对孟加拉国商品出口国别进行比较（表3-19）。

第三章 孟加拉国的国际移民与经济发展

表3-19 孟加拉国商品出口国别比较

(单位：亿美元)

排序	1990—1991 财年		2000—2001 财年		2011—2012 财年	
	国家	出口额	国家	出口额	国家	出口额
1	美国	5.07	美国	25	美国	51
2	德国	1.65	德国	7.90	德国	36.89
3	英国	1.37	英国	5.94	英国	28.89
4	意大利	1.16	法国	3.66	法国	13.80
5	法国	0.86	荷兰	3.28	加拿大	9.94
6	比利时	0.84	意大利	2.96	意大利	9.78
7	荷兰	0.62	比利时	2.53	比利时	7.41
8	日本	0.41	加拿大	1.26	荷兰	6.91
9	加拿大	0.30	日本	1.07	日本	6.05

由表3-19数据对比可见，这9个国家的出口额约占孟加拉国当年全部出口收入的71%、82%、68%[①]。商品出口国在过去20年中没有新增国家，这9个国家在出口贡献排序上仅有细微变化。这些国家中有6个是欧盟成员国，因此欧盟是孟加拉国最主要的出口市场，北美（美国和加拿大）也是孟加拉国的传统出口市场。目前孟加拉国出口市场的分布还不均衡，高度集中在欧洲和北美（表3-20），对这些发达国家或地区的依赖性过大，存在市场因素风险。

表3-20 孟加拉国对主要贸易伙伴出口统计

(单位：百万美元)

国家	2014—2015年	占比(%)	2013—2014年	占比(%)	2012—2013年	占比(%)
美国	4052	16.7	4062	17.7	3723	18.7
德国	3862	16	3705	16.1	3143	15.8
英国	2391	9.9	2243	9.8	2033	10.2

---

① 数据来源于孟加拉国财政部历年《孟加拉国经济回顾》。

(续上表)

国家	2014—2015年	占比(%)	2013—2014年	占比(%)	2012—2013年	占比(%)
法国	1467	6.1	1455	6.3	1235	6.2
西班牙	1349	5.6	1113	4.8	915	4.6
意大利	1201	5	1056	4.6	791	4
加拿大	1201	3.2	809	3.5	848	4.3
土耳其	605	2.5	730	3.2	525	2.6
比利时	754	3.1	693	3	526	2.6
荷兰	644	2.7	662	2.9	536	2.7
中国	720	3	533	2.3	341	1.7
其他	6384	26.4	5931	25.7	5313	26.6

资料来源：孟加拉国中央银行。

2. 出口商品结构

孟加拉国的对外贸易自由化改革尽管在一定程度上增加了其出口商品种类，但还并未从根本上改变其出口贸易结构。目前，孟加拉国出口贸易结构表现为成衣业一业独大、其他产业尚不能并举。

表3-21 2001—2007财年孟加拉国出口情况

（单位：百万美元）

商品项目＼财年	2001—2002	2002—2003	2003—2004	2005—2006	2006—2007
1. 梭织成衣	3124.56	3258.27	3538.07	4083.82	4657.63
2. 针织成衣	1459.24	1653.83	2148.02	3816.98	4553.60
3. 冷冻海产品	276.11	321.81	390.25	459.11	515.32
4. 黄麻产品	241.61	257.12	246.45	361.03	320.78
5. 黄麻原麻	61.13	82.4	79.7	148.27	147.15
6. 皮革	207.33	191.23	211.41	257.27	266.08
7. 化肥	47.93	78.61	80.67	124.08	125.10

（续上表）

财年 商品项目	2001—2002	2002—2003	2003—2004	2005—2006	2006—2007
8. 药品	—	—	—	27.46	28.15
9. 茶叶	17.38	15.47	15.81	11.89	6.94
10. 家用纺织品	75.58	71.38	135.49	165.25	256.97
11. 工程产品	1.37	12.91	41.87	111.02	236.91
12. 鞋类	48.49	46.6	68.3	95.44	135.94
13. 陶瓷餐具	17.5	18.82	24.07	27.55	29.95
14. 杂类	357.43	483.41	554.57	380.45	517.07
总出口	5986.09	6548.44	7602.99	10526.16	12177.86

资源来源：孟加拉国出口促进局。

表3-21是孟加拉国2001—2007年主要出口商品的出口情况。从出口商品结构上看，孟加拉国的主要出口商品为梭织和针织成衣，约占75%的比例；其他轻工业产品（如家用纺织品、陶瓷餐具和鞋类等），约占9%的比例；冷冻鱼虾，约占5.1%的比例；生黄麻及麻黄产品，约占4.3%的比例；皮革及制品，约占2.8%的比例。以上五类产品占据了孟加拉国总出口的95%以上，是孟加拉国最重要的出口创汇商品。生黄麻、黄麻制品是孟加拉国传统的出口产品。孟加拉国还享有"黄麻之国"的美誉。20世纪70年代以前，黄麻是孟加拉国最重要的出口商品和重要的外汇来源。随着20世纪80年代孟加拉国纺织服装加工产业的迅速崛起，特别是欧美等发达国家对孟加拉国成衣产品给予特别的贸易优惠政策，使得成衣产品成为孟加拉国最重要的出口创汇商品，孟加拉国也因此成长为世界服装生产大国。

孟加拉国成衣出口额自20世纪80年代起，始终保持着稳定的高速增长。特别是在全球纺织品配额取消、竞争加剧的国际市场新环境下，成衣业出口仍保持了稳定高速增长，经受住了纺织品配额取消的冲击，体现了竞争力（表3-22）。2000—2001财年至2011—2012财年成衣业（含针织品）出口额增速明显，分别为48.60亿美元、45.84亿美元、49.12亿美元、56.86亿美元、64.17亿美元、79.01亿美元、92.12亿美元、107亿美元、123.48亿美元、124.96亿美元、179.14亿美元、190.89亿美元，增长近4倍。成衣业在总出口中所占比重非常大，一直保持在75%左右，分别为75%、77%、75%、75%、74%、75%、

76%、76%、79%、77%、78%、79%。

表 3-22 孟加拉国成衣出口情况

财年	出口额（百万美元）	年增长率（%）
1990—1991	866.82	—
1991—1992	1182.57	36.43
1992—1993	1445.02	22.19
1993—1994	1555.79	7.67
1994—1995	2228.35	43.23
1995—1996	2547.13	14.31
1996—1997	3001.25	17.83
1997—1998	3781.94	26.01
1998—1999	4019.98	6.29
1999—2000	4349.41	08.19
2000—2001	4859.83	11.74
2001—2002	4583.75	—5.68
2002—2003	4912.09	7.16
2003—2004	5686.09	15.76
2004—2005	6417.08	13.23
2005—2006	7900.80	22.72
2006—2007	9211.23	16.68
平均增长率	16.49%	

资源来源：孟加拉国出口促进局。

孟加拉国成衣产品出口高度集中，美国和欧盟是其最大的市场，占总出口额的 95% 左右（表3-23）。孟加拉国最重要的十大成衣产品出口国为：美国、德国、英国、法国、荷兰、意大利、加拿大、比利时、西班牙和瑞典。

表 3-23　2010—2012 年成衣出口国的统计

（单位：百万美元）

财年 国家	梭织服装		针织服装		总量	
	2010—2011	2011—2012	2010—2011	2011—2012	2010—2011	2011—2012
欧盟	3610.11	4446.87	6909.72	6928.69	10519.84	11375.56
增长（%）	45.65	23.18	46.63	0.27	46.30	8.13
美国	3506.12	3515.45	1119.04	1013.95	4625.16	4529.40
增长（%）	28.13	0.27	25.51	-9.39	27.48	-2.07
加拿大	461.75	473.04	432.92	401.82	894.67	874.85
增长（%）	48.15	2.44	52.51	-7.81	50.23	-2.21
非传统市场						
澳大利亚	49.82	94.83	143.08	212.72	192.90	307.54
巴西	32.60	50.45	62.04	77.33	94.64	127.78
智利	3.62	5.57	9.31	11.36	12.93	16.93
中国	26.60	57.83	26.21	46.69	52.81	104.52
印度	25.45	42.20	10.49	12.82	35.94	55.02
日本	153.68	239.99	93.83	163.65	247.51	403.65
朝鲜	34.46	61.27	12.75	18.75	47.21	80.01
墨西哥	30.34	36.74	50.83	61.91	81.16	98.65
俄罗斯	9.53	27.67	42.33	48.82	51.86	76.49
南非	28.09	29.31	20.35	26.45	48.43	55.76
土耳其	245.79	231.20	272.52	124.73	518.32	355.93
其他国家	214.93	290.92	276.64	336.68	491.57	627.60
非传统市场总量	854.91	1167.98	1020.38	1141.90	1875.28	2309.88
非传统市场的增长（%）	75.63	36.62	71.32	11.91	73.26	23.17
出口总量	8432.89	9603.34	9482.06	9486.35	17914.95	19089.69
增长（%）	40.23	13.88	46.25	0.05	43.36	6.56

数据来源：孟加拉服装制造及出口商协会（BGMEA）。

目前，孟加拉国针织成衣发展迅速，正在逐步赶上一直占据主导地位的梭织成衣的出口额。事实上，2007年起，针织成衣在出口数量上已经超过了梭织成衣（表3-24）。孟加拉国目前有针织成衣厂600多家，其中90%都分布在距孟加拉国首都达卡市不远的Narayanganj镇，这里以其针织行业而著名。孟加拉国的针织厂有45%是中等规模的工厂，每个工厂有3—4条生产线，每天能产2000—3000件产品；35%的工厂拥有4条以上生产线，属于大规模工厂，每天产能大于4000件。出口的针织成衣主要是T恤、运动系列服装、毛线衫和睡衣等。目前，由于95%的针织原料可以自给自足，孟加拉国针织产品的交货期大大缩短，平均为6周的水平。每个工厂都设有质量控制部门，符合欧美进口商的要求。产品出口到欧盟、日本、澳大利亚、挪威和加拿大享受免关税和配额的优惠条件。其中欧盟自孟加拉国进口的针织成衣占其总进口额的43%。目前，孟加拉国针织产品出口主要受到来自印度和斯里兰卡的竞争，但孟加拉国处于较优势地位。

表3-24 孟加拉国梭织与针织服装出口统计

（单位：百万美元）

财年	梭织服装出口金额	针织服装出口金额	总计
1993—1994	1292	264	1556
1998—1999	2984	1035	4019
2003—2004	3538	2148	5686
2006—2007	4658	4554	9212
2009—2010	5695.42	6196.58	11892.00
2010—2011	7067.04	7787.76	14854.80
2011—2012	9251.62	9961.36	19212.98

数据来源：孟加拉服装制造及出口商协会（BGMEA）。

孟加拉国其他出口商品大类有18种，其中初级产品4种（冷冻产品、黄麻原麻、农产品、茶叶），制成品14种（成衣、针织品、黄麻产品、皮革、鞋类、化工产品等）。单一和传统的出口商品结构，虽然充分利用和发挥了孟加拉国自然条件、人口众多、劳动力廉价、海运运输便利等优势，但孟加拉国由于处于国际分工阶梯的较低位置，国内产业结构升级和出口商品结构多元化尚处于起步阶段,要完成产业结构与贸易结构转型的道路任重而道远。

(三) 对外贸易一直处于逆差

过去20多年孟加拉国对外贸易的主要特点是增长迅速但一直处于逆差状态,且有扩大的趋势。1991—1992财年,孟加拉国贸易逆差为14.52亿美元,其后一直处于逆差状态,并且连年累积,其数额不断增长。从1994—1995财年至2003—2004财年的10年间,孟加拉国对外贸易逆差一直在20亿—30亿美元上下浮动;2004—2005财年逆差突破40亿美元后,逆差快速增长,2007—2008财年突破70亿美元,2009—2010财年和2010—2011财年更是突破100亿美元,分别达到107.30亿美元、112.28亿美元,贸易赤字问题愈发严重。[①] 孟加拉国对外贸易一直出现逆差有以下原因:孟加拉国国内资源匮乏,工业基础薄弱,农业生产落后,这使孟加拉国的粮食、棉花、食油、食糖、工业原料、机械设备、运输工具、燃油等主要依赖进口;对外贸易自由化改革实施进程中市场开放,关税降低,进口商品数量增加;出口商品产业结构仍然较为传统和单一,劳动密集型产品和初级产品在出口中占有绝对比重。金融、保险、计算机和信息服务、通讯服务、旅游、运输等服务贸易在出口商品统计表上无一上榜。因此,孟加拉国要将贸易赤字减少到一个合理的水平,需要采取以下措施:一是增加资本和技术的进口以建立自己的出口导向型产业;二是完成国内产业结构的升级和出口商品结构的多元化;三是加快基础设施建设和发展教育,发展服务贸易;四是扩大出口市场,主要是尚未开拓的市场。

二、 孟加拉国对外贸易对经济的影响

近年来,孟加拉国实行自由和开放的贸易政策,一改过去单一依靠进口贸易的经济情况,努力发展自己的基础产业,注重投资和出口导向型企业发展,并形成一批在国际市场上较有竞争力的优势出口商品。孟加拉国的出口一定程度上受主要进口国经济增长和消费支出水平变化的影响。此外影响孟加拉国出口的其他因素包括:英国脱欧、美国新政府保护主义立场所带来的不确定性、中国和印度增长放缓、WTO在保护贫困国家在全球贸易谈判中利益的边缘化作用、塔卡兑欧元和英镑进一步升值的可能性。

---

① 孟加拉国财政部历年《孟加拉国经济回顾》。

孟加拉国自实施外贸自由化改革以来，对进口商品数量的限制显著下降，进口关税大幅减少，市场领域更加开放，经济稳步增长，商品出口逐年增加，外汇储备有一定保障，出口商品结构得到一定改善，成衣业开始崛起，成为领头羊。

（一）经济稳步增长

对外贸易自由化改革极大地促进了孟加拉国GDP的增长，使孟加拉国经济经受住了1998年亚洲金融危机和2008年开始至今的欧美经济衰退等两次大考，经济发展仍保持稳步增长态势。1999—2000财年至2011—2012财年，孟加拉国GDP增长率分别为5.94%、5.27%、4.42%、5.26%、6.27%、5.96%、6.63%、6.43%、6.19%、5.74%、6.07%、6.71%、6.32%。最近10年GDP增长率均超过5%，有8年超过6%。同时，在人口每年不断增长的情况下，人均GDP也实现了快速增长。1999—2000财年，人口1.281亿，人均GDP为368美元；2011—2012财年，人口1.516亿，人均GDP增至772美元，增长了近一倍。人均GDP 772美元已接近中等收入国家水平。这些成绩主要得益于对外贸易的快速增长。1991—1992财年孟加拉国对外贸易额仅为54.40亿美元，1995—1996财年突破100亿美元，达到108.31亿美元，2004—2005财年突破200亿美元，达到218.02亿美元。此后对外贸易增速加快，仅用3年，对外贸易额即突破300亿美元，2007—2008财年达到357.40亿美元，2010—2011财年突破500亿美元，达到565.86亿美元。从1991—1992财年至2011—2012财年对外贸易总额增长超过10倍。由此可见，外贸自由化改革取得的成果显著。同时，对外贸易总额在GDP中所占比例更是急剧上升。1999—2000财年至2011—2012财年所占比重均超过30%并不断上升，2011—2012财年则占到48.4%。[①]

（二）出口额不断扩大

20世纪90年代以来，孟加拉国商品出口快速发展，取得了令人瞩目的成就，出口不仅为经济稳定发展提供了有力支撑，也为国际收支平衡提供了有力保障。1992—1993财年至2012—2013财年，孟加拉国出口除2001—2002财年受"9·11"恐怖袭击事件的影响出现了负增长，同比下降7.44%外，其他19个财年出口均呈现同比增长态势，以年均13%的速度递增，甚至出现了2010—2011财年同比增长高达41.49%的状况。1984—1985财年孟加拉国出口9.34亿美元，

---

① 数据来源于孟加拉国统计局、孟加拉国财政部：《2012年经济回顾》。

1990—1991 财年增至 17.18 亿美元，2005—2006 财年出口首次突破 100 亿美元大关，达到 105.26 亿美元。此后，2006—2007 财年至 2009—2010 财年出口继续稳步增加，均保持 100 亿美元以上，分别为 121.78 亿美元、141.11 亿美元、155.64 亿美元、162.05 亿美元。值得一提的是，2009—2010 财年受全球经济衰退的影响，在南亚其他国家出口均为负增长的情况下，孟加拉国仍实现了 4.11% 的出口增速。从 2010—2011 财年至 2012—2013 财年，孟加拉国的出口迈上了新台阶，连续三年超过 200 亿美元，分别为 229.28 亿美元、242.88 亿美元、270.2 亿美元。出口收入不断增加，在 GDP 中所占的比重由 80 年代中期的 7% 上升到 2011—2012 财年的 20.7%。从 1999—2000 财年至 2000—2001 财年，出口收入在 GDP 中所占的比重均呈递增状态，超过 12%，其中 2006—2007 财年、2010—2011 财年、2011—2012 财年均超过 20%。这也说明孟加拉国经济对外贸易依存度在不断加大。[①]

（三）成衣业崛起，出口商品结构得到一定改善

在 20 世纪七八十年代，黄麻原麻、黄麻制品一直是孟加拉国主要出口创汇产品。外汇收入的 80% 来自黄麻，也为孟加拉国赢得了"黄麻之国"的美誉。随着对外贸易自由化改革的进程以及对外贸易战略的调整，孟加拉国出口商品结构发生了翻天覆地的变化，从长期依赖黄麻的局面开始向成衣业、冷冻产品、皮革、化工产品等多元化的格局转变。其中，成衣业在改革中受益最大，从出口商品中崛起。目前成衣业的出口收入占出口总收入的 2/3 以上，黄麻出口则跌入低谷，其出口收入只占出口总收入的 4%。

从近 12 个财年主要出口商品结构上分析，孟加拉国主要出口商品为成衣和针织品，占 75% 左右；冷冻产品，占 5% 左右；黄麻原麻及黄麻产品，占 4% 左右；皮革及制品，占 3% 左右；化工产品，占 2% 左右。以上五类产品占据了孟加拉国总出口商品的近 90%。其中，成衣业成为孟加拉国经济发展的支柱产业，是最重要的出口创汇商品。目前孟加拉国有大小成衣加工企业 5400 多家，从业人员超过 360 万，吸纳了约 50% 的工业劳动力。该行业约占工业总产值的 38%，出口总收入中所占的比重已经由 80 年代的 6% 逐渐上升到 2012—2013 财年的 79.63%。因此，成衣业是孟加拉国经济的生命线，成衣业的兴衰直接影响着孟加拉国经济的发展和稳定。成衣出口从 1982—1983 财年的区区 3200 万美元，占

---

① 数据来源于孟加拉国出口促进局《2001—2002 年度报告》；孟加拉国财政部《孟加拉国经济回顾》(2003—2012)。

出口总额的3%，剧增到1990—1991财年的6.24亿美元，占出口总额的41%，2001—2002财年更是近50亿美元，占出口总额的76%，2012—2013财年已上升至215.2亿美元，占出口总额的79.63%。2000—2001财年至2011—2012财年，出口的制成品中扣除成衣和针织品的出口收入，其他制成品如黄麻制成品、皮革、鞋类、化工产品等在总出口中所占比重一直保持在16%—17%的水平。同期相比，初级产品出口在总出口中所占比重呈现下降趋势。其中2000—2001财年至2007—2008财年，所占比例一直为6%—7%，从2008—2009财年以后的四年，所占比例一直保持在5%，下降了1—2个百分点。①

第六节 移民汇款与孟加拉国经济增长

一、孟加拉国移民汇款概况

1976年以来，孟加拉国实施自由化政策之后显著的时代特点之一就是向海外输出移民然后获得大量的移民汇款收入。孟加拉国最早的官方移民汇款记录显示，1976年共收到约2400万美元的海外移民汇款。② 从那时起，孟加拉国的国外移民汇款就以指数速度增长。

据官方统计，1976—2010年，孟加拉国累计收到海外移民汇款786.7亿美元左右。③ 这一时期移民汇款的增长并不是稳定的。1976年孟加拉国的移民汇款为2371万美元，随后逐年增长，到1983年为61950万美元。经过一个短暂的低迷期后，1986年重新恢复增长，1988年增长到了73740万美元。因为新增了黎巴嫩、文莱、韩国和毛里求斯等移民汇款来源国，因此1987—1997年的移民汇款收入，比上一个10年增加了71.90亿美元。21世纪初，因为美国"9.11"事件和中东伊拉克战争，移民汇款收入暂时受到了不利影响。

2006年，孟加拉国接收移民汇款48亿美元，成为全球仅次于印度（257亿美元）、墨西哥（247亿美元）、中国（224亿美元）、菲律宾（149亿美元）的第五大移民汇款接收国。

---

① 数据来源于孟加拉国财政部历年《孟加拉国经济回顾》。
② Shibli Rubayat - Ul - Islam, Shibli R, "Impact of Remitances in the Bangladesh Eonomny: A Trend Analyis", *Journal of Banking&Financial Services*, Vol.5, No.1, July2011, pp. 57 - 82.
③ 林勇主编《华侨华人研究报告（2013—2014）》，光明日报出版社，2014年，第160页。

第三章 孟加拉国的国际移民与经济发展

从2007年起孟加拉国海外务工的劳工数量迅速增加,已然构成该国移民汇款收入的主要来源。孟加拉国的移民通常将他们平均收入的32%左右汇回国,这个数额已经是孟加拉国人均GDP的近两倍。① 2007年前,有20—40万孟加拉人在海外,但是仅2008年,这个数目就增加到了90万。② 2007年移民汇款收入为60亿美元。2008年,受全球经济衰退影响,建筑业和服务业的外国劳工人数大幅减少。但孟加拉国的移民汇款继续增长,达到79亿美元,海外移民汇款收入位居全球第七位。③

2009年,孟加拉国央行采取了一系列措施,包括鼓励海外务工人员通过正式渠道汇回收入以及扩大商业银行海外营业网点等措施,促进了移民汇款收入的增长。2009年移民汇款收入达96.89亿美元,达历史最高水平。

总的来看,2001—2010年,由于新增了约旦、苏丹、英国、意大利和日本等移民汇款来源国,孟加拉国移民汇款加速增长,从2001年的18.8亿美元增长到了2010年的107.3亿美元,最近10年的移民汇款收入比上一个10年又增加了520亿美元(表3-25)。

表3-25 1981—2010年孟加拉国移民汇款收入

(单位:百万美元)

年份	沙特	阿联酋	卡塔尔	阿曼	巴林	科威特	美国	英国	马来西亚	新加坡	10国总量	其他国家	总计
1981	83.88	65.59	13.67	5.91	1.26	19.09	32.99	104.9	0	0	327.3	53.89	381.2
1982	120.9	55.49	15.98	10.36	2.48	22.97	31.86	69.27	0	0	329.3	89.15	418.5
1983	199.7	78.68	28.99	12.65	3.68	44.94	39.52	84.55	0	4.04	496.8	122.7	619.5
1984	215.1	59.8	30.2	24.1	8.1	50.5	36.8	70.6	0	6.6	501.8	88.8	590.6
1985	153.7	42.1	22.1	27.5	6.8	37.6	32.4	50.9	0	3.4	376.5	65.1	441.6
1986	180.4	54	22.3	54.1	9.4	62.3	38.7	77.6	0	2.4	501.2	147.4	648.6
1987	216.3	60.9	38.4	53.4	11.3	101.3	43.2	92.8	0	2.6	620.2	77.25	697.5

---

① Khurshed Alam Chowdhury, the socioeconomic impact of remittances: the case of bangladesh, Director General, Bureau of Manpower Employment and Training Ministry of Expatriate's Welfare and Overseas Employment, Bangladesh.

② 王丹红:《孟加拉国成为全球第八大移民汇款收入大国》,http://gb.cri.cn/27824/2011/12/13/5311s3475334.htm,2011-11-23.

③ 《孟加拉国海外移民汇款收入位居全球第七位》,孟加拉国《金融时报》2009年9月10日。

(续上表)

年份	沙特	阿联酋	卡塔尔	阿曼	巴林	科威特	美国	英国	马来西亚	新加坡	10国总量	其他国家	总计
1988	226.5	62.36	45.7	51.92	12.39	96.37	61.44	88.39	0	2.11	647.1	90.29	737.4
1989	219.4	61.23	44.84	45.31	13.25	96.41	83.96	67.39	0	2.09	633.9	137	770.8
1990	226.2	55.16	40.27	40.55	14.28	89.22	82.38	58.4	0	2.28	608.7	149.5	758.2
1991	264.9	78.13	59.5	49.69	16.48	9.01	60.15	68.83	0	2.16	608.9	155.2	764.0
1992	315.7	79.56	48.07	60.55	20.2	66.9	55.43	57.15	0	1.52	705.1	142.9	848.0
1993	398.4	80.22	53.83	60.08	22.36	124.1	68.06	48.44	4.22	2.53	862.3	81.75	944.0
1994	441.1	88.1	56.16	73.03	27.3	185.2	78.68	48.49	10.19	2.32	1010.6	78.21	1088.8
1995	476.9	81.34	72.18	81.27	33.71	174.7	102.23	47.02	10.19	2.32	1081.9	115.8	1197.6
1996	498.2	83.7	53.28	81.71	30.08	174.3	115.36	41.28	74.43	3.99	1156.3	60.76	1217.1
1997	587.2	89.64	53.16	94.45	31.52	211.5	157.39	56.2	94.51	6.66	1382.2	93.23	1475.4
1998	589.3	106.9	57.81	87.61	32.42	213.2	203.1	365.8	78.09	7.69	1441.9	83.57	1525.4
1999	685.5	125.3	63.94	91.93	38.94	230.2	239.43	54.04	67.52	13.07	1609.9	95.82	1705.7
2000	916	129.9	63.73	93.01	41.8	245	241.3	71.79	54.04	11.63	1868.2	81.14	1949.3
2001	919.6	144.3	83.65	63.44	44.05	247.4	225.62	55.7	30.6	7.84	1822.2	59.91	1882.1
2002	1148	233.5	90.6	103.27	54.12	285.8	356.24	103.3	46.85	14.26	2435.8	65.29	2501.1
2003	1254	327.4	113.55	114.06	63.72	338.6	458.05	220.2	41.4	31.06	2962.4	99.61	3062.0
2004	1386	373.5	113.64	118.53	61.11	361.2	467.81	297.5	37.06	32.37	3248.8	123.2	3372.0
2005	1510	442.2	136.41	131.32	67.18	406.8	557.71	375.8	25.51	47.69	3701.1	147.2	3848.3
2006	1697	561.4	175.64	165.25	67.33	494.4	760.69	555.7	20.82	68.84	4567.1	234.8	4801.9
2007	1735.0	805.0	233.0	196.0	80.0	681.0	930.0	887.0	12.0	80.0	5639.0	339.0	5978.0
2008	2324	1135	289.8	220.6	138.2	863.7	1380.1	896.1	92.44	130.1	7470.3	444.5	7914.8
2009	2859.1	1754.9	343.4	290.1	157.5	970.8	1575.2	798.7	282.6	165.1	9187.8	501.3	9689.2
2010	3427.1	1890.3	1019.2	170.1	193.5	587.1	349.1	360.9	827.5	1451.9	10 276.6	453.9	10 730.5

资料来源：Shibli Rubayat-Ul-Islam, *Impact of Remittances in the Bangladesh Economy – A Trend Analysis*, Journal of Banking & Financial Services, Vol. 5, No. 1, July 2011, p. 58.

2011年，据世界银行移民与汇款部门调查显示，2011年1—9月，孟加拉国移民汇款收入总计为119.9亿美元，位居世界第八；印度为578.2亿，位居该排行榜第一。①

---

① 《孟加拉国成为全球第八大移民汇款收入大国》，孟加拉国《每日星报》2011年12月13日。

第三章 孟加拉国的国际移民与经济发展

2012年全球跨国劳工总数已达2.14亿人。随之而来的是世界范围内的移民资金流的规模也创下纪录。世界银行数据显示，2012年全球的海外移民向本国汇款共计达到5300亿美元。其中流向印度的汇款达618亿美元，流向中国的为607亿美元，随后依次是墨西哥（236亿美元）、菲律宾（229亿美元）、尼日利亚（199亿美元）、法国（189亿美元）、埃及（138亿美元）、德国（129亿美元）、巴基斯坦（120亿美元）和孟加拉国（112亿美元）等国家。①

2013年，根据难民和移民问题研究小组（RMMRU）统计，由于存在伪造签证等行为，阿联酋、沙特阿拉伯和科威特等3个海湾国家禁止孟加拉国劳工进入其市场。孟加拉国海外劳工数量仅为45万，较2012年下跌超过33%。受此影响，2013年孟加拉国移民汇款有所下降。据孟加拉国央行统计，2013年前10个月，孟加拉国移民汇款总收入为117.3亿美元，同比下降5%。②

2014年，由于全球经济的衰退，沙特等中东国家减少了自包括孟加拉国在内的南亚地区国家的劳务输入，导致了孟加拉国对外输出劳动力的减少。此外，2013年10月以来塔卡对美元的大幅升值，导致孟加拉国在国外务工人员不愿将美元汇给国内亲属，再加上孟加拉国政府未积极谋求与中东国家签署劳务输出合作协议，导致2014年孟加拉国移民汇款收入锐减。据孟加拉国央行统计，2014年1月，孟加拉国移民汇款收入为12.5亿美元，较去年同期下跌5.3%。③ 2014年5月份移民汇款收入为12亿美元，同比提高11%，但环比大幅下降了2800万美元。④

2015年，孟加拉共有63.4万人赴国外务工，劳务输出同比增长30%，其中女性劳工输出同比增长19%，但移民汇款收入为150亿美元（图3-3），仅增长1.8%。男性劳工平均每人汇款为20万塔卡（约合2500美元），而女性劳工平均每人汇款8万塔卡（约合1000美元），但从占工资收入的比重来看，女性劳工的贡献更大。⑤

2016年，孟加拉国难民及移民研究中心（RMMRU）研究报告显示，孟加拉国海外务工人数增加未带来移民汇款收入上涨。2016年1—11月，共计75万人赴境外务工，同比增长35%，其中女性务工人员108 769人，占比16%（2015

---

① 《去年全球移民汇款5300亿美元 印度中国分列前两位》，http://www.guancha.cn/Finance/2013_02_01_124704.shtml，2013-02-01。
② 《孟移民汇款收入同比下降》，孟加拉国《每日星报》2014年5月7日。
③ 《1月份孟移民汇款收入继续下滑》，孟加拉国《每日星报》2014年3月2日。
④ 《孟移民汇款收入仍呈下降趋势》，孟加拉国《每日星报》2014年6月3日。
⑤ 《孟移民汇款增长落后劳务输出增长》，孟加拉国《每日星报》2016年1月4日。

年占比22.8%）；但移民汇款收入126.5亿美元，同比下降12.65%。[①] 移民汇款收入下降的原因包括：中东地区石油价格下降导致工作机会减少、叙利亚和伊拉克危机、英镑和马来西亚林吉特贬值等。此外，以非法手段汇回收入也是统计数据下降的原因之一。

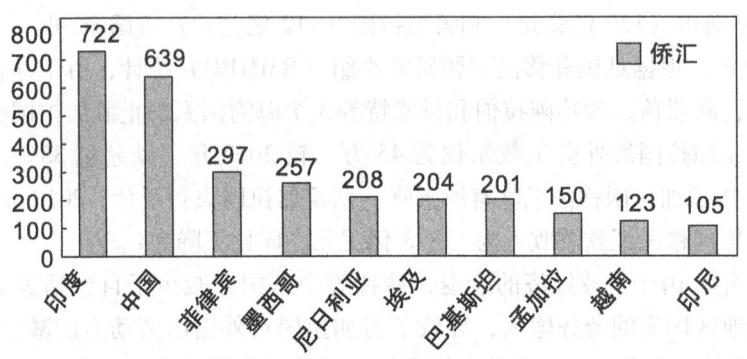

（单位：亿美元）

图3-3 2015年各国移民汇款收入排名前十

2017年，油价低迷，全球经济疲软以及中东地区财政吃紧等因素持续影响孟加拉国外汇收入。2017年4月，孟加拉国移民汇款收入10.9亿美元，较3月略微增长1.9%，但较去年同期仍下降8.4%。本财年以来，每月移民汇款均低于去年同期。截至4月，移民汇款总额为102.8亿美元，较去年下降16.08%。[②]

二、孟加拉国移民汇款的主要来源、流入方式与使用途径

（一）移民汇款主要来源

21世纪初，由于石油价格高涨，中东国家加大了石油开采量，劳动力需求旺盛，孟加拉国的海外劳工主要前往中东国家务工。这一时期，超过80%的孟加拉国移民都在石油资源丰富的中东国家务工，其移民汇款占了孟加拉国移民汇款的绝大部分（表3-26、表3-27）。沙特阿拉伯是最重要的移民汇款来源国，来自沙特阿拉伯的移民汇款约占孟加拉国移民汇款总额的29%。

[①] 《孟移民汇款收入下滑》，孟加拉国《独立报》2016年12月29日。
[②] 《孟加拉四月移民汇款略微增长》，孟加拉国《每日星报》2017年5月7日。

第三章 孟加拉国的国际移民与经济发展

表3-26 2005—2008年孟加拉国移民汇款来源分布

(单位：百万美元)

国家（地区）	2005年	2006年	2007年	2008年
美国	553.90	760.70	930.30	1380.10
海湾地区	2693.10	3161.00	3729.90	4971.70
欧洲	382.60	567.60	901.80	923.00
亚太地区	89.80	95.00	102.20	238.80
其他地区	129.00	217.60	314.30	401.10
总计	3848.40	4801.90	5978.50	7914.70

资料来源：Kuntal Roy Chowdhury, Fauza Hamid1 and D. D. Chatterjee, 2010, *Remittances as a Tool of Economic DSevelopment: Bangladesh Perspective*, Bangladesh Research Publications Journal, Volume: 4, Issue: 3, September-October, 2010, pp. 286-296.

表3-27 2005—2008年来自海湾地区的孟加拉国移民汇款

(单位：百万美元)

年份	海湾地区移民汇款	移民汇款总量	海湾地区所占比重
2005	2693.10	3848.40	69.98%
2006	3161.00	4801.90	65.83%
2007	3729.90	5978.50	62.39%
2008	4971.70	7914.70	62.82%

资料来源：Kuntal Roy Chowdhury, Fauza Hamid1 and D. D. Chatterjee, 2010, *Remittances as a Tool of Economic DSevelopment: Bangladesh Perspective*, Bangladesh Research Publications Journal, Volume: 4, Issue: 3, September-October, 2010, pp. 286-296.

全球金融危机之后，尤其是2008—2013年孟加拉国的海外移民汇款来源已经向多元化发展。孟加拉国央行的网站上列出了18个海外移民汇款来源国，其余国家用"其他国家"来代替。我们将这些国家分成四组，即中东国家、欧美国家、亚洲（不包括中东）和澳大利亚和其他国家（地区）。2008年到2013年9月来自中东国家的移民汇款收入如表3-28。

表 3-28　孟加拉国来自中东国家的移民汇款

（单位：百万美元）

国家	2008 年	2009 年	2010 年	2011 年	2012 年	2013 年（截至 9 月）
沙特	2859.09	3427.05	3290.03	3684.36	3829.45	709.15
巴林	157.43	170.14	185.93	298.46	361.70	92.57
科威特	970.75	1019.18	1075.75	1190.14	1186.93	267.10
阿联酋	1754.92	1890.31	2002.63	2404.78	2829.40	620.41
阿曼	290.06	349.08	334.31	400.93	610.11	151.46
卡塔尔	343.36	360.91	319.36	335.26	286.89	60.40
利比亚	1.25	1.46	5.20	12.91	57.65	19.42
伊朗	3.28	4.49	2.32	1.16	2.59	0.00
合计	6380.14	7222.62	7215.53	8328	9164.72	1920.51

资料来源：Saleh Md. Arman, *An Analysis on Country Wise Remittance Inclusion in Bangladesh and Its Challenges,* Proceedings of 9th Asian Business Research Conference, 20 – 21 December, 2013, BIAM Foundation, Dhaka, Bangladesh. p. 5.

从上表可以看出，沙特是孟加拉国最重要的移民汇款来源国，在上述期间其移民汇款呈上涨趋势，同一时期来自巴林、阿联酋和阿曼的移民汇款也在不断增加。由于发生动乱，来自利比亚和伊朗的移民汇款减少了。2008 年到 2013 年 9 月间来自欧美国家的移民汇款收入如表 3-29。

表 3-29　孟加拉国来自欧美国家的移民汇款

（单位：百万美元）

国家	2008 年	2009 年	2010 年	2011 年	2012 年	2013 年（截至 9 月）
美国	1575.22	1451.89	1848.51	1498.46	1859.76	529.50
英国	789.65	827.51	889.60	987.46	991.59	237.74
德国	19.32	16.50	25.64	34.99	25.81	6.53
意大利	186.90	182.19	215.58	244.75	233.23	83.42
合计	2571.09	2478.09	2979.33	2765.66	3110.39	857.19

资料来源：World Bank, 2013, Migration and Development Brief April 2013.

从上表可以看出，美国是欧美国家中最重要的移民汇款来源国，其次是英国和德国。2008年到2013年9月间来自亚洲国家（不包括中东）和澳大利亚的移民汇款收入如表3-30。

表3-30 孟加拉国来自亚洲国家（不包括中东）和澳大利亚的移民汇款

（单位：百万美元）

国家（地区）	2008年	2009年	2010年	2011年	2012年	2013年（截至9月）
澳大利亚	6.78	8.45	13.00	53.27	60.91	11.41
中国香港	9.09	8.32	11.12	22.64	19.54	3.66
马来西亚	282.22	587.09	703.73	847.49	997.43	220.19
新加坡	165.13	193.46	202.33	311.46	498.79	91.56
日本	14.12	14.74	15.21	22.16	21.18	4.21
韩国	18.33	20.77	23.95	30.05	61.77	12.06
合计	495.67	832.83	969.34	1287.07	1659.62	343.09

资料来源：World Bank, 2013, Migration and Development Brief April 2013.

从上表可以看出，这一时期马来西亚是本组国家中最重要的移民汇款来源国，其次是新加坡，而来自中国香港的移民汇款则是最少的。2008年到2013年9月间来自其他国家和地区的移民汇款收入如表3-31。

表3-31 孟加拉国来自其他国家和地区的移民汇款

（单位：百万美元）

2008年	2009年	2010年	2011年	2012年	2013年（截至9月）
242.36	453.86	486.13	462.71	526.40	149.17

资料来源：Saleh Md. Arman, *An Analysis on Country Wise Remittance Inclusion in Bangladesh and Its Challenges*, Proceedings of 9th Asian Business Research Conference, 20-21 December, 2013, BIAM Foundation, Dhaka, Bangladesh. p. 6.

在上面数据的基础上，我们可以对不同地区进行比较。

表 3-32　孟加拉国来自上述不同地区移民汇款的比较

(单位：百万美元)

国家/地区	2008 年	占比	2009 年	占比	2010 年	占比
中东国家	6380.14	66%	7222.62	66%	7215.53	62%
欧美国家	2571.09	27%	2478.09	22%	2979.33	26%
亚洲和澳大利亚	495.67	5%	832.83	8%	969.34	8%
其他国家和地区	242.36	2%	453.86	4%	486.13	4%
合计	9689.26	100%	10987.4	100%	11650.33	100%

资料来源：Saleh Md. Arman, *An Analysis on Country Wise Remittance Inclusion in Bangladesh and Its Challenges*, Proceedings of 9th Asian Business Research Conference, 20 – 21 December, 2013, BIAM Foundation, Dhaka, Bangladesh. p. 6.

表 3-33　孟加拉国来自上述不同地区移民汇款的比较（续）

(单位：百万美元)

国家/地区	2011 年	占比	2012 年	占比	2013 年（截至 9 月）	占比
中东国家	8328	65%	9164.72	63%	1920.51	59%
欧美国家	2765.66	21%	3110.39	22%	857.19	26%
亚洲和澳大利亚	1287.07	10%	1659.62	11%	343.09	10%
其他国家和地区	462.71	4%	526.40	4%	149.17	5%
合计	12843.44	100%	14461.13	100%	3269.96	100%

资料来源：World Bank, 2013, Migration and Development Brief April 2013.

从上表可以看出，2008 年到 2013 年 9 月来自中东国家的移民汇款是孟加拉国移民汇款的最重要来源。来源过于集中，使得移民汇款收入十分脆弱，因此孟加拉国的移民汇款经济对中东国家的经济变化也非常敏感。

（二）移民汇款流入方式

与其他国家类似，孟加拉国移民汇款流入方式分为正规渠道和非正规渠道。国际货币基金（IMF）的一项研究表明，1981—2000 年孟加拉国"未记录"的移民汇款收入占移民汇款总额比例为 59%。近年来，通过非正规渠道流入孟加拉国的移民汇款总量已显著下降。2002 年的一项调查发现，约 54% 的移民汇款通过非正式渠道汇回,包括汗地①(40%)、亲友携带(5%)、移民亲自携带(8%)。世界银行《全球经济展望报告(2006)》估计,孟加拉国的非正规移民汇款收入的比例为54%。②

由孟加拉国银行和金融行动特别工作组(Financial Action Task Force,一个全球性的反洗钱机构)在2010年进行的研究表明,孟加拉国非正规渠道移民汇款所占比例仅有17%—24%,而五年前这个比例约在54%—60%。③ 很显然孟加拉国政府的措施有效地引导了移民汇款通过正规渠道转移到国内。

2012年,通过国际知名汇款服务提供商Xpress Money,孟加拉国共收到移民汇款5.7亿美元,占机构去年全球汇转移民汇款总额的7%。2012年该机构与孟加拉国共完成18万笔移民汇款业务结算。目前孟加拉国共有49家银行和外汇机构与Xpress Money开展移民汇款业务。据该机构统计,2012年平均每名在海外的孟加拉国侨民向国内汇款1672美元。④ 在沙特阿拉伯、阿联酋、科威特、也门、卡塔尔和马来西亚务工的孟加拉国侨民汇出的移民汇款占总移民汇款的绝大多数。

(三)移民汇款的使用途径

移民汇款对经济的影响在很大程度上取决于其使用方式。在过去几年中,孟加拉国已经采取了很多政策措施确保更多的移民汇款通过正规渠道进入,但仍然缺乏有效利用移民汇款的措施。一项研究估计,孟加拉国的移民汇款收入通常有50%—60%用于当下消费,只有10%用于投资。孟加拉国政府部门和非政府组织都认为移民汇款大部分用于炫耀性消费。过去几年的一些研究表明,20世纪80年代一部分移民可能将移民汇款用于非生产性活动。孟加拉国移民汇款的绝大部分用于家庭消费和非生产性投资,只有4.76%用于生产性投资。20世纪90年代以来的情况则出现了明显的变化。

另外,还有许多研究机构和人员通过田野调查搜集了孟加拉国有关移民汇款使用途径的数据。这些数据都被国际移民组织IOM整理在册(2005年)。根据国

---

① Hundi,一种盛行于孟加拉国农村地区的非法资金转账方式,是一种地下银行交易网络。
② World Bank, *Global Economic Prospects 2006*: *Economic Implications of Migration and Remittances*, World Bank, 2006.
③ Khurshed Alam Chowdhury, *The Socioeconomic Impact Of Remittances*: *The Case Of Bangladesh*, Director General, Bureau of Manpower Employment and Training Ministry of Expatriate's Welfare and Overseas Employment, Bangladesh, 2010.
④ 薛雯雯:《2012年孟加拉国收到移民汇款5.7亿美元》,孟加拉国《曙光报》2013年1月25日。

际移民组织的研究，孟加拉国移民汇款的使用大致集中于五个方面：(1) 食物和衣服；(2) 房屋建筑和维修；(3) 购买土地；(4) 偿还贷款；(5) 储蓄。[①]由此可以看出，最经常提到的排名前三的用途是食品、服装和住房支出，都涉及家庭的基本消费需求。移民汇款的第四和第五个最经常提到的用途分别是偿还贷款和储蓄。用于偿还贷款的移民汇款收入最少部分为10%，最高为19%。相对于其他用途这9个百分点的差距相对较高。另一方面积蓄的最小值为3%，而最大值为7%。相较于偿还贷款的比例而言，储蓄的比例更低（表3-34）。值得注意的是，对孟加拉国移民家庭而言，在家庭基本消费需求得到满足后，剩余的移民汇款收入首先主要是用于偿还贷款，然后才是储蓄。

表3-34 孟加拉国移民汇款的用途统计

用途	占比（%）
食物和衣物	20.45
医疗	3.22
子女教育	2.75
购买农地	11.24
购买住房用地	0.96
建房或房屋修缮	15.02
贷款抵押解除	2.24
土地抵押	1.99
偿还移民贷款（用于出国相关费用）	10.55
偿还其他债务	3.47
投资创业	4.76
储蓄	3.07
保险	0.33
庆典活动	9.07
送亲戚礼物或捐赠	0.94
亲人的朝圣活动	0.92

---

① Gazi Mainul Hassan& Mohammed S. Bhuyan, Growth Effects of Remittances: Is there a U—Shaped Relationship? Department of Economics Working Paper in Economics 16/13, November2013.

(续上表)

用途	占比（%）
社区开发活动	0.09
家庭成员出国	7.19
家具	0.69
其他	1.05
总计	100

资料来源：Siddiqui, Tanseem1(2003), Migrant worker remittances and Microfinance in Bangladesh.

三、移民汇款对孟加拉国经济发展的影响

移民一直是孟加拉国人民一种重要的民生战略。通过技能转移和促进社区发展举措，移民对社会经济发展具有显著的正面影响。国际移民在孟加拉国经济中起着至关重要的作用，主要体现在两个方面：首先是减少失业，其次是为国家带来移民汇款收入。过去几十年孟加拉国国际移民一直在稳步增长，同时国际移民汇款流入日渐增加，对孟加拉国的发展十分有利。其中，移民汇款在孟加拉国的经济发展中发挥了至关重要的作用。

(一) 宏观层面的影响

从宏观层面分析移民汇款对经济发展的影响，是通过移民汇款与主要宏观经济变量，如出口、进口、国内生产总值、年度发展计划（ADP）等的比例动态变化趋势来体现的（见表3-35）。目前，移民汇款已成为孟加拉国社会经济进步的一个重要因素，在孟加拉国发挥了至关重要的作用。移民汇款的经济影响非常广泛，尤其是通过正规渠道的移民汇款收入对宏观经济产生了一定的影响。

1. 对国家外汇的影响

移民汇款有助于缓解外汇约束、稳定汇率，并使得孟加拉国有外汇进口急需的原材料、中间产品和资本设备。更详细的研究结果显示，流向孟加拉国的移民汇款是反周期的。因此，一定量的外汇储备也有助于整体宏观经济的稳定性，并减少对外援的依赖，促进出口部门的快速增长。

在频繁的冲击下，孟加拉国的出口、外国直接投资和外国援助显示出不稳定

的运动轨迹,而同时移民汇款则一直保持着相对稳定的上升趋势。同样明显的是,其中有好几年里移民汇款都超过了贸易赤字,而在整个时期内,都超过了外国直接投资(FDI)。这就意味着,移民汇款是孟加拉国所有外源资金里最重要的来源渠道,其规模足以填补孟加拉国的贸易赤字。

移民汇款大大有利于减少贸易赤字,某些时候还会导致顺差。此外,移民汇款增加的速度越来越快。孟加拉国贸易几乎年年都是赤字,因此移民汇款对国际收支影响显著。每年的移民汇款金额决定孟加拉国国际收支是赤字或盈余。

与国外援助和外商直接投资 FDI 相比较,移民汇款是孟加拉国最重要的外部资金来源。1976—2010 年,尽管移民汇款一直超过外国直接投资,但是直到 1995 年依然低于外国援助。此后,移民汇款就一直在持续超过外国援助和外国直接投资。孟加拉国的移民汇款收入在 1976 年仅有 4900 万美元,但是到了 2010 年已经增加到了 108 亿美元,亦即在此期间增长了 200 倍左右。2010 年,移民汇款收入是外援的 7 倍,是外商直接投资的 10 倍以上。①

2. 对 GDP 的影响

孟加拉国移民汇款收入与最关键的宏观经济变量 GDP 的百分比在 1995—2006 年呈不断上升的趋势。其中,1997 年移民汇款占 GDP 的比例只有 3.5%,而 2006 年则增加到了 7.75%,达到了历史最高值。②

大多数研究移民汇款发展影响的文献都认为移民汇款收入与收款国 GDP 两者间的关系是线性关系,即不是正相关关系就是负相关关系。这一观点值得深入探讨。比如有人通过分析发现两者间可能存在着非线性关系。③ 具体是,移民汇款和长期增长之间存在 U 型关系,即初期移民汇款对增长的效应是负值,但中后期才逐渐变为正值。这是因为在早期移民汇款尚不够用以偿债(移民时所借的款项),还不足以形成积蓄,不能形成积极影响。但在中后期,移民还清债务以后,移民家庭移民汇款收入部分形成积蓄,才开始产生积极影响,成为国民收入中的一部分。总体而言,该比例上升的趋势证明了时下的主流观点,即随着时间的推移移民汇款对移民母国的国内生产总值 GDP 的贡献越来越重要。

---

① Gai Mainul Hassan and Mohammed S. Bhuyan, Growth Efecls odf Remnitlances: Is there a U‑Shaped Relationship? Dempartment of Econonics Working Paper in Economics 16/13, November 2013.
② 林勇主编《华侨华人研究报告(2013—2014)》,光明日报出版社,2014 年,第 160 页。
③ Gai Mainul Hassan and Mohammed S. Bhuyan, Growth Efecls odf Remnitlances: Is there a U‑Shaped Relationship? Dempartment of Econonics Working Paper in Economics 16/13, November 2013.

3. 对减贫的影响

亚行的早期研究显示，2000—2005 年孟加拉国贫困率减少了 9 个百分点，其中有 1.7 个百分点是由于移民汇款的原因。如果有移民外汇收入的话，家庭致贫的概率平均会减少 5.9%。[①]

总体而言，孟加拉国海外移民的收入是其人均国内生产总值的 6 倍左右。这就解释了为什么尽管走出国门存在种种障碍（比如得到一份工作合同估计至少要花费 1 个月的工资），如此巨大的收入差距依然驱使孟加拉人前赴后继地走出国门。

4. 金融危机的影响

2008 年金融危机的爆发造成孟加拉国移民汇款收入的减少，可能导致实际国内生产总值的萎缩。由于家庭实际收入减少导致需求下降，传统农业深受其害，尤以贫困家庭为甚。尽管由于实际汇率贬值，出口得以扩大，全球性的危机可能降低成衣出口的需求和价格，进一步减少制造业产出和实际 GDP。

然而，由于生产要素价格下跌，农业表现出一定的扩展，对家庭真正的消费和福利影响都是负面的，贫困家庭始终都是受害最深的。因此，贫困家庭受到了移民汇款减少和成衣出口下降的双重打击。

表 3-35 移民汇款与孟加拉国主要宏观经济指标的比例关系

（单位：%）

年份	1997	1998	1999	2000	2001	2002	2003	2004	2005	2006
税收	45	46	52	57	52	66	71	70	74	87
ADP	57	63	66	63	63	102	115	118	126	186
国内储蓄	22	20	21	23	22	29	32	31	32	38
国内投资	17	16	17	18	17	23	25	25	26	31
出口	33	29	32	34	29	42	47	45	45	46
进口	21	20	21	26	22	32	35	34	32	36
贸易逆差	54	65	63	105	94	141	138	145	117	167
外汇储备	87	89	112	122	144	158	124	125	131	138

[①] 林勇主编《华侨华人研究报告（2013—2014）》，光明日报出版社，2014 年，第 160 页。

(续上表)

年份	1997	1998	1999	2000	2001	2002	2003	2004	2005	2006
GDP	3.49	3.46	3.73	4.14	4.01	5.26	5.90	6.17	6.37	7.75
FDI	92.2	61.3	86.1	52	34.2	64	81.4	122.2	48.1	71.3
国外援助	100	116	116	124	137	200	193	353	306	388

资料来源：Policy Analysis Unit, Bangladesh Bank(June 2007).

表3-36 移民汇款与部分宏观经济指标的比例关系

(单位:%)

年份	GDP	出口	进口	外汇储备	经常账户余额	国际收支	官方援助	FDI
1981	2.7	53.7	—	—	—	—	—	—
1982	3.2	66.8	17.4	345.5	47.6	314.2	33.7	—
1983	5.1	90.2	28.8	172.9	193.4	333.2	52.6	—
1984	4.2	72.9	27.9	109.4	219.4	323.4	46.6	—
1985	2.8	47.3	16.7	111.9	76.3	339.6	34.8	—
1986	4.2	79.2	27.5	136.3	130.3	1066.2	49.7	—
1987	4.0	64.9	26.6	97.5	153.8	1686.6	43.7	—
1988	3.9	59.9	24.7	86.1	226.5	690.8	44.9	—
1989	3.8	59.7	22.8	84.4	110.3	12196.2	46.2	—
1990	3.4	49.7	20.2	145.8	97.8	324.6	41.9	—
1991	2.5	44.5	21.8	86.8	525.3	255.4	44.1	—
1992	2.7	42.5	24.0	52.7	407.4	145.2	52.6	—
1993	3.0	39.7	23.3	44.6	522.5	161.7	56.5	—
1994	3.2	43.0	26.0	39.5	391.2	153.9	69.9	—
1995	3.2	34.5	20.5	39.0	653.8	264.0	68.9	—
1996	3.0	31.3	17.6	59.7	130.9	153.1	84.3	—
1997	3.5	33.4	20.6	85.8	1017.7	600.4	99.6	—
1998	3.5	29.5	20.3	87.7	329.4	2824.1	121.9	—
1999	3.8	32.1	21.3	112.0	357.7	883.9	111.1	862
2000	4.1	33.9	23.3	121.7	466.3	1088.8	122.7	509

(续上表)

年份	GDP	出口	进口	外汇储备	经常账户余额	国际收支	官方援助	FDI
2001	4.0	29.1	20.2	144.0	171.4	669.8	137.5	342
2002	5.3	41.8	29.3	158.0	1593.0	613.0	173.4	640
2003	5.9	46.8	31.7	124.0	1739.8	375.7	193.2	814
2004	6.0	44.4	30.9	124.7	1915.9	1971.9	326.4	1222
2005	6.4	44.5	29.3	131.3	690.8	5743.3	258.1	481
2006	7.7	45.6	32.6	137.8	839.5	1315.6	320.3	711
2007	8.7	49.1	34.8	117.7	627.9	400.4	366.7	754
2008	9.9	56.1	36.6	128.7	1163.8	2390.9	383.9	1058
2009	10.8	62.2	43.0	129.7	401.0	470.8	524.5	1512
2010	10.9	66.1	46.2	102.1	293.6	383.0	495.0	1202

资料来源：BOP Statistics, Bangladesh Bank and Bangladesh Economic Review(Various Issues) .

（二）在微观（家庭）层面上的影响

从微观层面来看，移民汇款产生的有些经济效应体现在微观经济层面，对收款家庭的福利产生直接影响，最明显的是收入的增加。移民汇款在家庭层面对经济的影响，部分取决于移民及收款人的特点，即以农村贫困人口为主还是以城市地区接受过更多教育的人为主。与其他部分国家不同，孟加拉国的短期海外移民绝大部分来自于农村的贫困群体。移民汇款占贫困收款家庭总收入的比例平均为60%—70%。家庭越穷，移民汇款收入对减贫的影响就更大。短期内移民汇款有助于缓解收款者的预算约束，使他们能够增加耐用品和非耐用品的支出，并为他们提供保护免受外部的负面冲击。移民家庭的移民汇款收入更多地投资于健康和教育领域，有利于长期经济增长和减少贫困。

如前所述，国际移民与贫困人口的减少呈正相关关系。早期亚行的研究显示，2000—2005年孟加拉国贫困率减少了9个百分点，其中有1.7个百分点是由于移民汇款的原因。如果有移民汇款收入的话，一个家庭致贫的概率平均会减少5.9%。2007年世界银行报告称，2006年移民活动使孟加拉国的贫困减少了6%

(表3-37)。①

表3-37 在社区和家庭层面孟加拉国移民汇款对社会经济的影响

主要指标	移民汇款的积极影响
营养水平	满足基本的营养需求
生活条件和住房条件	改善生活条件和住房
教育	投资于儿童教育
保健	增加保健投资
社会保障	增加老年人的社会保障
投资	增加投资创业和创收活动

资料来源：BOP Statistics, Bangladesh Bank and Bangladesh Economic Review(Various issues).

(廖 萌 张 洁)

---

① 林勇主编《华侨华人研究报告（2013—2014）》，光明日报出版社，2014年，第160页。

第四章
菲律宾经济发展中的移民汇款

第一节 菲律宾国际移民及其汇款概况

作为发展中国家的菲律宾,在全球经济不景气的环境下,仍然保持较快增长,成为东盟中经济增长最快的国家。虽然受2008年金融危机影响,增速有所回落,此后菲律宾GDP又缓慢增长。2010年菲律宾GDP增速曾创下7.6%的高点。而在此前的30余年间,菲律宾的经济增速都未超过7%。之后由于全球经济的疲软态势以及政府减少基础设施建设的支出,菲律宾2011年GDP增速降至3.7%。在经过短暂的调整后,2012年和2013年其GDP增速又快速回升至6.8%和7.2%,2014年增速达到6.1%,超出市场预期。这也使菲律宾成为经济增长步伐第二快的亚洲国家,仅次于中国的7.4%,比越南的6%略高。[1] 尤其是在大选年开支扩张的推动下,2016年第一季度菲律宾经济的增长率为6.8%,第二季度高达7%。根据亚洲开发银行预计,2016年菲律宾的经济增长率可达6%。也有机构给出了6.1%到6.5%的预测。这一增速不管是与东盟邻国比较还是与其他发展中国家比较,都算比较高的。[2] 而东盟五国中的其他国家的增长率均低于菲律宾,其中印度尼西亚4.9%和5.8%,马来西亚4.4%和4.8%,泰国3%和3.2%,新加坡1.8%和2.2%。[3]

纵观菲律宾经济增长趋势可以发现,菲律宾经济发展潜力在于其丰富的人力资源优势。2014年7月,菲律宾人口达到1亿,成为全球第12个人口过亿的国家,也是东盟中继印度尼西亚之后的第二人口大国。在其人口结构中,青壮年比

---

[1] 钱浚雅:《亚洲的下一个经济奇迹?》,界面网,2015年2月2日,http://www.jiemian.com/article/231456.html。

[2] 《菲律宾经济增长有赖中国资金 工业园区可成投资对象》,和讯网,2016年10月21日,http://news.hexun.com/2016-10-21/186517731.html。

[3] 《2016—2017年菲律宾经济增长在东盟领先》,新浪财经网,2016年5月6日,http://finance.sina.com.cn/roll/2016-05-06/doc-ifxryahs0202196.shtml。

例较高，劳动力资源丰富。除了数量优势，菲律宾人口的素质优势也比较明显。菲律宾全国识字率达94.6%，72%的人能流利地讲英语。另外，菲律宾的工资水平低于亚洲大多数国家，使得不少菲律宾人前往海外寻找收入更高的工作。作为亚洲最大的劳务输出国，菲律宾全国近10%的人在海外工作，其外国劳务年赚取外汇超过GDP的10%，有力地支撑和推动了国内经济的发展。

过去30年来，菲律宾的海外移民增长势头强劲。随着菲律宾经济的没落，大量菲律宾人因国内就业机会严重不足，不得不走出国门就业。与此同时，菲律宾政府为改善失业和收支平衡以应对经济每况愈下的形势，自20世纪70年代开始就启动了海外就业援助计划。计划伊始，政府直接管理雇主的安置，但很快就产生了有招聘功能的私人机构，提供有限的监督作用。20世纪80年代中期菲律宾推翻了马科斯独裁统治之后，历届政府都将菲律宾海外就业和海外移民汇款作为社会经济稳定与增长的重要因素。自20世纪90年代开始，菲律宾的经济增长在相当大程度上是仰赖菲律宾海外劳工的海外汇款所带动的国内消费所推动。政府对菲律宾人海外就业给予很多鼓励，并将海外劳工称之为"英雄"。

由此，每年的菲律宾人在海外官方处理的工作合同数量急剧跃升，从1975年的36 035个，到1980年已增加到214 590个，至1997年再增加了三倍以上，达到701 272个。截至1997年6月（亚洲金融危机前一个月）前，5.9%的菲律宾家庭有一个或多个家庭成员在海外就业。[1] 1997年海外菲律宾人总数为700万。[2] 2009年海外菲律宾人已达860万。在这860万人中，有410万是永久性移民，其中有390万是临时移民，有60多万非正规移民。[3] 海外菲律宾人数到2013年已增加到1048.96万，约占菲律宾总人口的12%，分布在全球218个国家和地区，约占全球移民总数（2.14亿）的4.42%。[4] 目前，菲律宾已经与中国、印度、墨西哥和巴基斯坦成为了世界上最大的移民输出国之一。根据2011年海外工人调查显示，受移民活动影响最大的是年轻人群：25—40岁的人口中约有30%赴海外工作。此外，高技能工人的比例随着时间的推移而不断增加，

---

[1] Dean Yang and Claudia A. Martínez. Remittances and Poverty in Migrants' Home Areas: Evidence from the Philippines. http://www.econ.uchile.cl/uploads/publicacion/b2f28d62-9d12-46b0-b7df-eaf3cae1fe5a.pdf. pp.81–121.

[2] OFW Guru, 2014 OFW Statistics - 2.3 million work abroad., 6 August 2015, http://www.ofwguru.com/blogs/ofw-2014-statistics/.

[3] Mustafa Zia. Assessing the Impact of Remittances: A Case Study of the Philippines, PHD Dissertation, University of Delaware, 2011. p.4.

[4] OFW Guru, 2014 OFW Statistics - 2.3 million work abroad. 6 August 2015, http://www.ofwguru.com/blogs/ofw-2014-statistics/.

第四章 菲律宾经济发展中的移民汇款

特别是在 2000—2010 年，这一比例从 7% 上升到了 12%，其中大多数仍然是低技能工人。

可以说，自 1974 年菲律宾政府颁布《菲律宾劳工法》以来，菲律宾社会经济一直由一支规模庞大的海外菲律宾人（Filipinos Overseas 或 Filipinos Diaspora）支撑着。他们是世界上重要的移民群体，在亚洲，其数量仅次于中国海外移民和印度海外移民。他们每年大量的移民汇款，不仅维持着与祖籍国亲人的联系，也影响着菲律宾社会的方方面面，并对菲律宾的社会经济发展起到举足轻重的影响和推动作用。就如同菲律宾劳工部副部长所言："实际上汇回的美元对于我们宏观经济的稳定是非常重要的，这样的影响也逐步地渗透到整个菲律宾的社会。"① 相应地，菲律宾也成为世界第三大移民汇款接收国和东南亚最大的移民汇款收入国。

菲律宾移民汇款自 20 世纪 70 年代开始增长。特别是 20 世纪 90 年代以来，菲律宾移民汇款数量增长迅猛。除了 1998 年受亚洲金融危机的影响造成数额下降外，一直都保持着增长态势，2003 年突破 100 亿美元。2008 年开始的全球金融危机并未对菲律宾移民汇款产生明显影响。汇款在这一年仍然是有增无减，2010 年则突破 200 亿美元门槛，② 2011 年增加到 229 亿美元。移民汇款的规模也与菲律宾经济发展成正比。菲律宾海外工作人员（OFWs）官方汇款在国内生产总值中所占的份额从 1994 年的 4.7% 上升到 2010 年的 10.7%。③ 2014 年超过 280 亿美元，相当于 GDP 的 9.81% 和出口的 23%。④ 如表 4-1 所示，流入菲律宾的移民汇款从 1990 年的 14.6 亿美元增长到 2013 年的 254 亿美元，2014 年达到 273 亿美元，2015 年达到 285 亿美元，2016 年已达到了 291 亿美元。⑤ 而这一

---

① 《菲律宾劳工部副部长：海外市场确保失业率降低》，腾讯财经，2009 年 5 月 11 日，http://finance.QQ.com.

② 孙悦琦：《菲律宾海外移民原因及对本国经济的影响》，《厦门广播电视大学学报》2017 年第 1 期。

③ Rashid Amjad, M. Irfan, G. M. Arif, How to Increase Formal Inflows of Remittances: An Analysis of theRemittance Market in Pakistan. Working paper, May 2013, International Growth Centre, http://www.theigc.org/newsletter.

④ Leonardo Di Marco, Olga Marzovilla, Luciano Nieddu. THE ROLE OF REMITTANCES ON THE BUSINESS CYCLE: THE CASE OF THE PHILIPPINES. Rivista Italiana di Economia Demografia e Statistica, Volume LXIX n. 3 Luglio – Settembre 2015. pp. 119 – 130.

⑤ World Bank, Migrant remittance inflows (US $ million), WDI (World Development Indicators), October 2016, http://data.worldbank.org.cn/data-catalog/world-development-indicators.

不间断的经济增长率恰恰与菲律宾经济增长趋势呈现正相关关系。①

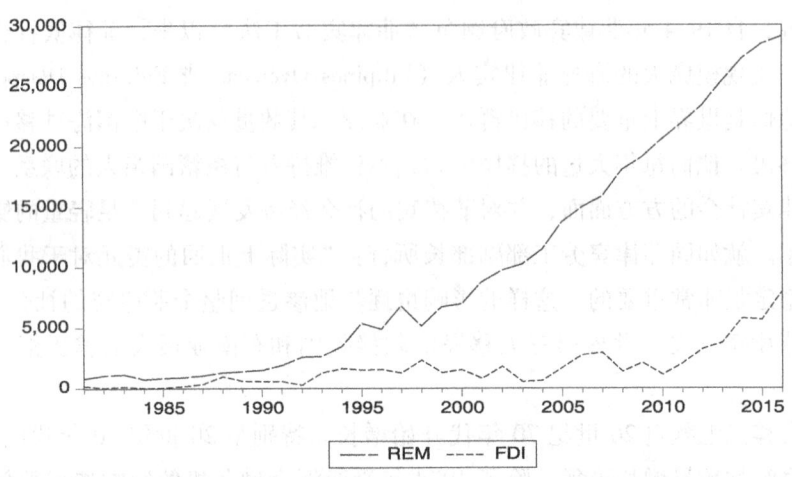

（单位：美元）

图 4-1 1981—2016 年菲律宾移民汇款和 FDI 的走势比较图

资料来源：World Bank, WDI (World Development Indicators), July 2017, http://data.worldbank.org.cn/data-catalog/world-development-indicators.

同时移民汇款占 GDP 的比例也迅速增长。2000 年以前移民汇款收入占 GDP 的比例仅为个位数，其中 1981—1986 年在 2.5% 左右，1987—1994 年在 4.2% 左右，1995—2000 年在 7.3% 左右。2001 年以后达到两位数水平，其中，2001—2010 年为 12.4% 左右，2005 年创历史记录达到了 13.3%。此后略有减少，2011—2016 年约为 9.6%。如图 4-1 所示，在过去的 10 年中，菲律宾的移民汇款收入平均占 GDP 的比例超过 10%，而同期 FDI 与 GDP 的占比仅有 1.6% 左右（见表 4-1）。

1970—2015 年，相比 FDI 而言，国际移民汇款不仅数额大得多，而且一直呈稳定增长趋势。其间最低是 1977 年的 3.39 亿美元，此后不断增长，到 2015 年已增加到了 273 亿美元。就此而言，移民汇款在菲律宾 GDP 中的地位远远超过了外国直接投资 FDI。此外，我们同样可以发现，1990—2009 年，移民汇款占 GDP 的比重呈现上升趋势，而间接投资（Portfolio Investment，又称证券投资）与

---

① 《菲律宾海外劳工去年向国内汇款 285 亿美元》，新华网，2016 年 2 月 20 日，http://news.xinhuanet.com/world/2016-02/20/c_128736810.htm.

第四章 菲律宾经济发展中的移民汇款

移民汇款相比，波动相对较大。由此可见，移民汇款已经成为菲律宾外汇收入中的最大且最为稳定的来源，有利于菲律宾对外贸易平衡。① 与外商直接投资和证券投资相比较，移民汇款是菲律宾更重要更稳定的外国资本来源。②

表4-1 菲律宾移民汇款、FDI 及其与 GDP 的比值

(单位：百万美元,%)

年份	REM	FDI	GDP	REM/GDP	FDI/GDP
1981	800	172	35 647	2.2443	0.4825
1982	1049	16	37 140	2.8244	0.0431
1983	1124	105	33 212	3.3843	0.3161
1984	718	9	31 409	2.286	0.0287
1985	806	12	30 734	2.6225	0.039
1986	861	127	29 868	2.8826	0.4252
1987	1020	307	33 196	3.0727	0.9248
1988	1262	936	37 886	3.3311	2.4706
1989	1360	563	42 575	3.1943	1.3224
1990	1462	530	44 312	3.2994	1.1961
1991	1849	544	45 418	4.0711	1.1978
1992	2536	228	52 976	4.787	0.4304
1993	2591	1238	54 368	4.7657	2.2771
1994	3453	1591	64 085	5.3882	2.4827
1995	5362	1478	74 120	7.2342	1.9941
1996	4879	1517	82 848	5.8891	1.8311
1997	6800	1222	82 344	8.258	1.484
1998	5134	2287	72 207	7.1101	3.1673
1999	6714	1247	82 995	8.0896	1.5025
2000	6957	1487	81 026	8.5861	1.8352

---

① Alvin P. Ang, Workers Remittances and Regional Economic Growth in the Philippines, Presentationat the 2nd National Conference on Filipino Migrant Philosophy, Aug. 2, 2007, p. 7.
② 刘义圣：《移民汇款与经济增长：基于菲律宾的经验分析》，《亚太经济》2017年第3期。

(续上表)

年份	REM	FDI	GDP	REM/GDP	FDI/GDP
2001	8769	760	76 262	11.4985	0.9966
2002	9740	1769	81 358	11.9718	2.1744
2003	10 244	492	83 908	12.2086	0.5864
2004	11 473	592	91 371	12.5565	0.6479
2005	13 733	1664	103 072	13.3237	1.6144
2006	14 988	2707	122 211	12.264	2.2154
2007	15 853	2919	149 360	10.614	1.9542
2008	18 064	1340	174 195	10.37	0.7693
2009	19 078	2065	168 335	11.3334	1.2265
2010	20 563	1070	199 591	10.3026	0.5363
2011	21 922	2007	224 143	9.7804	0.8955
2012	23 352	3215	250 092	9.3374	1.2857
2013	25 369	3737	271 836	9.3293	1.3744
2014	27 273	5740	284 585	9.577	2.0155
2015	28 483	5639	292 774	9.7287	1.9261
2016	29 100	7933	304 905	9.544	2.6018

资料来源：World Bank, WDI (World Development Indicators), July 2017, http://data.worldbank.org.cn/data-catalog/world-development-indicators.

表 4-2 2000—2010 年东盟主要国家的失业率比较

时间段	柬埔寨	越南	老挝	泰国	马来西亚	新加坡
2000—2004 年平均%	11.4	2.1	2.3	2.0	3.4	4.8
2005—2007 年平均%	7.7	1.4	1.2	3.3	4.7	—
2008—2010 年平均%	7.4	1.7	2.4	1.2	3.5	5.0

资料来源：World Bank, WDI, 2011.

正是移民汇款的持续增长，使得菲律宾与其他相关经济体相比，受 1997 年亚洲危机影响较小。这表明移民汇款可能在商业周期中发挥稳定作用。此外，虽

第四章 菲律宾经济发展中的移民汇款

然受到危机影响的其他国家（印度尼西亚、马来西亚、韩国、泰国）资本外流严重，但在菲律宾，这类资本外流要低得多。根据国际货币基金组织的说法，这一结果可以归因于汇款的作用。这种汇款坚定了投资者的信心，稳定了资本的流动。

菲律宾的汇款来自世界各地，包括美国、日本、新加坡和中国香港。2011年，42.2%的汇款来自美国，其次是加拿大10.3%，沙特阿拉伯8%。虽然美国不在菲律宾海外移民十大目的地之列，但汇款占了大部分是由于两个主要原因：首先，根据菲律宾海外就业管理局的说法，其他OFW目的地国家的汇款中心有相当数量通过美国代理银行汇款；其次，在美国就业的菲律宾移民工人中，有43%的人从事高技能的专业/技术工作，与其他国家相比工资更高。[1] 到2013年，据菲律宾央行统计显示，美国、沙特、英国、阿联酋、新加坡、加拿大和日本一直都是海外菲律宾人汇款的主要来源地，占汇款总额约四分之三。[2] 菲律宾移民汇款的来源与其海外移民分布并不一致，其中中东仅占15.8%，而美国却占53.2%。[3]

截至2016年，菲律宾移民汇款目的地仍然主要来自美国、沙特阿拉伯、阿联酋、新加坡、英国、日本、卡塔尔、科威特、德国等地。[4] 以2014年而言，来自美洲的移民汇款有11 167 883 000美元（46%），其中10 374 084 000美元来自美国（93%），来自加拿大的有650 910 000美元（6%）。其次是中东国家，有5 334 472 000美元（22%），总量还不到美洲的一半。其中来自沙特阿拉伯和阿联酋的汇款共有4 230 328 000美元，占所有中东汇款的79%。再次为欧洲，有3 761 139 000美元（15%），其中1 394 706 000美元来自英国（37%）。来自亚洲的汇款有3 545 271 000美元，约占15%。其中来自新加坡的汇款有1 178 262 000美元（33%），紧随其后的是日本，有981 882 000美元（28%）。来自大洋洲的汇款为510 260 000美元（2%），其中来自澳大利亚和新西兰的汇款为494 367 000美元（97%）。详见图4-2。

---

[1] Rashid Amjad, M. Irfan, G. M. Arif., How to Increase Formal Inflows of Remittances: An Analysis of the Remittance Market in Pakistan. Working paper, May 2013, International Growth Centre, http://www.theigc.org/newsletter.

[2] 《海外菲律宾人上半年汇回国107亿美元》，中国新闻网，2013年8月15日，http://www.chinanews.com/cj/2013/08-15/5168217.shtml.

[3] 海外菲律宾人委员会（CFO）官网，http://www.cfo.gov.ph/index.php?option=com_content&view=category&id=134&Itemid=814, May 1, 2013.

[4] 《菲律宾外劳汇款大幅增长》，光明网，2017年2月18日，http://news.gmw.cn/2017-02/18/content_23757990.htm.

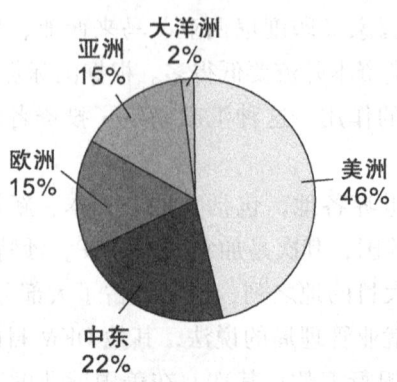

图4-2 菲律宾移民汇款来源结构

资料来源：Philippine Overseas Employment Administration, *Annual Report* 2014, Department of Labor and Employment Republic of the Philippines, May 05, 2015, p. 8, http://www.poea.gov.ph/annualreports/annualreports.html.

第二节 文献回顾

迄今学界关于国际移民汇款对移民母国经济增长是否有促进作用依然存在争议。一些研究已经针对不同的国家进行分类从而得出不同的结论。主要观点中有的强调汇款的积极影响，而有的则集中在负面影响。

一、移民汇款对经济增长产生积极作用

Shera 和 Meyer（2013）认为，理论上来看，移民汇款有助于摆脱信贷约束，从而使个人不仅增加消费、减少贫困，而且还改善物质资本、教育、医疗保健，以及有助于小微型企业的创业和成长，所有这一切都可能最终反映在总投资的增加和经济增长上面。因此汇款对投资和经济增长具有积极的促进作用。Dean Yang（2008）以家庭普查数据为基础对菲律宾移民汇款的经济影响做了一系列的研究，结果显示移民汇款对菲律宾经济增长的促进作用比较显著。Hein de Haas（2005）关于摩洛哥移民现状的研究成果指出，移民对移民来源国社会和经济发展会带来积极作用。Faini（2002）认为移民汇款能克服资本市场的缺陷，使移民家庭有效集聚资产，从而对经济增长产生积极影响。Giuliano 和 Ruis-

Arranz（2005）则发现在金融业比较落后的国家，移民汇款能打破信用限制，起到促进金融发展的作用。因而，其对经济增长的积极作用更为显著。Tuaòo-Amador 等（2007）、Tchantchane 等（2013）、Cox 和 Ureta（2003）、Yang 和 Martínez（2006）、Ahortor 和 Adenutsi（2009）、Adenutsi（2011）、张洁（2015）以及崔兆财（2015）等也对移民汇款与经济增长的关系进行了分析，其结论支持了上述观点。日本学者井方贤治（2007）则更进一步认为菲律宾经济完全由国外劳工汇款所支撑。

Catrinescu 和 Quillin（2009）指出移民汇款对经济增长有着显著的积极影响。他们认为 Chami, Fullenkamp & Jahjahha（2005）运用的模型是错误的。他们对该模型进行了改进，其中最重要的就是增加了被认为制度变量。改进后所计算出的结果与原来完全相反。此外，Catrinescu 和 Quillin 还强调，移民汇款无论是通过增加消费、储蓄或投资都会导致积极的经济增长。Faini（2002）的研究也发现，移民汇款对经济增长产生了积极的影响，从而证实了 Stark & Lucas（1985）和 Taylor（1992）此前的一些研究结果。他们都认为移民汇款有利于促进投资和创业活动，从而对经济增长产生积极作用。Faini（2002）认为移民汇款能克服资本市场的缺陷，使移民家庭有效集聚资产，从而对经济增长产生积极影响。移民汇款有助于经济增长的观点多数来自于对某一国家或某一地区的实证研究。在 13 个加勒比国家中，移民汇款收入每增长 1 个百分点，私人投资就会增长 0.6 个百分点，从而推动了经济增长（Mishra，2005）。移民汇款对安第斯国家经济增长的促进作用尤其显著。

另有学者强调移民汇款对经济增长的间接作用。比如 Aggarwal，Demirgüc-Kunt & Martinez Peria（2006）和 Gupta, Pattillo & Wagh（2009）指出，移民汇款通过提高消费和投资支出，增加对卫生、教育和营养的支出，有助于长期生产力的提高；Chami, Hakura & Montiel（2009）认为通过改善家庭层面和宏观经济层面的消费和产出的稳定，移民汇款能够直接影响经济增长。Rajan & Zingales（1998）、Ghirmay（2004）和 Akinlo & Egbetunde（2010）通过增加金融参与，移民汇款的积极作用依次从国内、国外两个来源增加投资供应，最终有助于促进经济增长。其他还有 Toxopeus&Lensik（2007）和 Arranz & Gupta（2006）研究发现，汇款提高金融准入和融资的发展，因此刺激经济增长。此外，Jongwanich（2007）强调汇款流动的好处可能在于穷人的收入水平不断提高，而不是作为整体的经济增长。

Leon-Ledesma 和 Piracha（2004）就汇款对中欧和东欧国家就业影响的分析

发现，移民汇款对失业的影响取决于其对生产力增长和投资的影响。他们对1990—1999年11个转型国家的数据进行计量估计，结论认为汇款通过直接和间接的投资对生产力和就业产生积极的影响。

A. Tchantchane、G. Rodrigues 和 P. C. Fortes（2013）认为移民汇款收入与GDP增长呈正相关关系，即移民汇款收入每增长1%，GDP将会增长0.35%左右。IMF（2013）、Chami 等（2009）的研究也都证明了这种关系，并指出造成这种关系的原因主要在于移民汇款在菲律宾产生了重要的间接影响。大多数的移民汇款都用于私人消费，对国内生产总值的增长产生积极的影响。Burges 和 Haksar（2005）以及 Guilianio 和 Ruiz-Arraz（2005）等人的研究也都证实了这种观点，对教育支出的间接影响是积极的，因为乘数效应的缘故其弹性系数（2.28%）超过了汇款（0.35%）。教育支出的增加导致汇款流入增加，从而导致经济增长提速。Cox 和 Ureta（2003）、Yang 和 Martínez（2005）、Ahortor 和 Adenutsi（2009）以及 Adenutsi（2011）的研究结果都支持了这种观点。Mishra（2005）对13个加勒比国家的研究表明，移民汇款收入每增长1个百分点，私人投资就会增长0.6个百分点，从而推动了经济增长。

此外，移民汇款对经济增长产生积极影响还在于促进了人力资源开发。这一趋势在 Jongwanich（2007）"亚洲和太平洋发展中国家的工人汇款、经济增长和减贫"的研究中曾经提及。1997—1998年亚洲金融危机期间，菲律宾比索价格暴跌，海外移民汇款的价值随之不断增加。美国密歇根大学的 Dean Yang 等研究发现，菲律宾人用这些钱让孩子免于做童工，将他们送回学校，女孩受益比男孩更多。西联国际也估计，流经该公司系统的资金有30%被花在了教育上。

二、移民汇款对经济增长产生负面影响

与上述观点相反，不少学者认为移民汇款对经济增长没有产生显著影响，甚至产生负面影响。Chami 等（2005）以1970—1999年世界银行统计数据为基础，对海外移民汇款对菲律宾经济增长的关系进行分析，结果发现移民汇款与经济增长之间呈负相关关系，即移民汇款阻碍了菲律宾的经济增长。Bettin 和 Zazzazo（2009）的研究也认为移民汇款对其接收国经济增长贡献不大，在有些国家甚至可能还会阻碍经济增长。他们发现汇款与增长之间存在负相关关系，移民汇款可能不是经济发展的资本来源。Burgess 和 Haksar（2005）的研究结果与他们相似，即移民汇款的增长与经济增长率之间呈负相关关系。Clemens 和 Mc Kenzie

（2015）也认为，从全球来看，几乎没有证据证明移民汇款在国家层面对经济增长产生影响，并分析指出"移民和汇款显然首先对移民来源国贫困产生影响……但要证明汇款对移民来源国经济增长的影响仍然难以实现"。

Giuliano 和 Ruiz–Arranz（2005）发现移民汇款对经济增长的影响并不显著。Chami 等在 2009 年的研究依然持相似的观点：移民汇款对经济增长没有产生任何影响。Chami 等（2005）对 113 个国家 29 年间的数据进行了分析，结果发现移民汇款降低了移民汇款接收者的劳动积极性，对经济增长产生负面影响。他们的研究表明，移民汇款的增长速度和人均国内生产总值增长之间呈负相关关系。另外，移民汇款还可能会导致类似"荷兰病"的情况发生。Chami 等人（2003，2006）基于 1970—1999 年 113 个国家的面板数据的研究表明，移民汇款与菲律宾经济增长有很强的负相关关系。Dakila 和 Claveria（2007）使用普通最小二乘法（OLS）发现当对序列相关进行适当校正时，上述关系则会消失。

Barajas et al.（2009）用 1970—2004 年 84 个国家的数据展开研究，发现汇款对经济增长的影响不大。Cruz Zuniga（2011）研究了 1980—2005 年 122 个发展中国家汇款在宏观经济层面的影响。研究结果表明，汇款对经济增长产生积极但不太显著的影响。汇款参与经济活动程度的高与低之间的区别表明，虽然汇款对经济增长的影响是相似的，但是汇款经济参与度高时，汇率就可能会上升。Rao 和 Hassan（2009）分析了移民汇款对经济增长的直接影响以及汇款影响增长的渠道。该研究使用 40 个汇款占 GDP 比重超过 1% 的国家的数据，发现汇款对经济增长的直接影响是微不足道的。然而，移民汇款可能会对增长产生微小的间接影响。Chami 等人（2005）使用 1970—2008 年 113 个国家的面板数据进行了分析，发现长期来看移民汇款和经济增长之间呈现的是显著负相关关系。他们的结论是，移民汇款不作为经济发展的资金来源，要将这些资源转化为资本存在显著的障碍。Giuliano & Ruiz–Arranz（2005）发现移民汇款对经济增长的影响并不显著。Chami, Barajas, Cosimano, Fullenkamp, Gapen & Montiel（2008）的研究依然持相似的观点：移民汇款既没有促进投资的增长，也没有影响投资的分配，因此对 GDP 的增长也没有显著影响。Chami 等更进一步地认为移民汇款对经济增长没有产生影响（Chami, 2009）。IMF（2005）对 101 个发展中国家在 1970—2003 年的数据进行了分析，结果发现移民汇款与人均收入增长之间的关联也不显著。Bettin 和 Zazzazo（2008）的研究也认为移民汇款对其接收国经济增长贡献不大，在有些国家甚至可能还会阻碍经济增长。他们也发现汇款与增长之间存在负相关关系。这些发现表明，移民汇款可能不是经济发展的资本来源。

Chami 等（2005）对"汇款在经济发展中扮演了和外国直接投资及其他资本流动相同的角色"这一假设也提出质疑。他们对113个国家29年间的数据进行了分析，结果发现移民汇款降低了移民汇款接收者的劳动积极性，对经济增长产生负面影响。他们的研究表明，移民汇款的增长速度和人均国内生产总值增长之间呈负相关关系。另外，移民汇款还可能会导致类似"荷兰病"的情况发生。Chami, Fullenkamp, Fullenkamp 和 Jahjahha（2005）指出，汇款将带来道德风险，减少了移民家庭成员工作的热情和动力。这样就将降低该国的生产率，从而对经济增长产生负面影响。然而，没有直接证据证明这种现象，即使在就业机会严重不足的非洲国家，移民汇款对就业的影响也不突出。

第三节 移民汇款对菲律宾社会发展的影响

一、移民汇款的积极作用

（一）移民汇款成为菲律宾外汇收入的重要来源

有别于东亚其他国家，菲律宾经济增长长期以来具有其独特性。制造业发展停滞、出口不振、低储蓄率和低投资率一直被认为是菲律宾的"增长障碍"或"瓶颈"。

海外菲律宾人的汇款是菲律宾重要的外汇来源。如将流入菲律宾的移民汇款数额与菲律宾的其他资金流入相比较，一定程度上可以显示出移民汇款对该国外汇的贡献。2006年菲律宾移民汇款数额占GDP的13%，是FDI数额的近12倍，商业服务出口额的3倍多，制造业出口额的0.37倍，ODA的24倍多，国际储备总额（GIR）的49.69%。[①] 在2008年底，菲律宾将外汇储备提高到380亿美元的历史最高水平。[②] 2009年菲律宾移民汇款数额占GDP的12%，是FDI数额的10倍多，商业服务出口额的近2倍，制造业出口额的0.51倍，ODA的63倍多。

[①] Paula Jane DG. Escasinas, Hometowns Bait Migrant Investors, INSTITUTE FOR MIGRATION AND DEVELOPMENT ISSUES (IMDI) Policy Briefs Series No. 14, p.4.

[②] P. Ang, Alvin; Sugiyarto, Guntur; Jha, Shikha. Remittances and Household Behavior in the Philippines. ADB Economics Working Paper Series, No. 188, This Version is available at: http://hdl.handle.net/10419/109363.

显然，菲律宾移民汇款已是流入菲律宾资金的最大且最为重要的一笔。① 对一个曾经背负财政赤字、外部债务、贸易不平衡和外国直接投资很少的国家来说，移民汇款帮助国内外融资，并对外汇储备产生了积极影响。

与外商直接投资（FDI）相比，移民汇款的重要性显然要大得多。图4-3反映了1981—2014年海外移民汇款（REM）和外国直接投资（FDI）的发展走势。

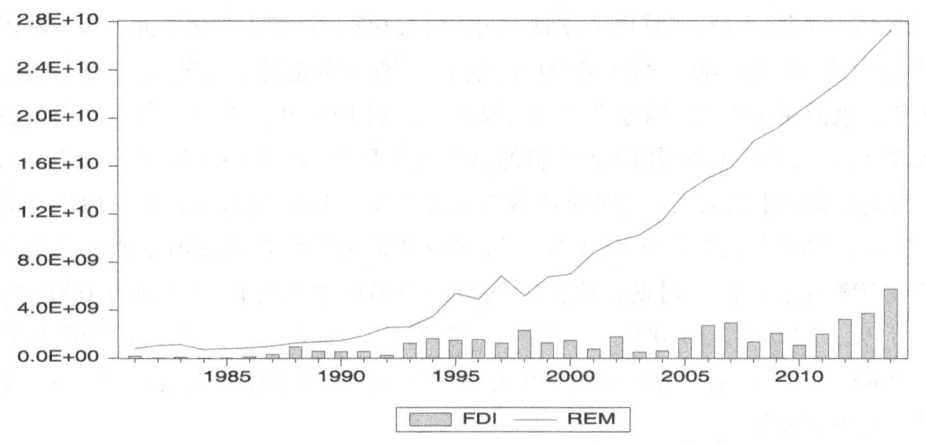

（单位：美元）

图4-3 1981—2014年菲律宾国际移民汇款和FDI的发展走势比较图

资料来源：World Bank, Migrant remittance inflows (USMYM million), WDI (World Development Indicators), October 2016, http://data.worldbank.org.cn/data-catalog/world-development-indicators.

在外来资金中，国际移民汇款构成菲律宾最稳定的外汇来源之一，而其数额高于官方发展援助。每年仅通过正式渠道寄回国内的外汇就相当于每年所得海外援助的3倍，2011年和2012年分别占GDP的9%和8.5%。② 海外菲律宾人的汇款成为菲律宾重要的外汇来源，扩充了菲律宾的外汇储备，为国家提供了充足的外汇用来进口和偿还外债等。值得注意的是，面对2008年金融危机，菲律宾移民汇款相关的外汇流入也切实帮助抵消了有价证券投资和外国直接投资的资本外

---

① Paula Jane DG. Escasinas, Hometowns Bait Migrant Investors, INSTITUTE FOR MIGRATION AND DEVELOPMENT ISSUES (IMDI) Policy Briefs Series No.14, p.4.

② 孙悦琦：《菲律宾海外移民原因及对本国经济的影响》，《厦门广播电视大学学报》2017年第1期。

流,从而没有像其他国家那样遭受同样的经济危机。根据国际货币基金组织的说法,这一结果可以归因于汇集投资者的信心、稳定资本流动的作用。①

(二) 促进进出口贸易,缓解贸易逆差

大量的汇款流入能够缓解甚至扭转菲律宾在国际贸易中的逆差,这是海外移民为改善国家的经济状况所做出的最主要贡献。

每年将劳务费汇回本国从而形成移民汇款,进一步支撑了经常项盈余。仅2013年上半年,菲律宾移民汇款收入同比增长6%,达到107亿美元,致贸易逆差收窄。② 20世纪80年代末到90年代初,菲佣所创造的财富就达到60亿美元每年,抵消菲律宾国内四分之三的贸易赤字。到1999年,菲佣所创造的财富达到80亿,占了菲律宾国内生产总值的百分之十几。③ 如图4-4所示,1981年官方登记的移民汇款收入占GDP的比例仅有2.24%,1987年为3.07%,1997年为8.26%,2007年已增长至10.61%,到2009年甚至达到了11.33%,此后一直保持在10%左右。同一时期,移民汇款与商品出口收入的比例分别为1981年,14.15%;1987年,18.06%;1997年,27.33%;2007年,31.41%;2009年增长至49.64%,此后一直保持在45%左右。所以说海外菲律宾人是菲律宾经济支柱一点也不过分。

---

① Leonardo Di Marco, Olga Marzovilla, Luciano Nieddu. "THE ROLE OF REMITTANCES ON THE BUSINESS CYCLE: THE CASE OF THE PHILIPPINES.", *Rivista Italiana di Economia Demografia e Statistica*, Vol. LXIX, No. 3, 2015, pp. 119-130.

② 《菲律宾之殇:当最热经济体遇上最高失业率》,搜狐财经,2013年9月2日,http://business.sohu.com/20130902/n385600241.shtml.

③ 《菲律宾政治一片乌烟瘴气》,杭州日报网,2012年5月6日,http://hzdaily.hangzhou.com.cn/dskb/html/2012-05/06/content_1266175.htm.

第四章　菲律宾经济发展中的移民汇款

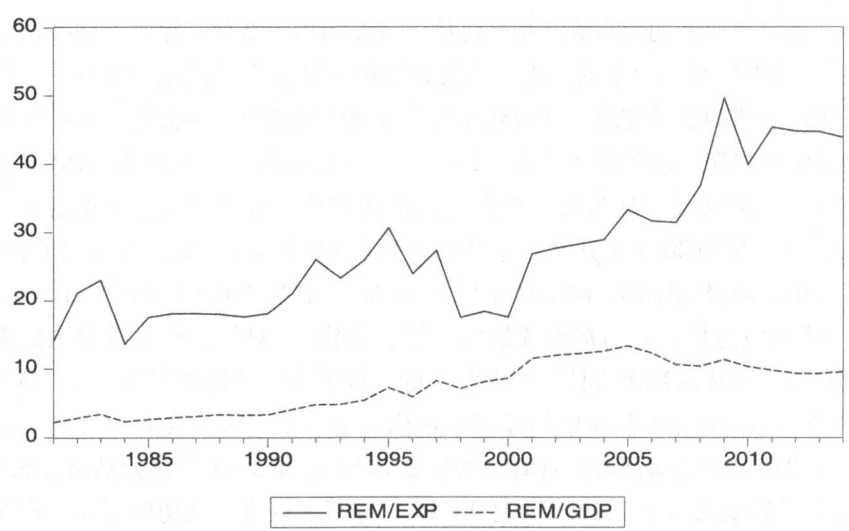

图 4-4　移民汇款与 GDP 和商品出口收入的比例关系

资料来源：World Bank, Migrant remittance inflows (USMYM million), WDI (World Development Indicators), October 2016, http://data.worldbank.org.cn/data-catalog/world-development-indicators.

（三）拉动国内消费

菲律宾的经济不像大多数亚洲国家那么依赖于出口，因为它是该地区最趋向于消费驱动型的经济体。凡来过菲律宾的人都会发现，菲律宾的城市建设并不是很现代化，但豪华绚丽的大型商场却比比皆是，任何时候都是熙熙攘攘，川流不息，节假日期间更是人满为患。有学者解释："菲律宾的国家收入主要靠服务业，目前菲律宾有 240 万人常年在世界各国工作，这些海外移民寄回国内的外汇 2017 年估计高达 400 亿美元。菲律宾人还有英语优势，他们承接的来自欧美国家的服务外包业务创造的产值每年也有 200 亿美元左右。这 600 多亿美元的收入是居民消费和国家投资的重要来源。"① 仅 2013 年，菲律宾家庭消费开支占该国 GDP 的 73%。这也是菲律宾在 1997 年亚洲金融危机和 2008 年全球金融海啸后经济反弹较快的原因。②

---

① 《库叔走访了新加坡、马来西亚、越南和菲律宾："一带一路"果然……》，凤凰新闻网，2017 年 5 月 9 日，http://news.ifeng.com/a/20170509/51062477_0.shtml.

② 《菲律宾海外劳工一年汇款超百亿美元》，搜狐新闻网，2007 年 1 月 24 日，http://news.sohu.com/20070124/n247801408.shtml.

菲律宾是个典型的内需驱动型经济体，因而国内消费是菲律宾经济发展的重要支柱。"外劳"赚回巨额的外汇，不仅是菲律宾经济发展的重要支柱，还严重刺激了国内旺盛的消费需求。这种状况与受全球金融危机影响低迷不振的世界经济形成了鲜明对照。从消费上来看，2014年，家庭最终消费支出在GDP中占比接近70%，这意味着即使投资减少高增长也能持续。家庭最终消费支出还在持续增长，2013年和2014年其增长率分别为5.7%和5.4%。高消费占比的背后，是菲律宾中产阶级的崛起。阿亚拉集团（Ayala）首席财政官Delfin Gonzalez称，"随着中产阶级的扩张，消费模式发生了很多变化"，对房、车以及贷款的需求都有所增加。消费的快速增长很大程度上也得益于海外移民的汇款。据《彭博》报道，2013年，海外汇款在整体经济中占比达10%，且总额创新高，达230亿美元。菲律宾央行此前预测来自海外的资金2014年和2015年将分别增长5.5%和5%。① 菲律宾央行于2016年4月4—16日进行了调查，共访问了555户菲律宾海外移民（OFW）家庭。97.1%的受访者表示，他们将汇款用于食品和其他的家庭需求；55.5%的受访者用于支付医疗费用；21.6%用于购买耐用消费品；11%用于购买房子；而用于教育支出的受访者降至68.3%；用于偿还债务的降至43.6%；用于储蓄的降至38.6%；用于投资和购买汽车的也出现了下降。调查还显示，首都区的OFW家庭将大部分汇款用于支付医疗费、偿还债务、储蓄、购买耐用消费品和购买房屋。②

（四）消费促进经济增长，推动菲律宾经济进入正向循环

移民汇款对菲律宾社会发展的积极作用尤为显著。Shera和Meyer认为，理论上来看，移民汇款有助于缓解信贷约束，从而使个人不仅增加消费，减少贫困，而且还导致物质资本、教育、医疗保健以及小微型企业的创业和成长。所有这一切都可能最终反映在总投资的增加和经济增长上面，因此汇款对投资和经济增长具有积极的促进作用。③

据菲律宾国家经济发展局局长巴里萨坎分析，菲律宾2015年经济增长是由

---

① 《亚洲的下一个经济奇迹?》，界面网，2015年2月2日，http://www.jiemian.com/article/231456.html。
② 《二季度菲律宾海外劳工家庭储蓄出现下降》，中华人民共和国驻宿务总领事馆经济商务室，2016年6月14日，http://cebu.mofcom.gov.cn/article/jmxw/201606/20160601338191.shtml。
③ Adela Shera and Dietmar Meyer. "Remittances and their impact on Economic Growth", *Social and Management Sciences*, 2013, No.1, p.6.

第四章　菲律宾经济发展中的移民汇款

"强劲的国内需求"以及"投资增长"所带动。① 过去数十年来，菲律宾海外移民汇款已经被证明是菲律宾经济增长的主要驱动力之一。我们知道，菲律宾经济是一个严重畸形的经济体。它需要保持持续的经济增长，方能维持投资增长，促使经济发展走上正循环之路。否则，它就会陷入困境，经济下滑，进而影响外来投资。因而，海外移民的汇款刺激着菲律宾国内私人消费，推动经济增长，进而起到促进国民经济稳步增长的积极作用。虽然移民汇款直接归于有移民的家庭，但没有移民汇款的家庭也可间接受益，从而促进当地的发展。首先，移民家庭消费增加可以产生乘数效应。如果受助家庭增加本地商品和服务的家庭消费，这将是通过刺激当地生产的需求增加，使社会其他成员受益，从而促进就业创造和地方发展。其次，汇款也可以支撑小企业的形成，从而促进地方发展。移民汇款缓解了信贷限制，正如前面提到的，为接受者提供了营运资金，从事企业活动。这就创造了就业机会，促进了汇款接收地的发展。②

正是移民汇款的持续增长和积极影响，世界银行行长金镛（Jim Yong Kim）也曾称，菲律宾可能会成为"亚洲下一个经济奇迹"。而根据彭博数据分析，这将成为其1950年战后繁荣期以来最长的增长期。那么菲律宾经济到底有着怎样的增长之道？③ 其带动经济增长的移民汇款和消费支出也是与其增长明显同步的。自20世纪80年代中期推翻了马科斯独裁统治之后，菲律宾历届政府都将菲律宾海外就业和海外移民汇款作为社会稳定与经济增长的重要因素。

每年这些海外菲律宾人向家乡寄回的移民汇款收入，相当于经济总量的10%左右，移民汇款的增长又得以支撑经济持续增长，形成了"外富内穷"的局面。④ 其实际GDP增长率（与前一年比）2003年为4.5%，2004年为6.0%，2005年为5.1%，有了稳步的增长。而实际GDP中民间消费的构成比为78.9%，增长率贡献度2005年为3.9%，相当高。2005年的汇款额相当于名义GDP的

---

① 《菲律宾海外劳工去年向国内汇款285亿美元》，新华网，2016年02月20日，http://news.xinhuanet.com/world/2016-02/20/c_128736810.htm.

② Capistrano, Loradel O, Santa Maria, Maria Lourdes C, "The impact of international labor migration and of Remittances on Poverty in the Philippines", Discussion paper // School of Economics, University of the Philippines, No. 6, 2007, pp. 1-37.

③ 《亚洲的下一个经济奇迹？》，界面网，2015年2月2日，http://www.jiemian.com/article/231456.html.

④ 《菲律宾之殇：当最热经济体遇上最高失业率》，每经网，2013年9月2日，http://www.nbd.com.cn/articles/2013-09-02/770181.html.

11%。① 亚行发布的报告估计，2007年菲律宾经济增长率将达到6.6%。亚行认为，增长的主要动力是个人消费开支。个人消费开支占菲律宾国内生产总值的四分之三以上，远远超过投资、政府开支和净出口所占的比例。② 可以认为，来自海外的汇款不仅维持着本国家属的生活，而且起到了拉动经济增长的作用。

（五）促进教育和人力投资的增长

有证据表明，移民汇款一直被视为教育成就的积极因素。无论在国外工作多少年，以及是否有其他收入来源，菲律宾移民工人通常都愿意使用移民汇款用于消费品以及教育，尤其儿童，重视人力资本投资。

在分析菲律宾移民汇款与教育各种关系的学者中，Yang（2008）发现汇率对教育投资产生了积极的影响。这反过来又影响到各种家庭投资，如儿童教育、童工和创业活动。他不认同汇款主要用于消费的结论。他的研究结果表明汇款在菲律宾发挥投资作用，特别是在教育方面。移民家庭倾向于让孩子长时间上学，减少孩子在家庭供养方面的责任（减少童工），开展创业活动（启动资本密集型企业）。③ 此外，他的分析显示，移民汇款增加了以学生为主要活动的可能性，减少了10—17岁儿童过去一周的工作时间。大多数人认为，移民汇款的有利经济影响抵消了父母移民的社会成本对儿童福利的影响。部分汇款资助子女的私人教育。在学校，移民子女的学习成绩往往比非移民子女好。移民子女同非移民子女同样健康，如进行体育活动的能力和疾病与疼痛的报告。④ 2007年，研究者对菲律宾伊洛克北部248户家庭的调查显示，移民工人家庭和非移民工人家庭之间的支出模式存在差异，这些调查结果仅限于描述性统计数据。除食品外，OFW家庭在燃料、水和电、教育、医疗、耐用品和非耐用品及储蓄方面的汇款收入中所占的比例较大。就平均每个孩子的支出而言，移民工人家庭花费是非移民工人家庭的两倍，用于食物、衣着和教育。移民工人家庭通过投资于保险和学前教育计

---

① ［日］井方贤治著，柳弘译：《国外劳工汇款所支撑的菲律宾经济》，《南洋资料译丛》2007年第1期。

② 《菲律宾经济保持较快增长步伐》，北方网，2007年12月11日，http：//www.enorth.com.cn.

③ Mustafa Zia. ASSESSING THE IMPACT OF REMITTANCES：A CASE STUDY OF THE PHILIPPINES. PHD Dissertation，University of Delaware，2011. p. 14.

④ Victorina Zosa and Aniceto Orbeta，Jr.， "The Social and Economic Impact of Philippine International Labour Migration And Remittances"，*PIDS Discussion Paper Series*，No. 32，2009，http：//hdl.handle.net/10419/126794.

划为孩子的未来进行规划。① 在 2009 年第三季度收到移民汇款的家庭中，有 93% 用于食物和其他家庭需要，72% 用于教育，63% 用于医疗费用。②

另外一些研究也分析了汇款对菲律宾家庭的影响。如 Tabuga（2007）研究发现，汇款增加商品和休闲，包括教育、住房、医疗和耐用品消费。同样，Tullao，Cortes 和 See（2007）指出，汇款导致人力资本对教育和健康的投资增加。Pernia（2008）利用 2000 年和 2003 年的数据，使用汇款虚拟数据，也有了这些发现。他的研究结果显示菲律宾移民汇款增加了家庭储蓄、教育和医疗保健的支出。③ 比较教育和健康支出份额的研究也显示，移民汇款收入家庭的支出份额明显高于非收入家庭的支出份额。移民汇款收入家庭的支出弹性也较高。这表明迁移和汇款有助于提高人力资本投资。④

总而言之，移民家庭的教育支出收入弹性高于没有移民的家庭。对家庭层面影响的研究一致指出，移民汇款对教育支出产生积极影响。⑤

（六）推动国内投资和创业

当然，移民汇款不仅是消费的发动机，还是菲律宾投资的主要来源。菲律宾海外移民的家庭在使用汇款时不仅倾向于购买日常用品，还投资于小型企业。据菲律宾央行的调查显示，受国家经济复苏的影响，海外移民将把更多的收入用于储蓄和投资。其中，在第三季度中将收入用于储蓄的比率上升至 43%（2007 年第一季度仅为 7.2%），用于投资的比例保持在 7%（2007 年第一季度仅为

---

① Victorina Zosa and Aniceto Orbeta, Jr., "The Social and Economic Impact of Philippine International Labour Migration And Remittances", *PIDS Discussion Paper Series*, No. 32, 2009, http://hdl.handle.net/10419/126794.

② P. Ang, Alvin; Sugiyarto, Guntur, Jha, Shikha. "Remittances and Household Behavior in the Philippines", *ADB Economics Working Paper Series*, No. 188, This Version is available at: http://hdl.handle.net/10419/109363.

③ P. Ang, Alvin; Sugiyarto, Guntur, Jha, Shikha. "Remittances and Household Behavior in the Philippines", *ADB Economics Working Paper Series*, No. 188, This Version is available at: http://hdl.handle.net/10419/109363.

④ Victorina Zosa and Aniceto Orbeta, Jr., "The Social and Economic Impact of Philippine International Labour Migration And Remittances", *PIDS Discussion Paper Series*, No. 32, 2009, http://hdl.handle.net/10419/126794.

⑤ Victorina Zosa and Aniceto Orbeta, Jr., "The Social and Economic Impact of Philippine International Labour Migration And Remittances", *PIDS Discussion Paper Series*, No. 32, 2009, http://hdl.handle.net/10419/126794.

2.3%）。① 经历了2008年全球金融危机后，菲律宾的房地产价格正在快速回升，900万在海外工作的菲律宾人的汇款是重要的推动因素。菲律宾房地产中介协会总裁迪泰特表示，海外菲律宾人投资房地产的越来越多，需求推动价格不断上升，海外菲律宾人通常青睐价值200万比索的房子。据统计，菲律宾房地产2010年的销售额估计为3000亿比索，比2008年和2009年的1000亿大幅增加。②

此外，政府为进一步鼓励海外菲律宾人的汇款促进经济发展，于2011年启动"7-11便利店"海外移民投资项目，允许回到菲律宾的海外移民投资拥有"7-11便利店"的特许经营权。研究表明，现在的海外移民汇款已不仅仅用于家庭的日常开销，很多人将汇款存起来以备不时之需。该项目不仅可以让海外劳工拥有自己的便利店，也将有助于刺激菲律宾当地经济发展并创造就业机会。③ 2012年，据菲律宾《每日问询者报》报道，菲律宾央行近期调查了589个依靠海外劳工汇款的家庭，结果显示，8.5%的家庭选择将汇款用于小型投资，该比例高于上季度的6.4%和2011年同期的5.7%；42.7%的家庭将钱存在银行，该比例也高于上季度的42.6%和2011年同期的41.4%。央行和海外劳工委员会联合其他政府和非政府机构成立了汇款发展委员会，帮助海外劳工家庭通过投资等方式改善生活水平。④ 此外，政府还为社会企业提供投资设施。例如，奶牛合作社（位于马尼拉北部新埃希哈省的DVF奶牛场）鼓励感兴趣的个人、海外菲律宾人、非政府组织和公司作为被动投资者投资乳业业务，为退休目的，或作为一个企业家的事业。另一项倡议是全国重返社会方案，其目的是优化移民在国外期间的收入、储蓄、投资和其他方面的金融知识。⑤

到2017年，菲律宾首都银行称，由于资本投资增加，2017年菲律宾国内生产总值（GDP）增速将达到7%—7.5%。基础设施支出、外国直接投资、消费

---

① 《菲律宾央行称海外劳工将把收入用于储蓄和投资》，中国驻菲律宾大使馆经济商务参赞处网站，2010年9月20日，http://ph.mofcom.gov.cn/aarticle/jmxw/201009/20100907150381.html。

② 《海外菲律宾人回国置业推动房地产市场快速发展》，新浪网，2010年12月16日，http://www.sina.com.cn。

③ 《菲律宾7-11便利店启动海外劳工投资项目》，新浪网，2011年11月23日，http://www.sina.com.cn。

④ 《越来越多的菲律宾家庭将海外劳工汇款用于投资》，东盟新闻网，2012年4月7日，http://news-com.cn/news/a/20120407/00159510.shtml。

⑤ Rashid Amjad, M. Irfan, G. M. Arif, "How to Increase Formal Inflows of Remittances: An Analysis of the Remittance Market in Pakistan", Working paper, May 2013, International Growth Centre, www.theigc.org/newsletter。

支出、海外务工人员的汇款和业务流程外包将是主要的增长动力。[1] 为进一步鼓励海外菲律宾人投资，据菲律宾《马尼拉时报》2017年6月29日报道，菲律宾国库署表示，政府正在考虑明年发行5亿美元的海外菲律宾劳工（OFW）专项零售债券。国库署署长Rosalia de Leon表示，债券将直接惠及海外菲律宾劳工群体，为他们提供一个更安全、更稳定和更高回报的投资选择。[2]

除投资外，学者也发现移民汇款对具体的创业活动有明显的影响。在11个具体的活动类型中，移民汇款对有关运输、通信和制造业方面的创业产生了积极的影响。而这两种活动都是资本密集型。因此汇款带来的正收入冲击使得移民家庭能够在这些领域进行必要的投资。[3] 鼓励海外劳工将汇款带回菲律宾国内创业，也是最近几年菲律宾政府大力倡导的举措。劳动力的迁移也能够促进技术和技能的转移，因为它们会随着海外劳工在海外经验的增长而增长。海外劳工一般都是到工业化程度更高的国家去务工，积累了技术，能够学到最先进的技术和现代的管理技术以及创新。因而，在鼓励和支持投资的同时，海外菲律宾人生活资助基金（FELSF）本身就是由海外菲律宾汇款资助成立的，于2009年1月开始运行，目的是为了帮助全球经济和金融动荡而下岗失业被迫回家的海外菲律宾劳工。该基金是时任菲律宾劳动和就业部部长马里安尼托·罗克（Marianito Roque）在菲律宾前总统阿罗约的《全面生活和紧急就业计划》（CLEEP）下创建的1亿比索的融资信贷中的一部分。截至2009年5月，有近1500名FELSF申请者，大部分来自马尼拉都市区，贷款金额超过7300万比索。在FELSF的帮助下，有成千上万的海外菲律宾劳工已经启动了自己的创业项目，开始由海外劳工向小型企业主转型。[4]

（七）促进国内公共建设

虽然汇款直接归于移民成员的家庭，但没有收到移民汇款的家庭也可以通过这些资金转移间接受益。如借助这些流动的资金对创建新的社会公共服务有着极

---

[1] 《2017年菲律宾经济增速将在7%—7.5%，投资回暖》，中华网，2017年7月3日，http://finance.china.com/news/11173316/20170703/30895434.html.

[2] 《菲政府拟在2018年发行5亿美元海外劳工债券》，中国商务部网站，2017年06月29日，http://www.mofcom.gov.cn/article/i/jyjl/j/201706/20170602601724.shtml.

[3] Victorina Zosa and Aniceto Orbeta, Jr., "The Social and Economic Impact of Philippine International Labour Migration And Remittances", *PIDS Discussion Paper Series*, No. 32, 2009, http://hdl.handle.net/10419/126794.

[4] 李涛：《试论近三十年来菲律宾的侨务政策及其作用》，《东南亚纵横》2012年第6期。

大的支持，如学校、保健中心、道路设施和其他社区项目等。

为了改善家人的生活质量，为他们提供更多的经商资本和更好的教育机会，海外菲律宾人对国内，尤其是家乡的公共建设支持也是不遗余力。譬如说建立学校以及技能培训中心等。根据研究，如果家里有海外劳工，他就能够为家人提供更好的生活。这样，亲属、兄弟姐妹的孩子们就能够接受更好的教育。菲律宾发展计划链接（Lingkod sa Kapwa Pilipino, LINKAPIL）机制不断促进了海外菲律宾物资和人力资源的转移，以支持小规模、高影响力的社会和经济发展项目。自1990年成立以来，借助 LINKAPIL，海外菲律宾人已经建立了奖学金，捐赠书籍、信息技术设备、学校用品等教育资料，民生资金，进行医疗任务和技能转移项目，提供药品和医疗用品，建设学校和供水系统，在自然灾害和灾害状态下捐赠救援物资等。截至2014年，他们对健康医疗捐赠达 2 286 596 773.20 比索，教育或学识资助达 283 516 494.38 比索，减灾捐赠 305 601 070.27 比索，基建支持 70 296 376.43 比索，技能培训 64 432 319.83 比索，以上项目共计 3 048 189 907.64 比索。①

海外移民带来的巨额移民汇款极大地推动了侨乡经济发展，尤其是在菲律宾有些地区影响深远。从1995年、2000年和2004年菲律宾各大区移民汇款收入的数量及其比重我们可以看出，国家首都区（National Capital Region）、中吕宋区（Central Luzon Region）、甲拉巴松和民马罗巴（Cala-barzon and Mimaropa Region）三大区基本上占据了全国移民汇款收入的"半壁江山"，分别占 26.5%、13% 和 21.8%。这三大区的移民汇款收入主要用于当地基础设施、教育投入、卫生医疗条件的改善等，给当地的社会经济发展带来了巨大的推动作用。②

此外，这些海外移民对国内减灾工作和经济危机中的困难有着重大支持。据 CFO 统计数据显示，1990—2007 年菲律宾通过此项目接收的捐赠金额高达 21.5 亿比索，捐赠的领域主要为医疗卫生、教育、民生、灾难救济及其他基础设施建设，分别占捐赠总额的 70.59%、12.58%、1.48%、13.68% 和 1.67%。③

---

① Commission on Filipinos Overseas (CFO), Compendium of Statistics on INTERNATIONAL MIGRATION/ 4th Edition, COPYRIGHT@ COMMISSION ON FILIPINOS OVERSEAS PUBLISHED IN MARCH 2016, pp. 56 – 65.

② Ernesto M. Pernia, Diaspora, Remittances, and Poverty RP's Regions, UPSE DP, University of the Philippines School of Economics Discussion Papers) No. 0602, 2006, p.11.

③ cfo - linkapil. Donations 1990 ~ 2007, http://www.cfo-linkapil.org.ph.

（八）减少贫困，促进就业

Pernia（2006）进行了一项研究，利用菲律宾地区的数据调查发现，汇款在扶贫和区域发展中有着正面作用，并通过实证检验了汇款对穷人福利的影响。研究表明，汇款变量显著影响所有的贫困变量。实证结果也显示汇款确实减少了贫困的发生率、深度和严重程度。事实上，劳务移民有助于本国的减贫。当以人数比例为因变量时，OFW 数量增加 10%，导致生活在贫困线以下的人口比例下降约 0.73%。劳动力流动人口每增加 10%，贫困人口比例就下降 0.29%，贫困程度有所缓解。估计显示，移民水平上升 10% 导致贫困人口减少 0.13%。与汇款模式一样，贫困影响的幅度也相当小。[1] Estudillo 和 Sawada（2006）的详细研究也指出，贸易开放和移民也影响菲律宾的减贫。研究表明，非转移性收入和转移性收入显著减少了贫困人口，转移收入在家庭层面上起到了更大的减贫效果。[2]

毫无疑问，移民汇款有助于改善劳工家庭的经济状况。菲律宾长期而普遍的贫困现象能够通过接收大量移民汇款而显著改善，寄回的移民汇款主要用于家庭支出和还贷。这一方面能够为家人提供充裕的生活资金，降低家人的劳动强度，提高家庭的经济地位，另一方面也降低了国家贫困人口的数量和贫困率。[3] 目前，至少有 6% 的菲律宾家庭靠海外收入生活。这些家庭中的 60% 居住在都市地区，在经济上相对较为富裕。在菲律宾，移民劳工以及他们的家庭被看作是崛起的中产阶级，并受到当地社区的尊重。[4] 与此相反，贫困的地区虽没有兴起到外国打工的大潮，但移民社区劳动力的迁移也为当地的经济带来了促进作用。过去的经验告诉我们，如果没有海外劳动力市场的就业机会，那么菲律宾人的失业率将会更高。据该国劳工部统计。目前菲律宾在海外的劳工共占全国总人口的近 10%。大量的海外移民缓解了菲律宾国内的就业压力，使得社会稳定，从而优化

---

[1] Capistrano, Loradel O.; Santa Maria, Maria Lourdes C., The Impact of International Labor Migration and of Remittances on Poverty in the Philippines, Discussion paper // School of Economics, University of the Philippines, No. 6, 2007, http：//hdl. handle. net/10419/46665.

[2] Capistrano, Loradel O.; Santa Maria, Maria Lourdes C., The Impact of International Labor Migration and of Remittances on Poverty in the Philippines, Discussion paper // School of Economics, University of the Philippines, No. 6, 2007, http：//hdl. handle. net/10419/46665.

[3] 孙悦琦：《菲律宾海外移民原因及对本国经济的影响》，《厦门广播电视大学学报》2017 年第 1 期。

[4] 《菲律宾海外劳工一年汇款超百亿美元》，搜狐网，2007 年 1 月 24 日，http：//news. sohu. com/20070124/n247801408. shtml.

了经济发展的环境，促进了菲律宾经济的发展。[1]

二、移民汇款的负面作用

与上述观点相反，不少学者认为移民汇款对经济增长不产生显著影响，甚至产生负面影响。Burgess 和 Haksar 的研究结果与他们相似，即移民汇款的增长与经济增长率之间呈负相关关系。[2] Clemens 和 Mc Kenzie 也认为，从全球来看，几乎没有证据证明移民汇款在国家层面对经济增长产生影响。"移民和汇款显然首先对移民来源国贫困产生影响……但要证明汇款对移民来源国经济增长的影响仍然难以实现。"[3] Bettin 和 Zazzazo 的研究也认为移民汇款对其接收国经济增长贡献不大，在有些国家甚至可能还会阻碍经济增长。他们发现汇款与增长之间存在负相关关系，移民汇款可能不是经济发展的资本来源。[4] Chami 等以 1970—1999 年世界银行统计数据为基础，对海外移民汇款对菲律宾经济增长的关系进行分析，结果发现移民汇款与经济增长之间呈负相关关系，即移民汇款阻碍了菲律宾的经济增长。[5] 仔细审视菲律宾移民汇款的影响，其负面效应也表现明显。

（一）没有就业的增长

菲律宾的就业形势在 20 世纪 80 年代就已十分恶劣，失业率曾达到 8.8%。1995 年上升到 12.6%，以后各年度的失业率一直在 8.5% 以上，金融危机期间失业率达到 9%，失业人口达 280 万。[6]

一直以来，菲律宾参差不齐的就业市场导致数以百万计的菲律宾人去海外寻求更高薪水的工作。每 10 个菲律宾人就有一个在海外工作，为菲律宾带来数十亿美元的汇款，推动国家的消费，促进了国内经济增长，但是对促进就业帮助甚

---

[1] 史静：《菲律宾海外劳工移民对本国经济的双重影响》，《大观周刊》2011 年第 21 期。

[2] Burgess, R., and Haksar, V. Migration and Foreign Remittances in the Philippines: IMF WP/05/111. International Monetary Fund, 2005.

[3] World Bank, "Labor Migration and Welfare in The Kyrgyz Republic (2008—2013) Poverty Global Practice Europe and Central Asia Region", *Document of the World Bank*, Report No. 99771 – KG. May 8, 2015, p. 24.

[4] Bettin, G., and Zazzaro, A. Remittances and Financial Development: Substitutes or Complements in Economic Growth？: MOFIR Working Paper 28. Money & Finance Research Group. 2009.

[5] Ralph Chami, Connel Fullenkamp, and Samir Jahjah, "Are Immigrant Remittance Flows a Source of Capital for Development？", Washington, DC.: IMF Staff Papers, 2005, Vol. 52, No. 1, pp. 55–81.

[6] 史静：《菲律宾海外劳工移民对本国经济的双重影响》，《大观周刊》2011 年第 21 期。

微。据菲律宾央行2012年初的统计，大概有180万菲律宾人在海外就业，2013年他们创造的移民汇款收入达251亿美元，相当于菲律宾国内生产总值的8.4%。这部分就业人口拉动了菲律宾国内消费增长，但是对提升整体就业没有太大作用。[1]

菲律宾的经济增长在相当大程度上是由菲律宾海外移民的海外汇款所带动的国内消费所推动，主要动力为家庭消费、商品与服务出口，这也使得菲律宾经济的短板很明显。制造业发展停滞、出口不振、低储蓄率和低投资率、基础设施落后一直被认为是菲律宾的"增长瓶颈"。这些短板带来的结果就是菲律宾失业率较高，近年失业率在7%左右，贫困人群占比高。[2] 2010年总统阿基诺三世上任以来，菲律宾失业率有所下降。最新数据显示，2015年第二季度的失业率为6.4%，低于上年同期的7%，但进步不平稳，菲律宾仍是东盟地区失业率最高的国家之一。[3] 菲律宾国际移民资源中心执行主任罗哈迪·洛克表示，居高不下的移民汇款对菲律宾经济起到了巨大的拉动作用，但它"并不是治疗经济痼疾的良药"。全球经济，特别是中东地区经济一有风吹草动，菲律宾经济必受拖累。[4] 虽然菲律宾政府通过各种机构与政策来管理和维护菲律宾海外劳工的就业以及个人安全，但是归根结底，海外劳工的命脉依然掌握在雇主（国）手中。国际局势、地区局势乃至两国关系的风吹草动，均会直接影响到菲律宾海外劳工的处境。而当这些情况发生时，作为小国的菲律宾往往处于相对被动的位置。随之而来的是大量海外劳工的失业、遣返甚至人身安全遭到威胁。[5]

虽然贫困的原因错综复杂，然而，失业和半失业被公认是导致家庭贫困的直接原因。2012年全菲仍有22.3万个家庭深陷绝对贫困线下，若用美元来核算，菲律宾人均每天仅0.63美元，远远低于世行提出的每天1美元绝对贫困线标准。隐藏在菲律宾高速增长指标背后的是"没有发展的增长"。[6] 因而，菲律宾经济

---

[1] 《菲律宾之殇：当最热经济体遇上最高失业率》，每经网，2013年9月2日，http://www.nbd.com.cn/articles/2013-09-02/770181.html.

[2] 《菲律宾经济增长有赖中资 工业园区可成投资对象》，环球财经网，2016年10月21日，http://finance.huanqiu.com/quyuy/yuanqu/2016-10/9583239.html.

[3] 《菲律宾进入经济起飞期，但人口爆炸令就业压力倍增》，网易财经网，2015年9月3日，http://money.163.com/15/0903/14/B2JHOE4H00253B0H.html.

[4] 《外资不想呆在菲律宾，投资政策不稳定制造业滞后》，中华网，2012年7月23日，http://finance.chinanews.com/cj/2012/07-23/4050479.shtml.

[5] 《中国大陆将引进"菲佣"？菲律宾走向"外劳帝国"的历史》，澎湃新闻，2017年8月8日，http://www.thepaper.cn/newsDetail_forward_1752611.

[6] 《菲律宾经济增长有赖中资 工业园区可成投资对象》，环球财经网，2016年10月21日，http://finance.huanqiu.com/quyuy/yuanqu/2016-10/9583239.html.

的最大挑战是如何将强劲的增长转换成就业机会,由移民汇款带动的国内消费增长转变为投资带动的制造业复兴,以助于进一步减贫和支持包容性增长。增强投资信心和吸引外国直接投资的流入会提振私人投资,从而增加就业机会。

(二) 带来家庭问题,影响社会稳定

在光鲜的数字和赞美声背后,许多问题困扰着海外菲律宾人及其家庭,同时影响着菲律宾社会。出国务工意味着与家人在空间上和时间上的分隔,学术界将这种家庭称为跨国家庭(transnational family)。在跨国家庭的情境下,父亲或母亲角色的缺失(有时甚至二者同时缺失)对子女的成长教育带来不良的影响。此外,由于菲律宾海外劳工中半数为女性,因而存在大量的留守男性。这些男性在菲律宾被称为"家庭主夫"(houseband 或者 huswife)。他们的身份与菲律宾传统观念中性别角色不同,家庭矛盾频繁出现。此外,虽然出国务工收入颇丰,但是大量菲律宾人会将收入在归国前后用于购买大量礼物赠予亲戚与朋友,在这一过程中很大一部分海外工作收入被消耗掉。海外劳工的收入大都被用于海外消费,而不是菲律宾国内的消费、积累、投资。最终,将收入花光的菲律宾人不得不再次出国务工,有的家庭甚至两代人一起出国。他们的生活质量往往只是短暂地有所提升,随后又陷入窘境。①

(三) 激发了过度的消费欲望

尽管国内失业问题十分严重,大量的移民汇款给当地居民带来财富,激发了消费和投资欲望。国内旺盛的消费需求和潜在的投资需求是菲律宾经济增长的重要源泉,甚至在 2008 年亚洲金融危机的强烈影响下国内私人消费依旧能增长 3.4%。诚然,不同家庭具有不同的消费倾向,收入偏低的家庭倾向于将移民汇款的大部分用于维持生活。这间接地推高了本币升值,影响进出口业。②

据世界银行公布的数据显示,该国家庭消费占 GDP 的比重已从 10 年前的 63% 增长至近 75%。国内消费目前是菲律宾 GDP 最大的支出部分。菲律宾消费支出的激增已导致在购物中心开发方面出现泡沫,现在该国拥有全球 38 座最大购物中心的 9 座,甚至超过美国、中国和大多数发达国家。现在全球消费品牌都

---

① 《中国大陆将引进"菲佣"? 菲律宾走向"外劳帝国"的历史》,澎湃新闻,2017 年 8 月 8 日,http://www.thepaper.cn/newsDetail_forward_1752611。
② 《菲律宾进入经济起飞期,但人口爆炸令就业压力倍增》,网易财经网,2015 年 9 月 3 日,http://money.163.com/15/0903/14/B2JHOE4H00253B0H.html。

在蜂拥进驻该国的各大商场,而各大奢侈品公司也希望参与到这个消费市场之中,其中包括劳斯莱斯和宾利。对菲律宾日益壮大的中产阶层以及消费支出热潮给出的两个最常见然而错误的理由是,该国业务流程外包(BPO,呼叫中心是最常见的 BPO 形式)产业的崛起以及菲律宾海外就业劳工向国内汇款总额的增长。虽然 BPO 产业在过去十年里一直呈现良好的增长态势,但总产值只有 110 亿美元,占该国 GDP 比重只有 4.4%。同样,海外汇款一直呈现高增长态势,但它们在该国经济中仅占 10.4%。用来解释该国经济繁荣的这两个常见解释合计只占菲律宾经济总量的 14.8%,因此它们造成的影响被夸大了,而低息信贷和资产泡沫从中所起的作用却被大大低估了。[1]

此外,菲律宾海外汇款的这种增速及其可持续性也值得怀疑。其中 53% 的海外汇款来自于美国,大部分是在美国工作的菲律宾护士汇回国内的。她们受益于一轮不可持续的医疗服务行业泡沫,而这轮泡沫正在推动美国医疗服务行业的工资和就业增长。和现在其他大多数新兴市场一样,菲律宾除了有信贷泡沫之外,还有房地产泡沫,这个泡沫正在产生财富效应,从而提振经济增速和乐观情绪。[2] 马尼拉圣托马斯大学的研究员耶利米·欧米纳诺尔(Jeremiah Opiniano)指出,央行数据显示,海外工人的家庭可支配收入的大部分花在食品、日常用品、教育、医疗费用和债务偿还方面,只有 6.7% 的人从事储蓄和投资。[3] 此外,移民和汇款可能会导致收入不平等的恶化(Pernia,2006,2008),具体表现为:(1)汇款虽有助于整体区域发展,但高收入群体的家庭收益更大;(2)汇款使富裕家庭的平均收入高于贫困家庭。所有这些都意味着目前的移民和汇款可能会导致收入不平等的加剧。[4]

综上所述,由于菲律宾良好的金融环境与移民汇款政策,[5] 国民出境劳务、移民回国投资的政策环境比较宽松,移民汇款纷纷流入菲律宾,有效促进了 GDP 增长。菲律宾已成为其他亚洲移民母国(如孟加拉国、斯里兰卡和印度尼西亚)

---

[1] 《菲律宾的经济奇迹只是个泡沫》,网易财经网,2013 年 11 月 28 日,http://money.163.com/13/1128/10/9EOSSNHK00254NQM.html.

[2] 《菲律宾的经济奇迹只是个泡沫》,网易财经网,2013 年 11 月 28 日,http://money.163.com/13/1128/10/9EOSSNHK00254NQM.html.

[3] 《菲律宾进入经济起飞期,但人口爆炸令就业压力倍增》,网易财经网,2015 年 9 月 3 日,http://money.163.com/15/0903/14/B2JHOE4H00253B0H.html.

[4] Victorina Zosa and Aniceto Orbeta, Jr., "The Social and Economic Impact of Philippine International Labour Migration And Remittances", *PIDS Discussion Paper Series*, No.32, 2009, http://hdl.handle.net/10419/126794.

[5] 路阳:《菲律宾政府的海外菲律宾人政策探析》,《华侨华人历史研究》2014 年第 3 期。

的"模范"。①菲律宾政府当局也要警惕经济可能形成由移民汇款支撑的"消费导向型增长"②。在这种情况下移民汇款的减少很容易导致消费衰退,从而引致经济增长停滞,会给菲律宾经济带来很大的风险。这种依靠移民汇款支撑的经济增长具有很明显的脆弱性。

第四节 阻碍移民汇款积极作用的两大重要因素

一、基础设施落后

菲律宾国内基础设施十分滞后,成为其经济增长最主要的障碍。尤其是港口基础设施发展的严重滞后也使得外贸活动大受影响。而交通道路、能源供应、港口运输三大设施落后,严重制约了经济运行的效率。世界经济论坛2016年9月公布的《全球竞争力报告》显示,在与印度尼西亚、马来西亚、新加坡、泰国和越南等5国的横向比较中,菲律宾基础设施远远落后,道路、铁路、港口、机场、电力、移动电话评分均排名最后。汇丰银行综合了亚洲13个国家或地区的道路、电信、电力、供水等发展情况,对基础设施建设进行排名,菲律宾依旧是最后一名。③

表4-3 世界经济论坛基础设施评分和排名

国家	道路	铁路	港口	机场	电力供应	移动电话 (电话数/百人)
菲律宾	3.1 (106)	2.0 (89)	2.9 (113)	3.2 (116)	4.0 (94)	118.1 (65)
印度尼西亚	3.9 (75)	3.8 (39)	3.9 (75)	4.5 (62)	4.2 (89)	132.3 (38)
马来西亚	5.5 (20)	5.1 (15)	5.4 (17)	5.7 (20)	5.8 (39)	143.9 (27)
新加坡	6.2 (2)	5.7 (5)	6.7 (2)	6.9 (1)	6.8 (2)	146.1 (24)

---

① Acacio, Kristel, "Managing Labor Migration: Philippine State Policy and International Migration Flows, 1969—2000", *Asian and Pacific Migration Journal*, 2008, Vol.17, No.2, pp.103-132.

② Cox Edwards, A., Ureta, M., International Migration, Remittances, and Schooling: Evidence from El Salvador, *Journal of Development Economics*, 2003, Vol.72, pp.429-461.

③ 《菲律宾投资环境概述(1)》,中国国际贸易促进委员会,http://www.ccpit.org/Contents/Channel_4128/2016/0727/679010/content_679010.htm.

第四章 菲律宾经济发展中的移民汇款

（续上表）

国家	道路	铁路	港口	机场	电力供应	移动电话 （电话数/百人）
越南	3.5（89）	3.1（52）	3.8（77）	4.1（86）	4.4（85）	130.6（40）
泰国	4.2（60）	2.5（77）	4.2（65）	5.0（42）	5.1（61）	125.8（55）

注：括号内数字为排名，参与国共有138个国家。
数据来源：世界经济论坛《全球竞争力报告2016—2017》，https：//cn. weforum. org/reports/2016—2017.

阿基诺总统执政时期希望加大对基础设施的投资。政府大力推广PPP（公私合营）项目，但由于需更换的陈旧基础设施数量过大，建设资金捉襟见肘。资金不足的后果是不少项目进展缓慢、延期或无人投标。阿基诺总统甚至计划每年将GDP的5%用于基础设施建设，但最终相差甚远。

菲律宾基础设施建设落后，公路、铁路、机场和港口等都急需扩容或升级。然而菲律宾整体投资环境又不太友善，电力短缺严重、电价高昂、水泥等原材料垄断现象严重，并对进口增设层层壁垒。菲律宾电力供应严重依赖燃煤，近70%来源于煤电，由于本国产煤量有限，大部分电力用煤需要进口，电力成本也随之上升，菲律宾居民用电成本每千瓦时超过22美分，是东南亚地区电价最高的国家。不仅如此，在夏季电力需求量大的时候，仍需限电，不少工厂因为电力供应不足被迫停工。高电价、低发电量严重阻碍菲律宾经济发展。另外，在水源供应方面，受厄尔尼诺现象和台风的影响，近年来菲律宾停水事件也不断发生，不仅严重影响了居民生活，还影响了原本就供给不足的粮食生产。[①]

由此，菲律宾有必要放宽对外国投资的限制，以改善该国的基础设施和吸引更多的投资。这可以通过修改菲律宾宪法和外国投资负面清单（FINL）中的限制性经济规定来实现。菲律宾政府亟需进一步加大基础设施投资力度，但需要积极改善软硬件设施，消除贸易投资障碍，提高通关效率，缩短通关时间，降低通关费用，以促进投资贸易便利化。要进一步积极完善投资贸易环境，承接发达国家产业转移，如电子产业和高新技术产业等，转变传统的资源密集、劳动密集型产品为主的出口贸易商品特征，大幅扩大出口商品种类与规模，不断提升出口贸

---

① 《菲律宾投资环境概述（1）》，中国国际贸易促进委员会，http：//www. ccpit. org/Contents/Channel_4128/2016/0727/679010/content_679010. htm.

易商品的层次。①

事实上，菲律宾政府也已经认识到基础设施建设中存在的问题。近几年外资银行进入本地市场的兴趣增加，可能是由于该国基础设施的需求不断增长。杜特尔特政府计划在公共基础设施上投入9万亿比索，这将有助于促进经济发展，同时也提升了商业便利性。

二、法律政策限制严格

尽管菲律宾是亚太地区经济增速最快的国家之一，其外资政策却是世界范围内最不开放的之一。菲律宾长期以来对外资的限制比较严苛，甚至在宪法中也作出了相关规定。这些规定限制了菲律宾的经济发展。世界银行的研究报告表明，截至2014年，菲律宾对外国企业在关键领域的投资和股权限制是亚洲地区最严格的国家之一，这是阻碍该国吸引外资的重要因素。如电信领域菲律宾规定外资只能拥有40%的股份，仍落后于中国、韩国、印度尼西亚的49%；交通领域和轻工领域菲律宾分别允许外资持股40%和75%，远低于日本、韩国、马来西亚和新加坡在轻工领域100%的准入；菲律宾银行业外资股权准入率达到60%，但也仅高于马来西亚和泰国。此外，菲律宾在电力、银行、轻工、采矿、油气和农林业等行业也对外资准入进行了限制。

菲律宾政府对外资经营公用事业、自然资源开发及拥有公有土地方面规定了限制条款，对外资经营其他行业也设置了股权比例的限制。严苛的限制政策严重阻碍了外国资本。菲律宾于1994年5月18日通过的7721号菲律宾共和国法令，对外资银行作出了明确的限制规定，颇为严苛。除了准入率，还规定了该外资银行必须为世界150强并在该国排名前五，且确保地理互补性和该国与菲律宾存在战略贸易投资关系；确保菲律宾整个银行系统的资源或资产70%由菲律宾银行持有；在地方，外资银行须资助教育机构、医疗机构、低保房等；在分支机构的数量、菲比索与外汇比率等方面也有较为严格的限制。菲律宾是外资法规"最具限制性的国家"之一。与东盟的其他国家相比，它设置的障碍更大。例如规定只有菲律宾企业可以经营公共事业，包括公私伙伴关系（PPP）项目。

菲律宾对电信、交通、公共电力设施、农林渔业、建筑业、广告业、私人广播以及不动产等行业的外资股比限制，是菲律宾的"外资政策限制指数"在65

---

① 《菲律宾投资环境概述（1）》，中国国际贸易促进委员会，http：//www.ccpit.org/Contents/Channel_4128/2016/0727/679010/content_679010.htm.

个经济体中排名较高的主要原因。此外，菲律宾要求外国投资者至少投入20万美元的最低资本要求也是世界范围内最高的之一，这对中小外国投资者来说是一个难以逾越的障碍。由于上述限制，1995—2002年，菲律宾吸引外资金额仅为东盟吸引外资总额的6%。①

近些年菲律宾移民汇款和外国直接投资均创新高，服务外包行业高速增长，国际排名和主权评级节节攀升。这些经济成就部分源于20世纪80年代以来的改革红利，包括贸易自由化、放松管制、私有化以及90年代在关键领域打破垄断等。2011—2015年，菲律宾平均GDP增长率为5.92%，高于2005—2010年间的4.96%。虽然如此，菲律宾在投资尤其是基础设施建设这一领域的实力仍然较弱。菲律宾虽然放开了对外资银行的准入限制，但同时也加强了对外资银行的管理。例如，在2016年底宣布的外汇管制条例修正案中就明确要求，外资银行分行以外币计值的资本应按汇款兑换为菲比索，并使用银行规章手册作为其国内业务的一般参考，防止外资银行的进入对本国金融行业产生较大冲击。与此同时，菲律宾经济加速增长并未能缓解贫困问题，2013年菲律宾贫困率仅从2012年的27.9%降至26.3%；尽管失业率从2011年的7%降至6.3%，数以百万计的劳动者仍由于缺少工作机会不得不远赴海外打工。

（杨宏云　林　勇）

---

① 《菲律宾外资股权限制规定阻碍引资》，和讯网，2016年7月27日，http://futures.hexun.com/2014-03-19/163187948.html.

第五章
开放发展背景下马来西亚的外国资本

第一节 马来西亚经济发展历程

马来西亚位于东南亚的马来半岛，是东盟成员国之一。1957年马来西亚宣布独立，其后经济政策经过不断调整，经济发展也历经波折。自20世纪90年代起，马来西亚凭借良好的资源基础和地理条件，积极抓住战后全球经济高速发展和发达国家产业转移的机遇，自主实施了一系列发展战略和国民经济建设计划，从而使马来西亚摆脱了对农业和初级产品严重依赖的半殖民地经济形态，转变为一个由高科技、资本密集型工业为主导的外向型经济体。在过去的几十年里，马来西亚经历了不俗的发展经济增长率。20世纪80年代以来，人均国内生产总值的实际增长平均超过3.6%，20年内收入水平翻了一番。[①]

马来西亚是一个取得巨大发展成就的发展中国家。尽管在1997—1998年的金融危机期间经历了严重的经济萧条，但马来西亚在整个独立后时期的经济成就还是给人留下了深刻的印象。持续的经济高速增长（过去40年间的年均经济增长率将近6%）一直伴随着生活水平的提高和收入分配的相对平均，从而改善了贫困和种族不平衡这两个问题。在马来西亚的经济发展中，外国援助、外国直接投资、对外贸易、移民汇款、外债等在经济发展的不同阶段发挥了各自不同的作用。对这些因素的研究，有助于我们更好地理解马来西亚的经济发展，并对马来西亚今后的发展做出预测。

马来西亚独立后，政府根据本国国情，制定了工业化和多元化的经济发展战略，实施了多个长、中、短期发展计划，使其经济持续快速增长，人均收入跃居东南亚国家的前列。

马来西亚自1988年起连续10年的经济增长率高达8%以上。这种持续快速

---

① Aaron Flaaen, Ejaz Ghani, Saurabh Mishra. "How to Avoid Middle-Income Traps? Evidence from Malaysia", POVERTY REDUCTION AND ECONOMIC MANAGEMENT (PREM) NETWORK, 2013, No. 120.

第五章 开放发展背景下马来西亚的外国资本

增长不但在东南亚各国中首屈一指,就是在亚太地区乃至世界各国中也是罕见的。其中50年代后半期为4.2%,60年代为5.1%,70年代为7.8%,80年代为6%,90年代为8.7%,以上时期多数时间的年均增长率都高于中等收入国家的平均增长率。在马来西亚经济发展中,制造业成为发展最快的经济部门,其增长率大大高于同期的国内生产总值的增长率。如新经济政策时期制造业的年均增长率达到11.7%,高于同期6.89%的国内生产总值的年均增长率。制造业的快速发展带动了其他经济部门的发展,成为该国经济发展的火车头。

表5-1 1971—2010年马来西亚GDP增长率

年份	1971—1975	1976—1980	1981—1985	1986—1990	1991—1995	1996—2000	2001—2005	2006—2010
第一年	6.5%	11.6%	6.9%	1.2%	8.7%	8.6%	0.3%	5.9%
第二年	9.4%	7.8%	5.6%	5.2%	7.8%	7.7%	4.1%	6.7%
第三年	11.7%	6.7%	6.3%	8.9%	8.3%	-7.4%	5.3%	4.6%
第四年	8.3%	9.3%	7.6%	9.2%	9.2%	5.8%	7.1%	-1.6%
第五年	0.8%	7.8%	1.0%	9.7%	9.6%	7.5%	5.0%	7.2%
平均增长率	7.3%	8.6%	5.1%	6.7%	8.7%	4.4%	4.4%	5.7%

资料来源:马来西亚财政部,Economic Report 2011.

纵观马来西亚的经济发展情况,大致可以划分为以下几个阶段:

1. **进口替代政策时期**(1957—1970)

该国政府根据本国的具体情况,提出建立和发展进口替代工业,以带动整个国民经济高速增长的政策,计划重点发展的是劳动密集型的进口替代的消费品工业。这一时期,先后实施了两个马来亚联邦五年计划(1956—1960年;1961—1965年)和马来西亚第一个五年计划(1966—1970年)。这三个五年计划的年均增长率分别为4.2%、4.7%、5.5%,其中制造业的年均增长率分别为5.6%、8.5%、9.9%,农业的年均增长率分别为4.2%、4.7%、6.8%,以上百分比反映了该国经济的稳步增长。这三个五年计划的实施,使马来西亚过去以锡、胶生产和出口为主的单一经济结构开始有所改变。

2. **新经济政策时期**(1971—1990)

新经济政策又称《第一个远景计划纲要》,为期20年,核心是要对贫困阶层人数居多的马来族采取扶持、优惠政策。新经济政策的实施结果是年均国内生产总值增长 6.89%，其中马来西亚第二个五年计划（1971—1975 年）为 7.1%，第三个五年计划（1976—1980 年）为 8.6%，第四个五年计划（1981—1985 年）为 5.08%，第五个五年计划（1986—1990 年）为 6.78%。

具体而言，又可细分为两个阶段。从 1970—1984 年，马来西亚的经济增长速度很快，国内生产总值从 1970 年的 23.62 亿马元增到 1997 年的 1409 亿马元（按 1978 年的价格计算），27 年间增加了 5 倍，其中 1971—1980 年国内生产总值年平均增长率为 7.8%，1981—1984 年稍低为 6.7%；人均收入从 1970 年的 350 美元增到 1997 年的 4370 美元，27 年间增加了 11.5 倍，人均国民生产总值绝对值超过 2000 美元，在东南亚十国中仅次于文莱、新加坡而居第三位，被世界银行列为中上等收入国家。

20 世纪 80 年代，马来西亚经济是在资本主义世界经济滞胀的环境中度过的，经济发展速度明显减缓。主要表现在：

(1) 工农业生产停滞或衰退，经济增长明显减缓

1980—1989 年，主要农产品除棕油及可可产量分别增长 95.2% 及 603.6% 外，其他作物生产不是停滞就是衰退。制造业中多数部门的生产很不稳定，特别是 1985 年整个加工制造业的产量是负增长 6.2%，产值是负增长 3.8%。1981—1988 年制造业的发展速度为 8%，远比 70 年代的 11.4% 低。工、农业等生产停滞或衰退，造成国内生产总值增长率明显减缓。按马来西亚当局公布的资料，1980—1988 年按 1978 年固定价格计算的国内生产总值由 445.12 亿马元增至 1988 年的 662.58 亿马元，1981—1988 年年平均增长 5.1%，远比 70 年代的 7.9% 为低。这期间，马来西亚第四个五年计划（1981—1985 年）和第五个五年计划（1986—1990 年）前四年（1986—1989 年）的发展速度分别为 5.1% 和 5.9%，均比第一、第二、第三个五年计划（1966—1970 年；1971—1975 年；1976—1980 年）的 6%、7.1% 和 8.6% 低。1985 年马来西亚经济还出现负增长 1%，这是独立以来罕见的。

(2) 财政赤字增大，债务负担加重

独立以来，马来西亚政府为刺激经济增长长期推行赤字预算政策，政府的财政实际收支除 1960 年外年年不敷。进入 80 年代以来，财政收支进一步恶化，赤字额增大。1980—1987 年，赤字最少的年度是 1985 年，为 57.07 亿马元，比 1979 年增长 55%；最高的年度是 1982 年，达 111 70 亿马元，比 1979 年增长 203.3%，创独立以来财政赤字的最高记录。

(3) 国际收支恶化

在 70 年代,马来西亚国际收支总逆差额年年有盈余,而进入 80 年代以来,从 1981—1988 年,便有四年是逆差,其中头三年是连年赤字,其赤字额依次是 4.52 亿美元、2.62 亿美元、0.15 亿美元;1988 年赤字额为 4.30 亿美元。

3. 国家发展政策时期(1991—2000)

新国家发展政策又称《第二个远景计划纲要》,为期 10 年,包括两个五年计划。新发展政策强调使经济发展先于按种族分配财富,强调通过经济平衡发展达到社会公正的目标,不再规定马来人占有 30% 股权,但政府扶持马来人经济的决心没有变化。马来西亚政府还在 1991 年提出了跨度 30 年的 "2020 年宏愿"(1991—2020),目标到 2020 年成为先进的工业化国家。

4. 国家宏愿时期(2001—)

马来西亚于 2001 年公布了《第三个远景计划》,为期 10 年,同年又公布了《第八个大马计划》。国家宏愿政策提出了可持续的经济增长目标,使制造业、服务业及农业三大领域成为之后十年经济成长的主要动力,实现经济年均增长 7.5% 的目标,并逐渐由 "外资驱动型" 的经济增长战略,转向由国内力量引领经济发展的增长战略。

进入 2001 年以来,美国、日本等西方发达国家经济发展步伐明显减缓,对于与发达国家有着高度关联度的马来西亚经济产生了不利影响,特别是 "9·11" 事件更延缓了马来西亚的发展速度。从 2002 年起,马来西亚经济度过了调整期,进入了一个新的增长阶段。由于政府实施谨慎的宏观经济政策,大力实施国内经济重组与调整,马来西亚经济恢复和发展取得了巨大的成就,已经走出了亚洲金融危机的阴影。

表 5-2 2001—2007 年马来西亚经济发展情况

年份 经济指标	2001	2002	2003	2004	2005	2006	2007
国内生产总值 (10 亿美元)	88.0	95.3	104.0	118.3	130.6	162.5	194.1
GDP 增长率	0.3%	4.4%	5.8%	6.8%	5.3%	5.8%	6.3%
通货膨胀率	1.4%	1.8%	1.1%	1.4%	3.0%	3.6%	2.0%

资料来源:根据亚洲开发银行《亚洲发展展望报告》历年数据、马来西亚统计局数据整理。

第二节　马来西亚的外国资本

一、外国直接投资

(一) 发展阶段及特点

马来西亚能够成为位居全球前20位的贸易国，以及在实现工业化过程中所取得的不凡成绩都与其鼓励外来直接投资的努力密不可分。因此，吸引外国直接投资来推动本国经济发展，是马来西亚经济发展过程中的一大特点。

独立以来，马来西亚政府对外资采取了欢迎的态度。1968年，马来西亚制定了《鼓励投资法案》，其外资政策的基本内容主要有：（1）创造就业机会；（2）促进出口；（3）促进地方开发；（4）利用国产资源；（5）发展技术和培养人才。从1968年颁布《鼓励投资法案》开始，马来西亚基本上每隔十年就会对外资优惠政策做出调整，以适应新的发展计划和产业结构升级需要。这些法律法规为马来西亚的外资引入和工业化水平的提高奠定了重要的制度基础。自由的外资政策，加上良好的政治经济环境使马来西亚长期成为国际直接投资的热点之一。20世纪60年代，FDI占马来西亚制造业总投资的50%。[①]

从20世纪七八十年代起，马来西亚开始实行以出口为导向的工业化战略，促进了经济的起飞，利用优惠的条件和低劳动力成本吸引了大量外资，鼓励外商投资出口企业，外资工业投资在整个70年代占全部工业投资总额的34.1%，给马来西亚带来了电子电器工业、石油化工业和钢铁工业等新兴工业投资，从而实现经济结构的迅速转变。

1980年，马来西亚又颁布实施了《投资促进法》，对外商提供种种优惠政策鼓励出口，如出口信用再融资、出口补助、出口信用保险费加倍减免。这些措施抓住了亚太地区产业梯度转移的机会，促进了外资的大量进入。80年代初期，一份对东盟五国投资气候的研究报告指出：马来西亚得分仅次于新加坡，居第二位。外国直接投资存量从1968年的21.13亿马元上升到1985年的124.927亿马

---

① United Nations. *Best Practices in Investment for Development How to create and benefit from FDI – SME Linkages Lessons from Malaysia and Singapore*, 2011, p.8.

第五章 开放发展背景下马来西亚的外国资本

元。但在外资存量和流量迅速增长的同时,外资在各产业的控股比重却呈下降趋势。1968年这一比例为56.6%,1985年下降到24.9%;在制造业部门,对应的比例分别为49.2%和22.8%。一方面是本国资本增长迅速,其增长速度超过了外资增长速度;另一方面是70年代初开始实行的新经济政策限制了外资参股的比重。从投资来源看,日本是最大的投资者,其次是美国、英国,近年来中国台湾、新加坡、印度、中国香港等国家和地区的资本也开始大量涌入。在产业水平上,70年代之前非制造业部门占绝对优势;70年代以来,初级产品部门的外资比重下降,制造业及服务部门外资的比重上升;在制造业部门内部,引进外资的重点从早期的食品类部门、石油与煤炭加工部门逐渐转向电子、化学、纺织等部门。进入80年代以后,引进外资的重点部门又增加了钢铁、汽车等。

1986年以后出现的亚太地区区域内资本投资高潮首先是涌向泰国而不是涌向马来西亚与印度尼西亚,这主要是由于马来西亚与印度尼西亚的原住民经济优先政策对外资与外资企业经营活动有着众多限制。为此,马来西亚政府从1986年起开始采取了一系列放宽对外商投资及其经营活动的限制与扩大外商投资优惠的措施。1986年马来西亚实施《投资奖励法案》,进一步放宽了对外资的限制,鼓励外资直接投入出口导向型工业,其核心内容是:(1)对产品出口达到80%以上的企业,允许外国资本达到100%;(2)如果出口比例达到50%以上、固定资产达到5000万令吉以上或者产品附加价值率超过50%,也允许外资出资100%。与其他东盟国家原则上不准外国出资100%的政策相比,马来西亚实行了相当大胆的外国投资法。1988年起这股亚太地区区域内的资本投资高潮开始大量涌入马来西亚。马来西亚出现了外商投资高潮,外商直接投资额从1986年的4亿多美元到1989年的33亿多美元,四年间经历了一个迅猛的发展阶段。

就20世纪80年代马来西亚制造业部门的外国投资额(指批准投资额,下同)的发展趋势看:1980年2.48亿马元、1984年2.75亿马元、1985年3.25亿马元、1986年5.25亿马元、1987年7.5亿马元;1988年为20.11亿马元(约合7.44亿美元,按1990年7月的汇率1美元=2.7马元折算,以下均以此汇率折算),比1987年增加了1.7倍,出现了外商投资的高潮;1989年为34.01亿马元(约合22.63亿美元),又比1988年增长69%;1990年为62.48亿马元(约合23.07亿美元),比1989年增长8.3%。这一高潮持续到1990年,1991年起马来西亚的外国投资出现了下降趋势。尽管如此,1990—1992年,马来西亚连续3年外资进入仍超过20亿美元。

从1988—1990年,马来西亚的外商投资出现了高潮,表现出了如下几个

特点:

(1) 投资来源主要是日本与亚洲新兴工业化国家(地区)

根据马来西亚工业发展局公布的数字,日本与中国台湾一直是马来西亚的首位与第二位投资来源国(或地区),日本与亚洲新兴工业化国家(或地区)在马来西亚外资总额中所占比重从 1980 年的 41.7% 提高至 1990 年的 76.3% (1988 年占 63.2%、1989 年占 75.2%、1990 年占 76.3%),其中特别是日本、台湾与新加坡占有很大的比重,从 1980 年的 40% 提高到 1990 年的 66.32% (1985 年 55.6%、1989 年 69%、1990 年 66.32%)。

(2) 主要投向制造业部门

1986 年以来,日本与亚洲新兴工业化国家或地区对马来西亚的投资都是面向出口工业生产基地的转移投资,为此主要集中投向制造工业部门,特别是当前国际市场容量较大的电器、电子产品与化学工业制品这两个工业部门。

(3) 投资的实体主要是中小企业

在 1988—1989 年,马来西亚制造业部门的外资案例绝大部分是中小型企业转移劳动集约型生产基地的投资项目;就其平均投资规模看,1988 年为 428 万马元、1989 年为 559 万马元,投资规模均较小。

(4) 投资地区出现分散的趋势。

为了缩小地区间的经济差距,马来西亚政府与泰国政府都采取了鼓励民间资本与外国投资向地方分散投资的政策,马来西亚在这一方面取得了比泰国更佳的效果。

进入 20 世纪 90 年代以后,一方面由于马来西亚的主要投资来源国与地区的形势有所变化,日本国内经济衰退,中国台湾资本向中国大陆转移;另一方面由于马来西亚的经济发展战略、经济政策、外资政策的调整,社会基础设施也出现局促状态。为此,马来西亚的外国投资在 1990 年达到高峰后呈下降趋势。1991 年马来西亚的外国投资额为 55.54 亿马元(约合 20.57 亿美元),比 1990 年下降 11%,1992 年(1—7 月)为 43.7 亿马元(约合 16.19 亿美元),仅比 1991 年同期增长 10.9%。

进入 20 世纪 90 年代以后,马来西亚的外国投资出现了一些新的趋势与特点:

(1) 亚太地区区域内的投资比重下降

1991 年日本与亚洲新兴工业化国家与地区在马来西亚外资总额中所占的比重从 1990 年的 76.3% 下降到 68.32%,其中日本、中国台湾与新加坡所占的投资比重则从66.32%下降到55.89%，1992年又进一步下降到12.54%。相反，欧美国家所占的比重则从1990年的9.36%上升到1991年的12.33%与1992年的53.54%。其原因为：日本经济急剧衰退；中国台湾资本大量转向中国大陆；1992年以后由于亚太地区对石油产品需求急剧增大与1991年海湾战争的影响，马来西亚炼油工业部门的外资（主要来自英、法、美）剧增。

（2）制造业部门的内部投资结构向材料工业部门与炼油工业部门倾斜

1988—1989年马来西亚制造工业部门内部的外资结构以转移劳动集约型出口工业生产基地为主，特别是集中于国际市场容量较大的电器、电子产品与化学工业制品这两个工业部门。两个工业部门在马来西亚制造工业部门外资总额中所占的比重在1988年为42.72%、1989年为46.19%。

进入20世纪90年代以后，由于投资热潮导致了对材料工业部门的需求增大与1992年以后炼油工业部门外资的剧增，基础金属制品工业部门的外资比重在1990年与1991年已取代了电器、电子产品工业部门而占居首位；1992年炼油工业部门的投资比重跃居首位。

（3）投资实体出现了众多大型企业的投资

由于有了一些大型企业的投资，马来西亚外资的平均投资规模已趋于扩大。1990年马来西亚制造工业部门外资项目的平均投资规模从1989年的559万马元增大到878万马元，1991年又增大到912万马元，1992年为1606万马元，突破1000万马元大关。

（4）外资已出现向东海岸地区与东马地区分散的趋势

长期以来，马来西亚的经济发展水平在东南亚各国中仅次于新加坡，被公认为"新兴的工业化国家"，其吸引外资总量也仅位于新加坡之后。20世纪90年代，外国直接投资流入贡献了该国近四分之一的年度固定资本形式总额，相当于全国GDP的8%左右。1993年马来西亚的两个主要FDI来源地区日本和中国台湾的外商直接投资急剧下降。这种放缓的主要原因之一是马来西亚的工资上升（相对于其他东南亚国家，如越南和印度尼西亚）。美国的投资相对稳定，因为有些投资是在石油产品行业等不受工资上涨影响的制造业。

1997年爆发的金融危机使马来西亚经济陷于货币和股市双重危机之中，国内外直接投资急剧下降，造成经济较长时期的衰退。马来西亚的经济增长率大幅度下降，马币大幅贬值，通货膨胀加剧。到1997年12月，马来西亚多种食品价格已经上涨了5%—20%。马来西亚受到金融危机巨大冲击的主要原因在于其严重的国际收支赤字，而FDI对危机前马来西亚国际收支赤字的形成起着相当重要的作用。1998年,马来西亚首次在外资竞争中落后于泰国,之后又在2005年被印度尼西亚赶上,而越南也在2008年超过马来西亚。马来西亚2000—2007年的外商直接投资年平均增长率只有1%,其中2001年和2009年两年的FDI流量出现了急剧下滑的现象,在亚洲地区排名倒数第二。① 其他曾经比马来西亚落后的发展中国家,如泰国、菲律宾、越南等,在同一时期的外商直接投资仍能保持8%—12%的年增长率。马来西亚《独立新闻在线》发表了"就在我们都接受泰国、越南、印度尼西亚三国今年已有足够实力与我国一较长短时,我国却再度蒙羞,马来西亚历史上首次在吸引外资上落后于菲律宾"的言论。②

21世纪以来,随着对外贸易、投资的不断开放,谨慎的宏观经济政策的实施,以及在关键领域进行结构改革,马来西亚吸收投资总额稳健增长,吸收了大量的投资进入制造业和相关服务,外商投资日趋活跃,已成为推动马来西亚经济发展的重要因素。在批准的投资项目中,外资主要流入制造业领域,特别是石油与天然气、通信资讯与金融等服务业,以及制造业、石化、电子电器及精密仪器、金属制品等行业。到2012年已经恢复到了近百亿美元的外商直接投资额。

2012年,外商在马来西亚制造业领域的投资主要集中在运输设备、化学原料及制品、石化产品、电子电器、基本金属制品等行业。经马来西亚国际贸易与工业部(MITI)批准的制造业直接投资总额为410亿马币(约合134亿美元),其中外资为208亿马币(约合68亿美元),内资达202亿马币(约合66亿美元),前十大外资来源地是日本、沙特阿拉伯、新加坡、中国、韩国、法国、挪威、印度、荷兰及德国。2013年全球外国直接投资增长11%,东南亚国家仅为2.4%。与之相比,马来西亚吸引外资表现出色,2013年外来直接投资额创新高,达387.7亿马币,同比增长24%。吸引外资的主要领域为制造业(占37.6%)、服务业(占28.8%)及矿业(占28.7%),服务业则主要集中在金融保险及信息通信行业。前五大外资来源地分别为日本、新加坡、荷兰、中国香港及英属维京群岛。2014年1—5月,政府批准制造业投资417亿马币,同比增长100.5%,预计全年投资总额可达550亿马币。主要投资领域包括化学和化工(144亿马币)、基本金属(68亿马币)、石油和石油化工(68亿马币)、电子和电器(64亿马币)、食品制造(12亿马币)和交通运输设备(10亿马币),投资额共计366亿马币,占比87.8%。从投资来源看,批准国内投资165亿马币,

---

① United Nations Conference on Trade and Development: World Foreign Investment Report 2010, http://www.unctad.org/Templates/Webflyer.asp? intitemID=5535&lang=1.
② 《外资出走潮重创我经济,潘俭伟警告政府需改变》,(马)《独立新闻在线》2010年7月25日。

第五章　开放发展背景下马来西亚的外国资本

占比 39.7%；外资 252 亿马币，占比 60.3%。来源地依次为日本、中国、德国、新加坡、南非。

就投资额而言，外国直接投资的年度流入量从 20 世纪 60 年代的 3 万—300 万令吉，上升到 20 世纪 70 年代的 3 亿—14 亿令吉。20 世纪 90 年代初期，外国直接投资在 1997—2000 年下降之前的流入量达到了 96 亿令吉。同时，随着外国直接投资的增加，国家固定资本总额形成同期上涨。在 20 世纪 60 年代初，马来西亚外国直接投资占固定资本总额的四分之一左右。然而，从 2000—2010 年，外国直接投资对资本形成的贡献率低于 10%。从 1960—1999 年，外国直接投资一直是制造业发展和扩张的关键因素。

表 5-3　1970—1993 年马来西亚引进外资情况

（单位：亿美元）

年份	外来投资	年份	外来投资	年份	外来投资
1970	0.94	1978	5.0	1986	4.9
1971	1.0	1979	5.7	1987	4.0
1972	1.1	1980	9.3	1988	6.1
1973	1.7	1981	12.7	1989	12.6
1974	5.7	1982	14.0	1990	23.0
1975	3.5	1983	12.6	1991	22.3
1976	3.8	1984	8.0	1992	23.2
1977	4.1	1985	7.0	1993	8.2

在过去的 40 年里，外国直接投资（FDI）在经济快速增长和结构转型方面发挥了关键作用，以出口为导向的跨国公司（MNEs）目前占马来西亚制造业进口的 60% 及出口的 80%。

表 5-4 东盟内部投资依然是该地区 FDI 的主要来源

（单位：百万美元）

年份 报告国家	2010	2011	2012	2013
文莱	89.5	67.5	31.5	-72.6
柬埔寨	349.0	223.8	523.0	298.8
印度尼西亚	5904.4	8334.5	7587.9	8721.1
老挝	135.4	75.0	73.6	——
马来西亚	525.6	2664.3	2813.9	2187.5
缅甸	25.5	84.6	151.2	1186.8
菲律宾	40.2	-74.1	145.2	-41.7
新加坡	5592.9	2386.2	8410.8	5706.2
泰国	1236.9	-50.7	-342.0	1256.8
越南	1300.9	1517.3	1262.5	2078.6
合计	15 200.4	15 228.4	20 657.6	21 321.5
东盟内部比重（%）	15.1	15.6	18.1	17.4

资料来源：东盟秘书处，东盟 FDI 数据库。

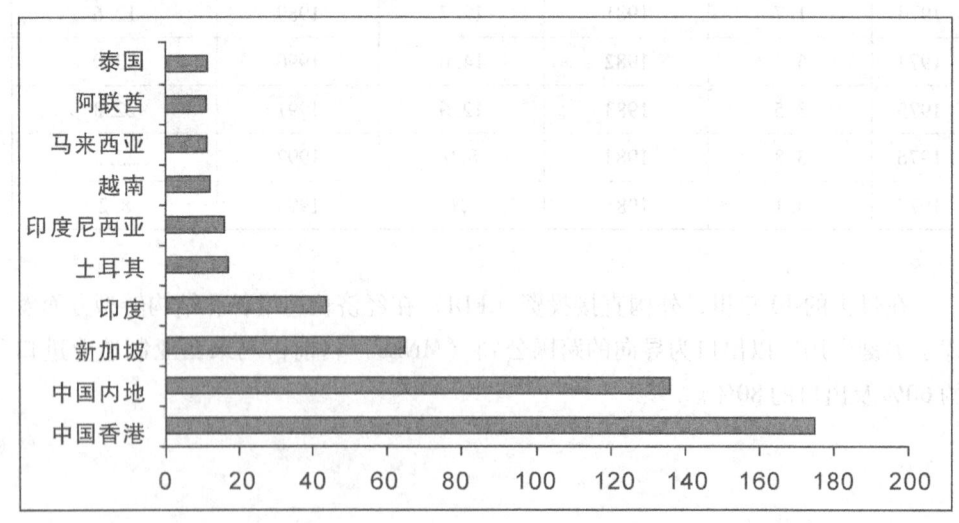

（单位：百万美元）

图 5-1 2015 年亚洲 FDI 流入国家和地区前十位

资料来源：World Investment Report 2016, http://unctad.org/en/PublicationChapters/wir2016ch2_en.pdf.

第五章 开放发展背景下马来西亚的外国资本

表5-5 2013年东亚及东南亚地区FDI流出与流入情况

金额	FDI 流入	FDI 流出
500亿美元及以上	中国内地、中国香港、新加坡	中国内地、中国香港
100亿—490亿美元	印度尼西亚、泰国、马来西亚、韩国	韩国、新加坡、中国台湾、马来西亚
10亿—99亿美元	越南、菲律宾、中国台湾、缅甸、中国澳门、蒙古、柬埔寨	泰国、印度尼西亚、菲律宾、越南
1亿—9亿美元	文莱、老挝、韩国	
1亿美元及以下	东帝汶	蒙古、中国澳门、柬埔寨、东帝汶、老挝、文莱

资料来源：World Investment Report 2014: Investing in the SDGs: An Action Plan, http://unctad.org/en/PublicationsLibrary/wir2014_en.pdf.

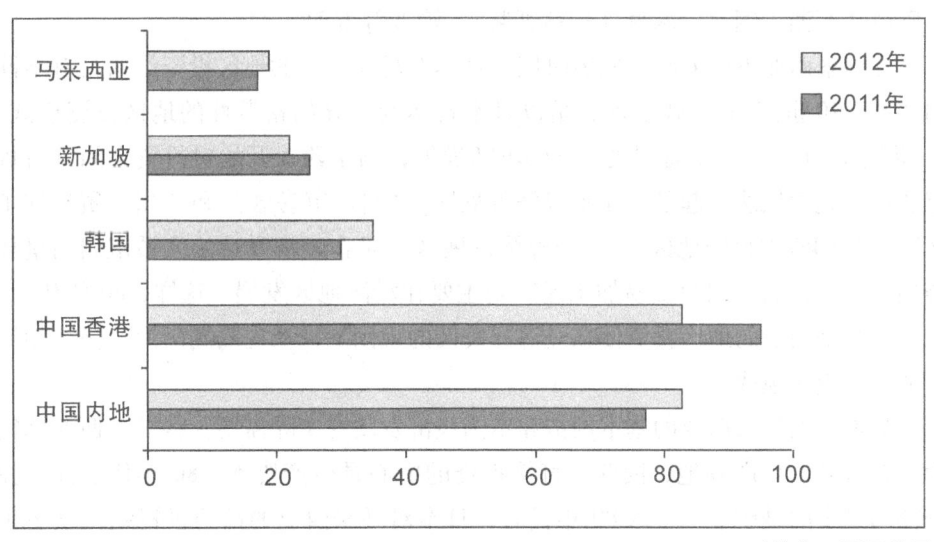

（单位：百万美元）

图5-2 2011—2012年东亚及东南亚地区FDI流入热门国家和地区前五位

资料来源：World Investment Report 2013: Global Value Chains: Investment and Trade for Development, http://unctad.org/en/PublicationsLibrary/wir2013_en.pdf.

（二）行业和国家分布

自从1954年以来，日本就对东南亚进行投资和技术援助。日本资本大量投入马来西亚是在20世纪50年代后期开始的，在1965年马来西亚实施"工业化"经济发展战略后逐渐展开。大规模的直接投资是从20世纪70年代后开始的，主要分三个发展阶段。第一个阶段是1972—1973年。进入20世纪70年代后，马来西亚政府制定了以发展制造业为重点的经济发展政策，而此时也正值日本调整产业结构大举向海外转移"夕阳产业"的时期，于是，结合马来西亚的实际需要，以日本制造业为中心的化学、非铁金属、机械建造和电机等行业纷纷向马来西亚直接投资。进入20世纪80年代后，马来西亚政府又制定了国民经济全方位发展的经济发展战略，继而在1982—1983年，日本又展开第二阶段的对马来西亚直接投资高潮。1986年后，日本的制造业再度瞄准了马来西亚，掀起了"投资的新浪潮"，开始了第三阶段的直接投资攻势。日本在马来西亚的投资，重点放在马来西亚半岛地区，主要投资于工业、建筑业、商业、矿业、经济作物和对外贸易。在马来西亚半岛地区，从半岛的北部到南部，几乎在每一个州都可见到马日合营或由日方单独经营的企业。日本的投资也向东马来西亚发展，投资的重点则放在石油、铜矿、木材（包括纸浆）、渔业等方面。

在马来西亚不同的经济发展时期，日本对马来西亚的地区投资结构又有不同的特点。20世纪80年代以前，是以日本资本为主导的松散性的地区投资模式。20世纪80年代后，随着国民经济的不断发展，马来西亚开始对投资空间进行规范建设，先后依法建起了"工业经济发展区""自由贸易区"和"出口贸易加工区"等外国资本投资地区。"工业经济发展区"是在经济发达的大城市周围呈环绕型建设的，而"出口贸易加工区"则主要在沿海地区发展。这样，80年代后，日本对马来西亚的地区投资便在经济开发区的规制下，从内陆到沿海，呈点面结合的地区投资模式。

日本根据马来西亚的基本国情和本国经济发展的实际需要，将马来西亚确定为它在海外的生产基地，因此，直接投资的中心是生产资本。80年代以前，投资部门最多的是矿业。进入80年代后，日本对马来西亚的部门投资结构发生了新的变化。化工业上升到第一位，矿业下降至第二位。到80年代中期以后，由于马来西亚政府实施了机械制造业倾斜政策，继而以日本机电行业为中心的直接投资又呈上升趋势，而且以大中型企业居多。从1989年的统计来看，电子和电气行业的直接投资增长最明显。虽然从80年代中期以后，日本对马来西亚转移了部分资本密集型产业，但从部门投资总体结构看，劳动密集型产业的投资仍是日本对马来西亚直接投资的主要部门。

以战后各国在马来西亚的投资额来说，日本资本已超过了英国资本。日本资

第五章 开放发展背景下马来西亚的外国资本

本对马来西亚的输出在经济方面遍及工业、贸易、矿业、商业、金融、农业、林业、渔业以及其他各个领域,其中投资额最大的是工业。日本对马来西亚的资本输出除了投资之外,还有巨额的贷款。

日本对马来西亚的直接投资,是日本经济发展内在因素和外部投资环境共同作用的结果,但从根本上说,主要是通过直接投资来促进日本国内产业结构高级化的调整,进而建立以日本经济为中心的国际经济新体系。

表5-6　1951年以来日本企业对马来西亚直接投资额统计

(单位:百万美元)

年份	投资额	年份	投资额
1951—1964	13（1.6）	1973	126（3.6）
1965	5（-）	1974	48（2.0）
1967	4（1.5）	1975	52（1.6）
1968	2（0.4）	1977	69（2.5）
1970	14（1.5）	1978	48（1.0）
1971	12（1.4）	1951—1978	473（1.8）
1972	13（0.6）		

注:括号内数字指日本企业在东盟国家直接投资总额中所占百分比(单位:%)。
资料来源:日本经济调查协议会:《东盟国家与日本》,《南洋问题文丛》1981年第2期。

表5-7　日本企业对马来西亚直接投资的行业分布(截至1978年3月底)

(单位:百万美元)

行业	投资额	行业	投资额
食品	12	农林渔业	13
纤维	70	水产	3
木材与纸浆	34	矿业	102
化学	12	建筑业	1
铁与非铁矿	24	商业	7
机械	3	金融与保险	3
电机	31	其他	17
运输机械	4	不动产	2

(续上表)

行业	投资额	行业	投资额
其他制造业	15	分行	3
合计	205	合计	356

资料来源：（日本）《海外市场》，1981年12月号。

英国作为马来西亚曾经的宗主国，其直接投资在殖民地及后殖民地时期的马来西亚一度占据重要地位。从下表可以看出，20世纪70年代以前，马来西亚一直是英国对外直接投资在亚洲的重要地区。进入80年代后，由于中国香港的崛起，英国在亚洲的投资地区分布发生了变化。

表5-8 英国对外直接投资前十地区（1962—1990年）

国家（地区）\年份\名次	1962	1968	1972	1978	1981	1990
1	澳大利亚	澳大利亚	澳大利亚	美国	美国	美国
2	加拿大	加拿大	美国	澳大利亚	澳大利亚	澳大利亚
3	美国	南非	加拿大	南非	南非	德国
4	南非	美国	南非	西德	西德	加拿大
5	印度	印度	西德	加拿大	加拿大	南非
6	马来西亚	法国	法国	法国	法国	中国香港
7	新西兰	西德	印度	荷兰	荷兰	法国
8	津巴布韦	马来西亚	马来西亚	巴西	中国香港	马来西亚
9	尼日利亚	新西兰	荷兰	瑞士	爱尔兰	爱尔兰
10	法国	爱尔兰	爱尔兰	爱尔兰	尼日利亚	尼日利亚

资料来源：转引自申怀义：《西欧对外直接投资》，时事出版社，1994年，122页。

东盟对马来西亚的投资有一半流入了制造业,其中新加坡是最大的投资国。① 20世纪六七十年代,新加坡对外直接投资主要集中在马来西亚等邻近的国家。20世纪80年代,新加坡的投资重点向欧美国家转移。90年代后,新加坡又重新将亚洲地区作为对外投资的重点。按投资金额计算,这一时期新加坡对外投资最多的国家首推马来西亚,占投资总额的42%。

表5-9 马来西亚外资来源比较(1975年底)

国家或地区	占比(%)	国家或地区	占比(%)
日本	25	印度	2
新加坡	21	西德	2
中国香港	14	澳大利亚	2
美国	13	其他	10
英国	11		

资料来源:托马斯·艾伦著,郭彤译:《东南亚国家联盟》,新华出版社,1981年,第120页。

二、出口贸易

(一)马来西亚对外贸易概况

早在16世纪末期,马来西亚就已成为东南亚地区的贸易中心。1957年独立以后,为了改变殖民地经济结构,发展民族经济,马来西亚实行了全方位的对外开放,其对外贸易的发展也与经济发展战略的调整密切相关。

独立之初,马来西亚的出口占国内生产总值的45%,主要为农产品、矿产、木材等初级产品,其中橡胶和锡矿达85%。基于此,马来西亚选择进口替代的发展战略,目的是尽快摆脱依赖橡胶、锡等初级产品出口的困境。在整个20世纪60年代,马来西亚的进口替代战略实行得比较温和也比较缓慢。20世纪70年代初,马来西亚开始强调推动出口,特别是制成品的出口。1968年的《投资鼓励法》被认为是马来西亚抛弃进口替代工业化战略和政策,完全推行出口导向战略的一个标志。加之这一时期政府推行的一系列新经济政策,马来西亚的工业得

---

① The ASEAN Secretariat. ASEAN INVESTMENT REPORT 2013—2014:FDI Developme2008nt and Regional Value Chains, October 2014, p.14.

到了较快的发展，产业结构得到有效提升，但外贸在经济中的地位始终不变，外贸总额往往高于国内生产总额。20世纪80—90年代是马来西亚贸易结构发生转变的关键时期，由于国内工业化努力的成功，马来西亚出口商品结构得到了大幅度的改善，70年代劳动密集型、资源密集型产品出口占据主要地位，进入80年代中后期，电子仪器、通讯器材迅速增长，成为发展最快的出口产品。21世纪初，由于美国经济增长速度放慢，导致对海外产品需求下降，尤其是电子产品，这对以电子产品出口为主的马来西亚造成了明显的负面影响。马来西亚政府积极调整对外贸易战略，将出口重点转移到化学产品和资源性产品。

马来西亚对外贸易在国民经济中占有重要地位，自1995年以来，外贸依存度达150%以上。从1998年起，马来西亚连续16年保持贸易顺差。1988年的进出口贸易额就分别占同年国内生产总值的57.2%和67.8%，这意味着五分之三以上的马来西亚产品是为了出口，该比率高于其他东盟农业国。21世纪以来，马来西亚对外贸易增长较快，2001—2008年对外贸易平均增速在25%以上。2009年，马来西亚对外贸易额受全球金融危机影响较大，外贸总额降幅达16.6%。2010年，马来西亚外贸恢复势头强劲，外贸总额为11686亿马币，同比增长18.3%。2011—2013年，在全球经济总体不景气的背景下，马来西亚对外贸易仍取得较好成绩，2013年外贸总额为13688.8亿马币，同比增长4.5%，创历史最高纪录，其中出口额为7198.2亿马币，同比增长2.4%；进口额为6490.7亿马币，同比增长7.0%。鉴于此，马来西亚经济像过去一样很容易受国际市场波动的影响与制约。

由于对外贸易在马来西亚的经济发展中占有很大比重，对国际市场的依存度高，所以马来西亚政府长期以来实施开放的贸易制度，仅部分商品的进出口受到许可证和其他限制，贸易与投资壁垒历来都比东南亚地区其他国家低，这使得马来西亚成功利用了生产国际化和世界贸易，有效发展了本国经济。

作为亚太地区外向型国家的典型代表之一，马来西亚是一个依赖于对外贸易来实现其经济增长的开放经济体，对外贸易已经成为对马来西亚国内生产总值做出重要贡献的催化剂。马来西亚的贸易总额（进口和出口）从1970年的95亿令吉稳步增加到2000年的6847亿令吉，2006年为1.07万亿令吉。然而，受2009年美国次贷危机引起的全球经济危机影响，马来西亚贸易总额下降至9882亿令吉。对外贸易占GDP的比重1971年为73%，2000年为187%，2009年为142%。21世纪的前十年马来西亚的对外贸易依存度均在200%左右，2008年的对外贸易依存度甚至高达223.5%。由此可见，对外贸易在马来西亚整个国民经济体系中占据着十分重要的地位。

表 5-10 2001—2007 年马来西亚对外贸易状况

(单位：10 亿美元)

年份	2001	2002	2003	2004	2005	2006	2007
出口总额	88.0	94.1	104.7	126.5	141.2	166.8	183.0
增长率	17.9	6.9	11.3	20.8	11.5	18.1	9.7
进口总额	73.7	79.8	83.3	105.3	114.8	136.1	152.7
增长率	21.3	8.2	4.4	26.4	9.2	18.6	12.2
贸易盈余	14.2	14.3	21.4	21.2	26.4	30.6	30.3

资料来源：亚洲开发银行《亚洲发展展望报告》有关各年数据。

（二）对外贸易的产业分布和主要对象

马来西亚是一个非常开放的经济体，出口和进口总额为 1.11 万亿令吉，是国内生产总值的两倍。下表清楚地表明制成品的主导地位，占出口总额的 82%。其次是出口额的 8% 左右。农产品份额约占出口总额的 7%。在制成品类别中，电子、电机、电器约占出口份额的 53%，这类商品驱动着制造业。同样，作为这一广泛类别的组成部分，电子产品是最主要的。电子产品的出口可以分为半导体和电气设备和电器，两者都具有大致相同的重要性。毫无疑问，制成品的出口特别容易受到外部需求下降的影响。由于对电子产品的需求大部分来自发达国家（特别是美国、欧盟和日本），这些经济体的消费下降势必对马来西亚制成品的出口产生负面影响。值得注意的是，出口总额的百分比比 2008 年的百分比下降了半数以上，比如半导体（2.4%）和电子设备（3.3%）。2007—2008 年，电子、电机、电器出口下降了 5.8%，而制成品占 2007 年出口总额的 78.4%，2008 年下降至 74.1%。

表 5 – 11 按行业出口

(单位:%)

年份	2000	2001	2002	2003	2004	2005	2006	2007	2008
制成品	85.2	85.4	84.5	82.0	81.2	80.7	80.3	78.4	74.1
电力	61.7	59.9	59.4	56.0	53.4	52.7	51.1	47.6	41.8
化学制品	4.0	4.5	4.8	5.3	5.8	6.0	5.6	6.2	6.2
纺织品	2.8	2.7	2.4	2.2	2.2	2.0	1.9	1.8	1.6
金属制造	2.3	2.6	2.5	2.8	3.3	3.2	3.9	4.4	4.4
科学设备	1.8	2.3	2.3	2.3	2.4	2.3	2.3	2.2	2.3
木制品	1.8	1.8	1.8	1.7	1.8	1.6	1.8	1.6	1.5
橡胶制品	1.3	1.3	1.3	1.3	1.3	1.3	1.5	1.7	1.9
交通设备	0.8	0.7	0.8	0.8	1.1	1.3	1.5	1.4	1.4
农产品	4.8	4.7	6.2	7.3	6.6	5.8	6.2	7.5	9.0
棕榈油	2.7	3.0	4.2	5.1	4.3	3.6	3.7	5.3	6.9
橡胶	0.7	0.6	0.7	0.9	1.1	1.1	1.4	1.2	1.2
矿产品	7.0	6.8	6.1	7.4	8.2	9.5	9.3	9.7	12.9
原油	3.8	3.3	3.2	3.9	4.5	5.3	5.2	5.3	6.5
液化天然气	3.8	3.3	3.2	3.9	4.5	5.3	5.2	5.3	6.5
其他出口品	3.01	3.20	3.16	3.34	3.94	4.01	4.18	4.31	4.00

资料来源：马来西亚统计局。

数据显示，马来西亚的出口结构使出口到发达国家的货物比其他商品对经济更为重要。我们不仅要注意，国家的增长在很大程度上取决于贸易，而且出口结构对加工制品的重视程度也很高。从马来西亚对主要贸易伙伴的出口趋势来看，马来西亚出口的脆弱性也得到证实。

马来西亚在出口和进口方面存在很强的关系，因为出口产品的进口量很大。此外，同一国家也作为出口目的地和进口来源。Yusoff（2005）发现马来西亚的贸易结构在过去三十年中发生了显著变化，但马来西亚的贸易方向依然没有根本改变，东盟、欧盟、东亚、美国和日本依然是马来西亚的主要贸易伙伴，与美国和东亚的贸易加强导致马来西亚对外贸易市场份额不断上涨。

20世纪90年代之前，日本、美国、东南亚国家联盟（东盟）和欧盟（EU）

是马来西亚的主要贸易伙伴，1970—2009年贸易总额超过70%。美国是20世纪90年代中期出口最大的单一目的地，在1995年约有11%的出口是针对美国的；在美国之后是欧盟，1995年占出口的14%，进口欧盟的出口份额近年来徘徊在12.5%左右；1995年约有13%的马来西亚商品出口至日本，现在约占9%；最大的下降是在新加坡，在20世纪90年代末期，约有20%的出口来到新加坡，自2006年以来这一数字已经下降到了15%左右。最近几年，由韩国、中国等构成的东亚已变得越来越重要，而欧盟的比例则有所下降。20世纪90年代末，约有3%的出口到中国，但在过去几年中，这一数字几乎翻了三倍。目前，马来西亚出口的五大经济体是美国、新加坡、欧盟、日本和中国。

对发达国家的出口占马来西亚出口总额的40%左右，使得本国的经济受国际市场波动的冲击。如2001年受世界经济不景气及美国"9·11"事件的影响，马来西亚出口萎缩、生产下降，GDP增长率从8.9%下降为0.4%。

进口来源有一些趋同。在20世纪90年代中后期，日本是最大的进口来源，其次是欧盟和新加坡，1995年日本出口马来西亚的比例为27%，2007年下降至13%；美国在1995—1997年占进口总额的约16%，在2007—2008年只有10%来自美国；目前约有11%的进口来自欧盟；中国1995年进口的仅有2.2%的来源，但2005年则高达10%，2007年则达到12.9%。

三、移民汇款

（一）马来西亚移民概况

马来西亚是世界上典型的移民国家之一。近几个世纪以来，来自印度尼西亚、中国和印度的移民涌入了马来西亚，使其成为最多元文化的国家之一。同时，马来西亚人力资源部最近的一项统计显示，马来西亚有35万人在国外工作，其中一半以上受过高等教育，而马来西亚雇主联合会则说，马来西亚有79.5万人在海外工作。[①] 马来西亚被认为是亚洲主要的移民国家之一，发展与移民有着密不可分的关系。

像大多数国家一样，马来西亚并不收集有关移民的资料。因此，不可能准确地了解马来西亚人离开该国或多或少永久性的流动趋势，以及生活在国外的马来

---

① Arbee, A. R., "Malaysian emigration – the Malays are leaving too", *Berita Harian*, 8 March, 2010, p.24.

西亚人的库存变化。根据"全球移民来源数据库"（2007年）的统计，马来西亚籍居住在其他国家的人口为784 900。然而，这个数字显著低估了马来西亚侨民的规模，因为数据库并不包括马来西亚人生活的所有国家。此外，数据库不包括出生于外国的马来西亚籍父母的子女，也不包括许多马来西亚籍的临时居民（外籍工人、学生等）。作为数据库主要基础的普查数据通常系统地排除移民群体，自2000年以来出现了大量移民，但大多数数据是指2000年的人口普查。Arbee认为在1990—2000年，移民人数增加了103.72%，估计在国外工作的马来西亚侨民超过78.5万人。[①]

到目前为止，马来西亚最大的外籍移民社区是新加坡人，2000年为303 828人，2010年的106万人数似乎过高。在1965年8月之前，新加坡和马来西亚半岛被视为一个统一体，它们在处理移民事务方面受制于共同的法律，进入其中一地的人可以不受任何限制地接着进入另一地域。

表5-12 按出生地划分的国外出生人口的分布（1947—1980）

出生地	1947年	1957年	1970年	1980年
马来西亚	44 878(10.9)	128 548(31.0)	187 192(35.2)	233 162(44.2)
中国	282 088(68.5)	178 755(43.0)	243 682(45.9)	189 262(36.0)
印度、巴基斯坦、孟加拉国和斯里兰卡	44 723(10.9)	69 124(16.6)	50 876(9.6)	42 379(8.0)
印度尼西亚	27 654(6.7)	25 683(6.1)	26 947(5.1)	27 113(5.1)
其他	12 301(3.0)	13 641(3.3)	22 186(4.2)	35 236(6.7)
总计	411 644(100.0)	415 751(100.0)	530 883(100.0)	527 152(100.0)

注：括号内数字指占国外出生人口总数的比例

数据显示在战后很长一段时间内，新加坡移民主要来自邻国马来西亚，出生于马来西亚的移民人数如滚雪球似的从1947年的44 878人猛增至1980年的233 163人，按照占新加坡所有国外出生的人口总数的比例计算，则从10.9%增至44.2%。

[①] Arbee, A. R., "Malaysian emigration – the Malays are leaving too", *Berita Harian*, 8 March, 2010, p. 24.

第五章　开放发展背景下马来西亚的外国资本

表5-13　按出生地划分的国外常住居民人口的分布（1990—2000年）

出生地	1990年		2000年		两次人口普查之间的增长	
	人数	百分比（%）	人数	百分比（%）	人数	百分比（%）
马来西亚	194 929	47.3	303 828	53.9	108 699	55.8
中国	149 969	36.4	145 896	25.9	-4 093	-2.7
南亚	25 164	8.5	58 293	10.3	23 129	65.8
印度尼西亚	21 454	5.2	29 314	5.2	7 860	36.6
其他亚洲国家	5 037	1.2	14 459	2.6	9 022	187.1
其他	5 922	1.4	11 659	2.1	5 737	96.9
总计	412 475	100.0	563 429	100.0	150 954	36.6

生于马来西亚的常住居民人数从1990年的194 929猛增到2000年的303 823，增加了108 699，增幅为55.8%。他们在新加坡所有国外出生人口总数中所占的比例从47.3%升至53.9%。马来西亚出生的移民的主导地位不断增强反映了新加坡和马来西亚之间跨越长堤（Causeway）的家庭般紧密联系，每天有超过20万的马来西亚人到新加坡上班。

澳大利亚是马来西亚第二大海外社区，是马来西亚当代流离失所者的主要组成部分。直到20世纪70年代，大部分出生在澳大利亚的是马来西亚出生的英国人和其他在殖民地工作的欧洲人的孩子。因此，澳大利亚出生的马来西亚人口在1947年只有1768，1954年稳步增长到2279，在1961年翻了一番，达到5 893。这些数字包括许多以独立为前提的离开马来西亚的英语群体，以及1950年根据"科伦坡计划"旅行到澳大利亚的其他马来西亚人，其中一些与澳大利亚人结婚，仍然在世。因此，到1971年，马来西亚出生的人数几乎增加了三倍，达到14 945。20世纪70年代，澳大利亚消除了白澳政策的最后遗迹，并开放了非欧洲人移民澳大利亚，在澳大利亚出生的马来西亚籍人口呈上升趋势。到1981年，他们的人数翻了一番，达到32 916，成为继印度和越南后第三大亚洲移民群体。

表 5-14 居住在国外的马来西亚人在全球移民来源数据库中的数量

(单位：人)

国家和地区	2007 年	2010 年
新加坡	303 828	1 060 628
澳大利亚	78 858	119 197
文莱	57 346	81 576
菲律宾	56 343	394
美国	51 669	55 007
英国	50 061	65 571
印度尼西亚	46 850	—
加拿大	21 721	25 477
德国	16 602	5431
印度	14 932	12 945
巴基斯坦	13 646	—
新西兰	11 460	15 912
日本	5849	8043
爱尔兰	2197	4988
中国香港	4609	—
美国夏威夷	3840	
中国内地	2861	
荷兰	2784	3358
泰国	1290	3429
其他	—	—
总计	784 900	1 481 202

资料来源：全球移民原始数据库，http://www.migrationdrc.org/research/typesofmigration/global_migrant_origin_database.html。

直到 20 世纪 90 年代中期，澳大利亚的移民政策几乎完全集中在永久定居点上，临时劳工移民得到了回避。然而，随着技术型临时工签证以及学生和工作假期签证的出台，这种情况发生了巨大变化（Khoo 等，2009）。自 20 世纪 90 年代中期以来，澳大利亚永久性移民的特点之一是越来越重视基于技能的移民选择，

第五章 开放发展背景下马来西亚的外国资本

降低家庭移民的重要性（Hugo，1999年）。这引发了澳大利亚移民的模式转变，并促使了马来西亚人移民到澳大利亚。一些高技能的马来西亚人在某种程度上还是临时移民，他们将利用永久移民政策通往澳大利亚。临时居民流入的重要部分是学生。自20世纪60年代起，澳大利亚一直是马来西亚学生的重要目的地。20世纪90年代澳大利亚政府积极开始鼓励学生移民的增长。下表显示了过去二十年马来西亚学生抵达澳大利亚的人数。显而易见，马来西亚人移民澳大利亚的比例虽然有所减少，但总体数量却有所增加，2010年达到23 247。

表5-15 澳大利亚来自马来西亚的海外学生

年份	来自马来西亚的留学生（人）	所有留学生（人）	马来西亚留学生比例（%）
1987	968	7131	13.6
1988	1975	21 118	9.4
1989	3365	32 198	10.5
1990	5652	47 065	12.0
1991	6735	47 882	14.1
1992	8886	52 540	16.9
1993	10 115	84 671	11.9
1994	10 736	102 153	10.5
1995	12 127	122 306	9.9
1996	14 188	147 789	9.6
1997	16 257	154 728	10.5
1998	16 485	151 444	10.9
1999	16 544	162 865	10.2
2000	19 602	188 277	10.4
2001	20 231	233 408	8.7
2002	17 540	274 887	6.4
2003	19 827	307 988	6.4
2004	19 994	325 369	6.1
2005	19 336	345 972	5.6
2006	19 118	382 480	5.0

(续上表)

年份	来自马来西亚的留学生（人）	所有留学生（人）	马来西亚留学生比例（人）
2007	19 874	455 185	4.4
2008	21 134	543 898	3.9
2009	23 103	631 935	3.7
2010	23 247	619 119	3.8

资料来源：DEST 海外学生统计。

澳大利亚的马来西亚移民组织具有鲜明的特点。它是由非农民组织、受过高等教育、掌握高技能和位于高收入阶层的群体所主导。他们清楚地代表了一个有潜力满足马来西亚高技能工人短缺的群体。文莱还有一个主要的马来西亚社区（2000 年为 57 346 人，2010 年为 81 576 人，是第三大外籍群体），但是相关信息甚少。

（二）移民汇款

作为亚洲地区著名的国际移民输出国之一，自 20 世纪 70 年代末以来马来西亚海外劳工移民的规模不断在扩大，其汇款流回马来西亚的数量也在大幅增加，移民汇款也获得了迅速的发展，进入 21 世纪以来尤为显著，目前已经成为马来西亚国际融资的主要来源之一。根据国际货币基金组织的定义，移民汇款是移民家人从外国经济体获得的收入，主要来自那些暂时或永久迁入这些经济体的海外移民。自 20 世纪 70 年代末以来马来西亚的移民汇款大致经历了三个发展阶段，即基本稳定阶段（1987—1998 年）、直线增长阶段（1999—2007 年）、高位徘徊阶段（2008 年至今）。下表显示 1987—1998 年马来西亚移民汇款收入变化不大，基本上都保持在 2 亿美元左右。

近年来，移民汇款已经逐渐成为马来西亚外资的主要来源之一。马来西亚海外劳工移民的规模不断在扩大，其移民汇款流回马来西亚的数量也在大幅增加，进入 21 世纪以来尤为显著，2016 年增加到了 158.6 亿美元。[①]

[①] IFAD, Sending money home: contributing to the SDGs, one family at a time, 2017, https://www.ifad.org.

第五章　开放发展背景下马来西亚的外国资本

表 5-16　亚洲移民汇款接收国前十位

（单位：百万美元,%）

国家	年份	2001	2002	2003	2004	2005	2006	2007	2008
印度	总额	14 273	15 736	20 999	18 750	22 125	28 334	37 217	51 581
	增长率	10.7	10.3	33.4	-10.7	18.0	28.1	31.4	38.6
中国	总额	7 037	10 955	15 059	20 186	24 102	27 954	38 791	48 524
	增长率	34.4	55.7	37.5	34.0	19.4	16.0	38.8	25.1
菲律宾	总额	6 164	9 735	10 243	11 471	13 566	15 251	16 302	18 643
	增长率	-0.8	57.9	5.2	12.0	18.3	12.4	6.9	14.4
孟加拉国	总额	2 105	2 858	3 192	3 584	4 314	5 428	6 562	8 995
	增长率	7.0	35.8	11.7	12.3	20.4	25.8	20.9	37.1
巴基斯坦	总额	1 461	3 554	3 964	3 945	4 280	5 121	5 998	7 039
	增长率	35.9	143.3	11.5	-0.5	8.5	19.6	17.1	17.4
印度尼西亚	总额	1 046	1 259	1 489	1 866	5 420	5 722	6 174	6 795
	增长率	-12.1	20.4	18.3	25.3	190.4	5.6	7.9	10.1
越南	总额	2 000	2 714	2 700	3 200	4 000	4 800	5 500	7 200
	增长率	—	35.7	-0.5	18.5	25.0	20.0	14.6	30.9
斯里兰卡	总额	1 185	1 309	1 438	1 590	1 991	2 185	2 527	2 947
	增长率	1.6	10.5	9.9	10.5	25.2	9.7	15.7	16.7
尼泊尔	总额	147	678	771	823	1 212	1 453	1 734	2 727
	增长率	32.4	361.2	13.7	6.7	47.3	19.9	19.3	57.3
马来西亚	总额	792	959	987	1 128	1 281	1 550	1 803	1 920
	增长率	-19.3	21.1	2.9	14.3	13.6	21.0	16.3	6.5

资料来源：世界银行，http://www.worldbank.org.

自 20 世纪 70 年代末以来马来西亚的移民汇款获得了迅速的发展，目前移民汇款[①]已经逐渐成为马来西亚国际融资的主要来源之一。1987—1998 年马来西亚

---

① 根据国际货币基金组织的定义，移民汇款是两个部分的总和："员工薪酬"和"个人转移"。国际货币基金组织：《国际汇款业务：编制者和使用者指南》，2009 年，第 18-19 页。

移民汇款收入变化不大，基本上都保持在2亿美元左右。① 此后至2007年出现了明显增长，由2003年的5.71亿美元一举增至2007年的15.6亿美元。此后出现了小幅波动，2010年一度减少至11亿美元，此后又开始了新一轮快速增长期，到2015年已经增长到了创历史记录的16.4亿美元。

无论从总量上还是占GDP的比例上来比较，国际移民汇款远远低于外国直接投资。1987年移民汇款、外国直接投资分别为4882万美元、4.2亿美元，国际移民汇款相当于外国直接投资的11.55%，分别占GDP的0.15%和1.31%。到2015年二者分别为16.63亿美元和109.63亿美元，国际移民汇款相当于外国直接投资的15.00%，分别占GDP的0.55%和3.70%。② 由此可见，自20世纪80年代末以来，移民汇款无论总量还是与GDP的比例始终落后于外国直接投资。相对于FDI不断存在的大幅波动而言，移民汇款总体上处于稳定增长（见图5-3）。同时，图5-4也显示与移民汇款的稳定发展相比，FDI屡次出现大幅波动。

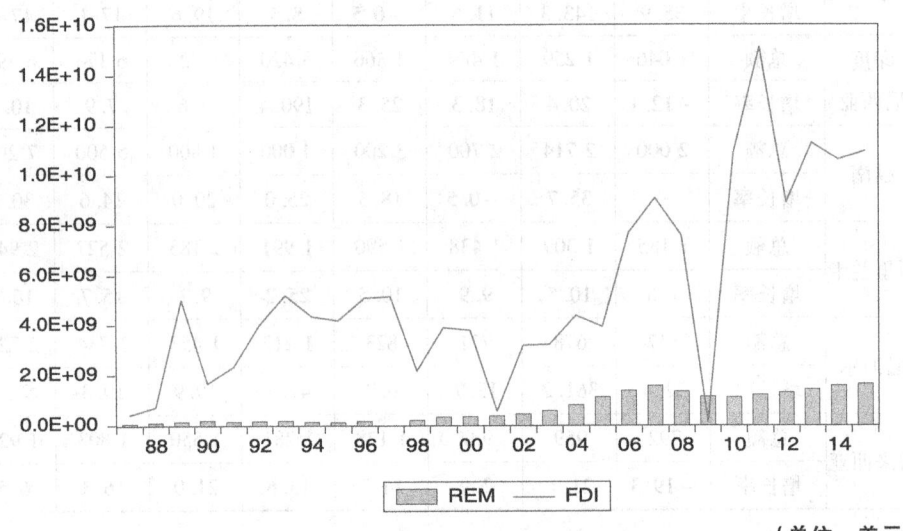

（单位：美元）

图5-3　1987—2015年海外移民汇款和FDI变动趋势图

资料来源：World Bank, Migrant remittance inflows (USMYM million), WDI (World Development Indicators), October 2016, http://data.worldbank.org.cn/data-catalog/world-development-indicators.

---

① World Bank, Migrant remittance inflows (US $ million), WDI (World Development Indicators), October 2016, http://data.worldbank.org.cn/data-catalog/world-development-indicators.
② World Bank, Migrant remittance inflows (US $ million), WDI (World Development Indicators), October 2016, http://data.worldbank.org.cn/data-catalog/world-development-indicators.

第五章 开放发展背景下马来西亚的外国资本

马来西亚海外劳工移民的规模不断在扩大,其汇款流回马来西亚的数量也在大幅增长,进入 21 世纪以来尤为显著,从 2001 年的 3.67 亿美元增至 2015 年的 16.4 亿美元。① 然而,马来西亚移民汇款的增长趋势促使我们想知道巨额汇款流入能否通过投资或其他渠道有效地为经济增长服务,能否促进马来西亚经济增长。下面我们进一步来验证。

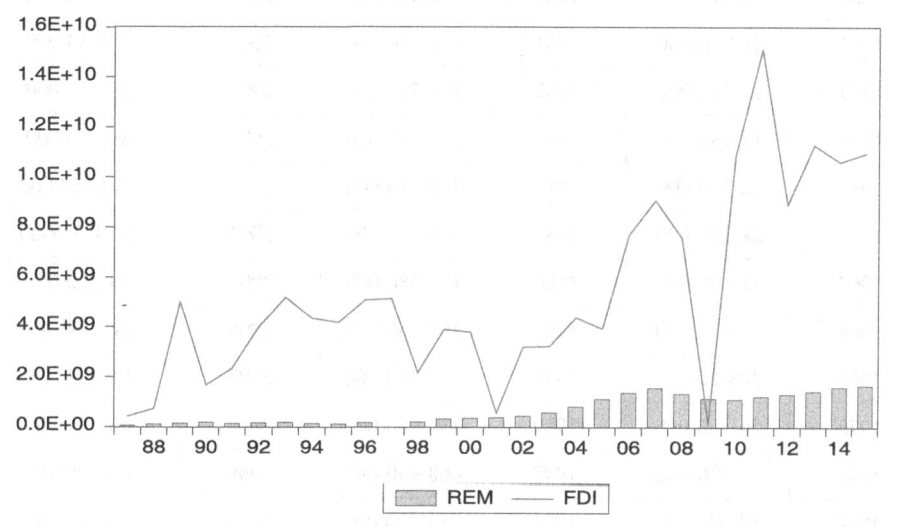

(单位:美元)

图 5-4 1987—2015 年海外移民汇款和 FDI 变动趋势图

资料来源:World Bank, Migrant remittance inflows (USMYM million), WDI (World Development Indicators), October 2016, http://data.worldbank.org.cn/data-catalog/world-development-indicators.

四、外国援助

自 1957 年独立以来,马来西亚作为受援国主要接受了来自英国、美国以及日本等 OECD-DAC 成员国家的发展援助。② 2004 年,马来西亚接受的官方发展援助数额总计为 28 954 万美元(现价),是 2003 年 10 746 万美元的 2.7 倍,比 2000 年的 4537 万美元增加了 5.4 倍。

---

① World Bank, Migrant remittance inflows (US $ million), WDI (World Development Indicators), October 2016, http://data.worldbank.org.cn/data-catalog/world-development-indicators.

② OECD-DAC 全称为 the OECD Development Assistance Committee,经合组织国家发展援助委员会。

表 5-17　1960—2015 年马来西亚 ODA

（单位：美元）

年份	ODA	年份	ODA	年份	ODA
1960	13 280 000	1979	124 440 000	1998	201 740 000
1961	18 910 000	1980	134 590 000	1999	145 930 000
1962	21 820 000	1981	142 960 000	2000	48 650 000
1963	12 730 000	1982	134 710 000	2001	29 330 000
1964	17 180 000	1983	175 950 000	2002	89 340 000
1965	22 180 000	1984	325 940 000	2003	11 032 0000
1966	28 150 000	1985	228 670 000	2004	29 923 0000
1967	21 100 000	1986	191 580 000	2005	29 220 000
1968	32 870 000	1987	362 860 000	2006	241 360 000
1969	308 200 00	1988	103 420 000	2007	202 150 000
1970	26 360 000	1989	139 750 000	2008	156 350 000
1971	42 190 000	1990	468 490 000	2009	139 920 000
1972	50 080 000	1991	289 290 000	2010	-6 140 000
1973	45 030 000	1992	203 700 000	2011	40 810 000
1974	69 180 000	1993	95 220 000	2012	18 320 000
1975	99 000 000	1994	66 140 000	2013	-113 140 000
1976	62 910 000	1995	10 826 000	2014	20 060 000
1977	70 690 000	1996	-456 600 000	2015	-590 000
1978	79 820 000	1997	-24 034 000		

资料来源：世界银行。

第二次世界大战结束后，日本是马来西亚的主要援助国之一，同时日本也是马来西亚的首位贸易伙伴。1981 年，马来西亚总理马哈蒂尔提出了"东方政策"（The Look East Policy），在对美欧提出批判的同时，对日显示出友好姿态，在经济与社会发展以及环境保护等领域均对日本抱有很大期望，这也使得双方在经济上保持紧密关系。长期以来，两国双边贸易是马来西亚赤字结构，尤其是 1984 年以后马来西亚的对日赤字大幅度增加，1987 年达 26 亿美元。但其后日本对马

第五章 开放发展背景下马来西亚的外国资本

来西亚直接投资剧增导致机械类产品和生产资料的出口增加，使1990年以后的双边贸易变为日本赤字结构（1994年为41.3亿美元）。20世纪90年代日本对马来西亚的重点援助领域是环境保护、贫困与地区对策、培育人才及中小企业。截至1994年，日本对马来西亚的ODA纯支付累计额为21.4亿美元，在日本双边ODA受援国中居第10位。但马来西亚出于对累计债务的担心，提出暂时不再申请日元贷款。截至1994年，日本对马来西亚的日元贷款累计额为6463.37亿美元，无偿援助109.98亿日元，技术援助666.34亿日元。

表5-18 1974—1976年日本ODA在东盟各国所得外援总额中所占比重

（单位：百万美元，%）

		东盟合计	泰国	印度尼西亚	菲律宾	马来西亚	新加坡
1974年	外援总额	820	64	540	133	63	20
	日本ODA	360	17	221	73	36	13
	日本比重	44.0	26.6	40.9	54.9	57.1	65
1975年	外援总额	860	73	527	160	90	10
	日本ODA	380	41	198	70	63	8
	日本比重	44.2	56.2	37.6	43.8	70.0	80.0
1976年	外援总额	823	71	524	161	57	10
	日本ODA	359	43	200	76	34	6
	日本比重	44.2	60.6	38.2	47.2	59.6	60.0

资料来源：日本贸易会：《东盟的现状和我国的对应》，第127页。

五、外债

马来西亚自从20世纪60年代初开始利用外债以来，就一直重视利用及优化外债的投向，使利用外债取得了较好的经济效益。马来西亚利用外债的合理产业投向，促进了该国经济得以较快地发展，并取得了令人瞩目的成就，因而被西方经济学家誉为"亚洲的一颗新星""亚洲的第五条小龙""亚洲利用外债最成功的国家之一"。

表 5-19 1970—2016 年马来西亚外债

(单位：美元)

年份	外债	年份	外债	年份	外债
1970 年	94 414 000	1986 年	1 449 692 000	2002 年	3 231 431 000
1971 年	120 039 000	1987 年	1 937 765 000	2003 年	3 513 100 000
1972 年	132 267 000	1988 年	1 923 253 000	2004 年	4 345 009 000
1973 年	152 023 000	1989 年	1 749 906 000	2005 年	4 438 956 000
1974 年	194 003 000	1990 年	2 234 435 000	2006 年	4 899 744 000
1975 年	231 061 000	1991 年	2 541 525 000	2007 年	3 249 683 000
1976 年	267 071 000	1992 年	2 603 115 000	2008 年	4 269 088 000
1977 年	348 175 000	1993 年	2 812 485 000	2009 年	3 707 783 000
1978 年	421 931 000	1994 年	3 325 621 000	2010 年	3 495 654 000
1979 年	444 631 000	1995 年	3 652 419 000	2011 年	3 034 059 000
1980 年	567 368 000	1996 年	2 548 108 000	2012 年	2 777 171 000
1981 年	599 245 000	1997 年	2 032 820 000	2013 年	2 289 195 000
1982 年	573 400 000	1998 年	2 333 202 000	2014 年	1 924 431 000
1983 年	666 142 000	1999 年	2 735 195 000	2015 年	1 706 829 000
1984 年	875 228 000	2000 年	2 938 882 000	2016 年	1 488 730 000
1985 年	1 163 604 000	2001 年	3 175 637 000		

资料来源：世界银行。

有观点认为，马来西亚的经济繁荣建立在不稳定和不可持续的基础之上，经济增长越来越依赖外国资本，无论是资本还是非技术性劳动。Nanthakumar Loganathan，Muhammad Najit Sukemi 和 Nur Azura Sanusi（2010）利用 1988—2008 年的数据分析认为，马来西亚外债与宏观经济表现是"可持续的"。

第五章　开放发展背景下马来西亚的外国资本

第三节　外国资本对马来西亚经济发展的影响

一、外国直接投资的影响

外国直接投资被视为是1960—1997年和2000—2004年马来西亚经济强劲增长的主要推动力。1960—1995年，马来西亚是发展中国家最受欢迎的外国直接投资国之一。马来西亚政策改革包括引入《1968年投资激励法》，20世纪70年代初期建立自由贸易区，出口激励措施的提供与20世纪80年代经济自由化政策的加速是引起外国直接投资大量涌入该国的合理因素。1986年推出《投资促进法》导致FDI大幅增长，特别是从1987年到20世纪90年代初期。自1997年以来外国直接投资对国内资本形成总额的贡献有所下降，联合国贸易和发展会议（UNCTAD）将马来西亚列为1995年FDI第六大目的地，但在2007年排名第71。

尽管马来西亚的经济发展模式在不断变化，但FDI始终在其中发挥着重要作用。关于这方面的国内外研究成果较多，陈洪涛（2010）认为马来西亚的外商直接投资在短期内对国内GDP增长率波动的影响系数为13.967，长期内对GDP增长率的影响系数是-7.559，对宏观经济稳定的影响系数为6.942。Chowdhury和Mavrotas（2005）研究了智利、马来西亚和泰国的外国直接投资与经济增长之间的因果关系。对马来西亚和泰国来说，这两个变量之间存在着强烈的双向因果关系。Hooi Hooi Lean和Bee Wah Tan（2011）研究了1970—2009年FDI和国内投资对马来西亚经济增长的影响，得出FDI对经济增长存在长期均衡关系，国内投资存在负面影响，FDI对国内投资有积极作用。Azam等人（2013）发现1985—2011年外商直接投资对东亚、东南亚五国经济增长产生积极影响。Marwah和Takavoli（2004）考察了四个东盟国家的外国直接投资和进口对经济增长的影响，发现外国直接投资在解释四国经济增长方面具有重要意义，FDI和进口对马来西亚的经济增长弹性系数分别为0.086和0.443，FDI和进口对经济增长都有重大影响。Idris Jajri（2009）考察外国直接投资在1970—2003年对马来西亚增长的影响，发现外商直接投资对马来西亚经济增长速度有显著影响，FDI每增加1%对GDP的贡献增长1.08%。Noor Al-Huda Abdul Karim和Shabbir Ahmad（2009）分析了1984—2005年FDI对减贫的作用。FDI系数具有统计上显著的负面迹象，表明贫困发生率可能是由于外国直接投资流入马来西亚而减少。

同时，还有其他学者对 FDI 的影响产生了怀疑。Karimi 和 Zulkornain（2009）的研究分析了 1970—2005 年的时间序列数据，认为在马来西亚没有强有力的证据表明外国直接投资与经济增长之间存在双向因果关系和长期关系，这表明外国直接投资对马来西亚的经济增长有间接影响。Hooi Hooi Lean（2008）分析了 1985—2005 年马来西亚 FDI 和制造业部门经济增长的关系，研究表明两者之间不存在短期和长期均衡关系，这一结论与大多数结论相反。Duasa（2007）指出，外国直接投资并不直接导致马来西亚的经济增长。Karimi 和 Yusop（2009）也发现，马来西亚的外国直接投资与经济增长之间没有明确的双向因果关系和长期的关系。Karimi 和 Yusop（2009）表示，FDI 对马来西亚的经济增长间接产生影响，特别是通过人力资本和技术溢出。

1980—2010 年，外国直接投资对马来西亚经济增长没有显著影响。这意味着马来西亚的经济增长可归因于其他因素。虽然这些发现与以前研究这一主题的研究结果形成对比，但研究结果的差异可能是由于早期研究所涉及的时期不同。这可能意味着马来西亚经济从依赖外国直接投资转向其他因素。[1]

关于外商直接投资是否会引起金融危机，学术界也存在不同的观点。有的学者认为，外商直接投资有助于东道国的经济发展，并且由于其以企业资产为主，具有一定的稳定性，所以不会引发金融危机。例如，葛顺奇和杨锐（1998）认为，外资投入结构不合理是东南亚国家发生经济危机的原因之一。短期资本具有很强的投机性、流动性，相比之下，外商直接投资是一种长期投资行为，具有相对稳定性，不会引发金融危机。Lipsey（2001）认为由于外商直接投资一旦完成，实物资产就不可能轻易移动，更具有稳定性。

近年来，也有学者指出了外商直接投资的负面效应问题。例如，Dooley 等（1994）研究后认为在危机发生的时候，更高比重的外商直接投资意味着更大的波动性，因为跨国公司可以通过子公司和母公司的内部通道更便捷地使资金从东道国流进和流出。Reis（2001）认为，外商直接投资会在东道国产生两方面"创造性破坏"：一方面使东道国国内现有的投资不再具有盈利能力；另一方面使东道国国内的投资者不再进行未来的投资。两种形式的"创造性破坏"使利润由东道国流向母国，从而损害东道国的国际收支平衡。Woodward（2003）认为，外来的外商直接投资与其他形式流入资本的本质是一样的，即获得利润，而这些资本产生的利润的汇出会对东道国的国际收支带来不利的影响，有可能导致金融

---

[1] Samer Abou Shakar and Mohamed Aslam. "Foreign Direct Investment, Human Capital and Economic Growth in Malaysia", *Journal of Economic Cooperation and Development*, Vol. 36, No. 1, 2015, pp. 103 – 132.

第五章 开放发展背景下马来西亚的外国资本

危机的发生。

可以看出,外商直接投资的负面效应主要体现在:(1)外商直接投资会对东道国投资产生挤压作用,特别是在发展中国家对外商直接投资实施优惠措施后,东道国国内现有投资竞争能力下降,同时投资者不再进行未来的投资,对东道国国内经济产生冲击;(2)外商直接投资技术、管理的引入,虽然促进了东道国技术、管理水平的提高,但同时也削弱了其自主技术和品牌的创新和发展;(3)外商直接投资使大量投资利润由东道国流向母国,从而损害东道国国内的财富增长和长期发展;(4)在发生金融危机时,跨国公司内部通道使东道国资本流动呈现波动性,跨国公司的资金从东道国流进和流出,加剧了金融危机的影响程度。

按照 D. D. 帕维斯、小岛清等人的观点,对外直接投资在一定程度上可以产生扩大、创造和促进对外贸易的作用,对外直接投资与对外贸易是互相补充的关系。小岛清模型为发展中国家利用外资扩大贸易进而促进经济增长提供了理论依据。从区域的案例来看,小岛清等人的观点在以日本为首的"雁行模式"下的国家和地区中得到了较好的验证,马来西亚正是其中之一。然而,近年来马来西亚的 FDI 吸引力已经开始耗尽,外国直接投资的流出持续超过流入。

表 5-20　1970—2015 年马来西亚 FDI 流入额

（单位:百万美元）

年份	FDI 流入额	年份	FDI 流入额	年份	FDI 流入额
1970	94	1986	489	2002	3203
1971	100	1987	423	2003	2473
1972	114	1988	719	2004	4624
1973	172	1989	1668	2005	4065
1974	571	1990	2611	2006	6060
1975	350	1991	4043	2007	8595
1976	381	1992	5138	2008	7172
1977	406	1993	5741	2009	1453
1978	500	1994	4581	2010	9060
1979	573	1995	5815	2011	12 198
1980	934	1996	7297	2012	9239

（续上表）

年份	FDI 流入额	年份	FDI 流入额	年份	FDI 流入额
1981	1265	1997	6323	2013	12 115
1982	1397	1998	2714	2014	10 877
1983	1261	1999	395	2015	11 121
1984	797	2000	3788		
1985	695	2001	554		

资料来源：http://unctadstat.unctad.org/wds/TableViewer/tableView.aspx.

表 5-21 FDI 在马来西亚不同部门的比重（1985—2009 年）

（单位：百万美元，%）

年份 领域	1985	1993	1995	2000	2005	2006	2007	2008	2009
制造业	343	2226	3129	6353	6894	11 208	16 714	17 033	8501
食品	24	72	48	278	385	442	721	803	576
纺织	13	185	189	312	99	224	424	118	97
印刷	41	48	39	401	252	188	876	163	147
化学	12	685	729	254	454	2493	1149	767	2447
天然气	0	0	157	618	194	3118	4183	794	344
橡胶	12	15	31	248	204	195	154	208	64
非金属矿产品	45	45	501	465	243	318	393	366	1873
基本金属制品	60	306	189	207	846	743	3682	7439	755
金属制品	18	37	114	108	200	361	199	310	400
电力	45	711	948	3206	3642	2733	4570	5131	1386
交通	75	123	184	256	374	395	362	834	411
其他	43	217	522	2571	1306	1330	1412	1092	1030
合计	386	2442	3651	8845	8201	12 538	18 126	18 125	9530

资料来源：马来西亚财政部，Economic Report.

第五章　开放发展背景下马来西亚的外国资本

表 5–22　马来西亚 FDI 和资本形成

(单位:百万令吉)

年份	FDI	GDP	GFCF	FDI 占 GDP 比重
1980	2073.48	53 308	16 597	3.9%
1985	1674.95	77 547	23 124	2.2%
1990	7 049.70	115 701	37 855	6.1%
1991	10 996.96	132 381	30 599	8.3%
1995	14 770.10	218 671	107 825	6.8%
2000	14 394.40	343 215	87 729	4.2%
2005	14 995.26	495 239	98 930	3.0%

资料来源：Jarita Duasa. (2007). Malaysian foreign direct investment and growth: Does stability matter? Journal of Economics Cooperation, 28(2): 83–89; Chowdhury, A. & Mavrotas, G. (2005). FDI and growth: A Causal Relationship, WIDER Research Paper.

表 5–23　2005 年马来西亚各州制造业 FDI 流入情况

(单位:%)

	州（省）	FDI 比例
较发达州（省）	吉隆坡	0.09
	雪兰莪	21.33
	槟城	22.90
	霹雳	4.88
	柔佛	33.02
	森美兰	0.63
	马六甲	3.64
较不发达州（省）	吉打	8.45
	彭亨	1.75
	吉兰丹	0.02
	丁加奴	0.00
	玻璃市	0.02
	沙巴	1.56
	沙捞越	1.71

资料来源：马来西亚投资发展局。

二、对外贸易的影响

对外贸易对马来西亚经济的影响集中体现在 20 世纪七八十年代，由于马来西亚经济的飞速发展高度依赖于出口贸易、少数初级产品出口、少数资本主义发达国家市场的片面依赖性结构，因此它的经济在 70 年代和 80 年代上半期均受到资本主义国际市场波动的影响。

1988 年马来西亚经济对出口的依赖比高达 60%，在四个东盟农业国家中居首位（印度尼西亚 25.1%、菲律宾 18.2%、泰国 27.6%）。就 1983 年的出口商品结构看，四项主要出口初级产品（石油与天然气、橡胶、棕榈油、木材）便占了出口总额的 43%，电子部件占出口总额的 15.3%，合占 53.3%。这样的经济结构正是在 1984 年几项主要出口初级产品出口价格全面暴涨和几项主要出口工业制品出口又同时衰退时爆发了 1985—1986 年严重经济危机的主要原因。

Al-Yousif（1999）的研究表明，短期来看，马来西亚的经济增长是由出口带动（出口导向型增长），这意味着出口对马来西亚经济起着重要的作用。Choong 等人（2003）也暗示出口导向的增长假说在马来西亚有效。这个假设意味着出口增加将导致经济的增长。Ghatak 等人（1997）认为出口通过赚取外汇和实现规模经济对促进经济增长发挥了重要作用。Muhammad Haseeb 等人（2014）研究了 1971—2013 年马来西亚出口与经济发展的关系，认为马来西亚出口和外国直接投资与 GDP 的增长都是正相关。Mohamed 等（2013）用从 1964—2010 年的数据表明出口与经济增长之间存在着积极的因果关系。Ging 和 Furuoka（2009）调查了马来西亚出口与经济增长之间的关系，结果显示两者之间有很强的联系。Sulaiman and Saa（2009）考察了 1967—2009 年马来西亚出口与经济增长之间的关系，两者之间的相关性也很强。

马来西亚高度依赖贸易促进增长，[1] 对外贸易需求的依赖非常大，成为引发经济增长的关键因素。近三分之二增长（增加值）是受外部需求的影响，国内最终需求占三分之一。因此，马来西亚作为一个出口依赖型制造业的小型开放型经济体，特别容易受到全球危机的影响。引发马来西亚出口需求的国家已经受到

---

[1] Abdul Rahman Hasan, Abd. Latib Talib. Analysis on the Impact and Interdependency of Malaysia Economy with Its Major Trading Partners, 2011.

危机的影响,导致马来西亚的产量下滑。①

三、 移民汇款的影响及政策分析

(一) 影响

移民汇款对经济增长的影响十分复杂,甚至对是否有影响迄今也存在争议,不少学者持肯定观点,同样许多学者持怀疑态度。②

Carlos (2009) 等通过1988—2007年亚洲地区20多个国家的数据,研究了亚洲国家汇款促进经济增长和减贫的潜力。结果表明,汇款对本国实际国内生产总值 (GDP) 的人均增长有积极影响,汇款增长10%, GDP增长率为0.9%—1.2%。调查结果还表明汇款对整体贫困率影响不大,但往往会降低贫困人口比例,估计移民汇款增加10%将使贫困人口比例减少约0.7%—1.4%。Lucas等 (1993) 对博茨瓦纳的研究则发现移民汇款对经济增长产生积极的影响,认为移民汇款促进了投资和创业活动,从而对经济增长产生积极作用。Mishra (2005) 对13个加勒比国家的研究表明,移民汇款收入每增长1%,私人投资就会增长0.6%,从而推动了经济增长。Leon-Ledesma 和 Piracha (2009) 就汇款对中欧和东欧国家就业影响的分析发现,移民汇款对失业的影响取决于其对生产力增长和投资的影响。他们对1990—1999年11个转型国家的数据进行计量估计,结论认为汇款通过对投资的直接和间接影响对生产力和就业产生积极的影响。井方贤治 (2007) 对菲律宾的考察结果是,从长期来看菲律宾经济依赖移民汇款形成了其独具特色的经济增长模式:移民汇款成为了国家经济的支撑资源。国内有学者对东南亚国家的移民汇款进行过研究,③ 但是尚未就其对经济增长的影响展开实证分析。

Rao 和 Hassan (2009) 使用40个汇款占GDP比重超过1%的国家的数据,分析了移民汇款对经济增长的直接影响以及汇款影响增长的渠道,发现移民汇款对经济增长的直接影响微不足道。Giuliano 和 Ruiz–Arranz (2005) 发现移民汇款对经济增长的影响并不显著, Kireyev (2006) 认为移民汇款阻碍了国内储蓄,

---

① Shankaran Nambiar. Malaysia and the Global Crisis: Impact, Response, and Rebalancing Strategies, ADBI Working Paper Series, August 2009.

② 林勇:《国际移民汇款对移民来源国经济发展的影响——国外主要观点综述》,《华侨华人历史研究》2011年第1期。

③ 沈燕清:《印度尼西亚海外移民汇款治理及其对策研究》,《南洋问题研究》2015年第4期。

鼓励了私人消费进口商品，而没有促进投资增加，这就可能会妨碍竞争力的提升，增加贸易赤字。Chami 等（2005）对 113 个国家 29 年间的数据进行了分析，结果发现移民汇款降低了移民汇款接收者的劳动积极性，对经济增长产生负面影响。他们的研究表明，移民汇款的增长速度和人均国内生产总值增长之间呈负相关关系。另外，移民汇款还可能会导致类似"荷兰病"的情况发生。Chami, Fullenkamp Bahjahha、Fullenkamp 和 Jahjah（2005）指出，汇款将带来道德风险，减少移民家庭成员工作的热情和动力。这样就将降低该国的生产率，从而对经济增长产生负面影响。

除此，还有一些学者对移民汇款的作用持模糊态度。Barajas（2009）使用 80 多个国家样本证明移民汇款与长期的经济增长之间没有必然联系。然而，Giuliano 和 Ruiz-Arranz（2009）分析了大约 100 个发展中国家的数据，注意到移民汇款促进了较不发达国家的经济增长，从而提出了新的投资融资方式。同样地，Bettin 和 Zazzaro（2009）利用衡量国内银行系统效率的金融发展新指标，注意到银行效率低（高）的国家汇款对经济增长的影响是负面的（积极的）。Catrinescu（2009）使用动态面板数据表明汇款对长期宏观经济增长的影响不明显，经济政策和制度健全的影响也在增加。最后，Javaid（2009）提供了最近的证据，证明了一些亚洲国家（孟加拉国、印度、印度尼西亚、马来西亚、巴基斯坦和菲律宾）移民汇款的流入导致了"荷兰病"。

（二）政策

综观马来西亚相关外资政策的演变，其主要特点表现为：（1）马来西亚对外国直接投资一直采取较为自由的政策。尽管新经济政策对外资的控股比例作了某些限制，但在实际执行过程中却有很大的灵活性。（2）马来西亚自一开始就有明确的外资政策，但却没有相应的技术引进政策。直到 70 年代以后技术引进政策才开始在外资政策中受到重视。（3）马来西亚的外资政策在很大程度上是与其领导人的政治目标联系在一起的。

王守贞、吴昊（2011）将马来西亚吸引 FDI 状况不佳的原因归结为：缺乏亲商环境，吸引外资基础条件不佳；经济上存在长期结构性问题，影响外资决策；纳吉布政府改革政策反复，政治意愿不明。他们认为马来西亚纳吉布政府所采取的策略，是通过开放经济来吸引外资流入马来西亚。"但是，这些措施很多时候

第五章 开放发展背景下马来西亚的外国资本

只能吸引到短期外资的流入"。①如果只是单纯吸引更多的短期外资流入,实际上对经济的发展并没有太多的贡献。

虽然马来西亚政府鼓励外资投向出口导向性产业,借此带动国家经济发展,但同时也鼓励国内企业和个人投资这些行业及项目,在有些领域因维护马来土著利益,对外资在股权比例、董事会成员构成等方面有所限制。外商投资行业会在股权方面受到严格限制:金融、保险、法律服务、电信、直销及分销等。一般外资持股比例不能超过50%或30%。2009年4月,马来西亚政府为了进一步吸引外资,刺激本国经济发展,开放了8个服务业领域,允许外商独资,不设股权限制。包括:计算机相关服务领域、保健与社会服务领域、旅游服务领域、运输服务领域、体育及休闲服务领域、商业服务领域、租赁服务领域、运输救援服务领域。为了进一步刺激外资流入,马来西亚政府自2012年逐步开放17个服务业行业的外资股权限制,包括:电信领域的服务供应商执照申请、电信领域的网络设备供应与网络服务供应商执照申请、快递服务、私立大学、国际学校、技工及职业学校、特殊技术与职业教育、技能培训、私立医院、独立医疗门诊、独立牙医门诊、百货商场与专卖店、焚化服务、会计与税务服务、建筑业、工程服务以及法律服务。马来西亚政府鼓励外国投资进入其出口导向型的生产企业和高科技领域。可享受优惠政策的行业主要包括:农业生产,农产品加工、橡胶制品、石油化工、医药、木材、纸浆制品、纺织、钢铁、有塑料制品、防护设备仪器、可再生能源、研发、食品加工、冷链设备、酒店旅游及其他与制造业相关的服务业等。②

(吴 元 林 勇)

---

① 王守贞、吴昊:《从FDI流动看马来西亚经济发展的隐忧》,《东南亚研究》2011年第1期。
② 钟继军、唐元平编著《马来西亚经济社会地理》,世界图书出版广东有限公司,2014年,第218-219页。

第六章
印度尼西亚的国际移民与经济发展

第一节 印度尼西亚的国际移民

印度尼西亚是东南亚地区第二大移民输出国，到2012年为止，其海外移民的数量在600万以上，遍布世界40多个国家和地区。① 印度尼西亚人向海外移民历史悠久，早在15世纪就有米南加保人迁移到今马来西亚森美兰州。1592年荷兰东印度公司官员Jan van Riebeeck 与其印度尼西亚仆人一起来到好望角。1658年来自安汶和马鲁古的一个穆斯林群体（the Mardyker）抵达开普敦，作为安全部队，保护东印度公司的贸易利益和荷兰殖民地免受当地居民的滋扰，由此，一个印度尼西亚侨民群体开始在南部非洲形成。②

19世纪时成千上万的爪哇人被送往苏里南（荷属圭亚那）的种植园做苦力，占当时苏里南人口约20%。③ 此后，宗教因素造成大量印度尼西亚穆斯林前往中东学习和履行朝觐，其中相当一部分人留在当地。1853—1858年，前往麦加朝圣的印度尼西亚人只有一半返回。1931年荷兰殖民官员Van der Plas也报告说，从印度尼西亚启程已获得"Hajj"（即朝圣者）头衔的30 000人中有约10 000人未归。到19世纪末，印度尼西亚出现一些教育移民，少数爪哇贵族走遍海外，尤其是到荷兰，以继续他们更高层次的学习，一些人留居下来。20世纪初随着"伦理政策"的实施，印度尼西亚人向欧洲的教育移民数量不断增多，并一直持

---

① 李国章：《印度尼西亚海外劳工创汇快速增加》，《经济日报》2012年7月27日。
② Dede Eusdian and Zaim Saidi, Diaspora Giving: An Agent of Change in Asia Pacific Communities?, http://asianphilanthropy.org/APPC/DiasporaGiving-conference-2008/DiasporaGiving-Indonesia-2008.pdf, pp.161-162.
③ Aris Ananta, Estimating The Value of The Business of Sending Low-skilled Workers Abroad: An Indonesian Case, http://iussp2009.Princeton.edu/papers/91804, pp.2-3.

第六章 印度尼西亚的国际移民与经济发展

续到20世纪末。①

1945年印度尼西亚独立后，劳动力迁移作为一种自发的运动持续进行。1970年印度尼西亚政府颁布法规以管理海外劳务招聘，但直到1979年才开始积极鼓励派遣劳工移民海外。由于中东地区蓬勃发展的石油工业，从20世纪70年代开始迁移到中东的印度尼西亚劳工明显增多。此外，相当大数量的印度尼西亚工人在邻近国家和地区务工，包括马来西亚、新加坡、中国香港、韩国和日本等。

1983年印度尼西亚允许来自中东国家的私人代理机构招募劳工，政府人力资源部门积极推动和促进人口的外流，尤其是家庭女佣。此后，出口劳工的数量及相关机构迅速增加。1984年政府在人力资源部内成立了"Pusat AKAN"（境外就业中心），1994年该机构更名为"DJTKLA"（海外人力资源服务局），其任务包括增加海外就业机会、培养印度尼西亚和主要移民接收国之间的外交关系等。此外，20世纪90年代，人力资源部开始给经营印度尼西亚海外劳工业务的企业颁发许可证，从事移民招聘的正式与非正式机构数量均大为增加。② 目前，印度尼西亚至少有5个政府机构从事与劳工移民有关的工作，其中两个最重要的机构是人力资源与移民部和印度尼西亚外劳机构。前者负责规范各类招募机构，而后者则监督各招募机构以确保它们提供合格的服务，并且负责政府层面上的事务往来等。印度尼西亚外劳机构在19个移民输出省设有代表处，即所谓的"移民工人保护和就业服务中心"（BP3TKI），在14个县市级设有代表处。③ 在规范和实施移民就业和保护政策的过程中，各省和各地区的政府部门发挥了关键作用。

迄今印度尼西亚已形成比较完善的海外劳工招聘流程：海外劳工的招聘和部署只能通过由人力资源与移民部授权的私人招募机构（PPTKIS）来完成。除了招聘和就业，私人招募机构也会为移民工人提供某些服务，如帮助办理出发前的费用贷款；与其他国家人力资源机构或印度尼西亚银行合作进行出发前的培训，包括如何开设银行账户和寄送汇款等。私人招募机构只能在它们建立了分支机构的省份招收工人，并遵守人力与移民部省级办公室的相关规定。这种招聘流程是渴

---

① Dede Eusdian and Zaim Saidi, Diaspora Giving: An Agent of Change in Asia Pacific Communities?, http://asianphilanthropy.org/APPC/DiasporaGiving - conference - 2008 /DiasporaGiving - Indonesia - 2008.pdf, pp. 161 - 162.

② Aris Ananta, Estimating The Value of The Business of Sending Low - skilled Workers Abroad: An Indonesian Case, http://iussp2009.Princeton.edu/papers/91804, pp. 2 - 3.

③ Palmira Permata Bachtiar, The Governance of Indonesian Overseas Employment in the Context of Decentralization, The SMERU Research Institute, Jakarta, 2011, http://dirp4.pids.gov.ph/ris/dps/pidsdps1125.Pdf, 2014 - 05 - 13, pp. 1 - 2.

望到国外工作的印度尼西亚人所面临的主要障碍,因为这意味着他们要历经层层审批,耗费大量时间和金钱。① 印度尼西亚大部分海外劳工招募自偏远地区的农村,这就凸显了中间商的作用。这些人凭借他们与国家和各地私人招募机构的特殊联系,提供海外就业信息,而移民工人则不得不为此支付相关的费用。因此,各地政府已采取一些相应措施,如对在地区层面为私人招募机构工作的个人代理进行登记,并使其定期进行培训,以便使他们与非正式的中间人区分开来。② 此外,2008年12月在西努沙登加拉省马打兰建立了一个一站式的移民文件处理中心(OSS)。它是根据非政府组织和招募机构的建议而设立的,以缩减移民工人出国前耗费的时间与金钱。③

在这一系列措施下,印度尼西亚海外移民数量显著增长。2006年,统计数据显示有68万印度尼西亚移民经正式招聘到海外工作,超过四分之三是女性。其中32.7万人赴亚太地区;35万人前往非洲和中东,其中绝大多数到了沙特阿拉伯。而国际移民组织在2007年估计,包括无证工人和那些正式招聘过程之外的移民,至少有400万印度尼西亚人在海外工作。④ 到2008年,据印度尼西亚非政府组织"外劳关怀"估计,有超过450万印度尼西亚人居住在国外,而据印度尼西亚派遣与保护外劳机构2012年统计数据,印度尼西亚海外劳工总人数约为600万,分布在40多个国家和地区。⑤ 截至2013年12月,印度尼西亚海外移民主要分布在马来西亚(35%)、沙特(13%)、阿联酋(11%)、孟加拉国(5%)、新加坡(5%)、荷兰(5%)及中国香港、美国、科威特、澳大利亚和世界其他地区。⑥ 2017年印度尼西亚总统佐科表示,海外工作的印度尼西亚人比较多,仅在马来西亚就有200万人,在香港有15.3万人。

我们以印度尼西亚海外移民分布最多的国家马来西亚为例做进一步分析,管中窥豹,以观察印度尼西亚海外移民的大致状况。

---

① International Migration and Migrant Workers' remittances in Indonesia, 2010, http://www.un.or.id/documents_upload/publication//indonesia_remittances.pdf, 2014-05-12, pp.19-20.

② International Migration and Migrant Workers' remittances in Indonesia, 2010, http://www.un.or.id/documents_upload/publication//indonesia_remittances.pdf, 2014-05-12, pp.19-20.

③ International Organization for Migration (IOM), International Migration and Migrant Workers' Remittancesin Indonesia, Switzerland, 2010, p.119.

④ Andy Hall, "Migrant Workers' Right to Social Protection in ASEAN: Case Study of Indonesia, Philippines, Singapore and Thailand", September 8, 2011, http://www.fes-asia.org/media/publication/2012_MigrantWorkersRightsToSocialProtectionInASEAN_Hall.pdf.

⑤ 《印度尼西亚海外劳工创汇不断上涨》,http://gb.cri.cn/27824/2012/07/27/6611s3786201.htm.

⑥ Salut Muhidin, Ariane Utomo, "How many overseas Indonesians are there?", December 2013, http://www.indonesian diaspora.com.au. pp.7-8.

第六章 印度尼西亚的国际移民与经济发展

印度尼西亚人到马来西亚做劳工可以追溯到19世纪下半叶。从1870—1914年，英国人控制了整个马来半岛，荷兰人控制了其他群岛。马来西亚作为殖民地被纳入世界贸易体系中，成为宗主国的资源提供者和商品市场，并开始出现劳工短缺的情况。从那时起爪哇人开始继印度人和中国人之后流入马来西亚。殖民地时期，英国殖民当局执行非常自由的移民政策直至1957年。20世纪70年代后，随着马来西亚经济的快速发展，劳工短缺再次成为马来西亚经济发展的瓶颈，印度尼西亚劳工开始成规模地涌入马来西亚。这一时期，印度尼西亚政府把对外劳工移民作为五年发展计划的内容（表6-1）。

表6-1 1979—1999年印度尼西亚劳工移民马来西亚的人数

时间	第三个五年计划（1979—1984年）	第四个五年计划（1984—1989年）	第五个五年计划（1989—1994年）	第六个五年计划（1994—1999年）
印度尼西亚劳工移民马来西亚人数（人）	11 441	37 785	122 941	392 512

资料来源：G. J. Hugo, "International Labor Migration and the Family: Some Observations from Indonesia", Asian and Pacific Migration Journal, Vol. 4, 1995, pp. 273 – 301.

20世纪90年代，马来西业取代沙特阿拉伯成为印度尼西亚海外移民最多的国家。根据马来西亚移民局的统计，2002年1月在马来西亚的合法外国劳工有769 566人，其中83%来自印度尼西亚。[①]

印度尼西亚的劳工移民大都是无技术或低技术劳工，以年龄在15—40岁的男性为主，最高文化程度为初中，很多劳工甚至没有任何教育背景（表6-2）。由于印度尼西亚劳工移民的技术水平低，因此通常集中在三个行业：种植业、家政服务业和建筑业。20世纪90年代后，印度尼西亚劳工开始涉足马来西亚的制造业及加油站等行业。统计显示，2002年马来西亚的印度尼西亚劳工36%在制造业，26%在农业部门，23%在家政服务业，8%在建筑业。[②]

[①] Amarjit Kaur, "Mobility, Labor Mobility and Border Controls: Indonesian Labor Migration to Malaysia since 1900", paper presented at the 15th Biennial Conference of the Asian Studies Association of Australia in Canberra, June 29 – July 2, 2004.

[②] Amarjit Kaur, "Mobility, Labor Mobility and Border Controls: Indonesian Labor Migration to Malaysia since 1900", paper presented at the 15th Biennial Conference of the Asian Studies Association of Australia in Canberra, June 29 – July 2, 2004.

表6-2 从马来西亚归国的印度尼西亚劳工受教育水平调查

教育水平	东努沙登加拉		西努沙登加拉		巴韦安岛	
	人数（人）	比例（%）	人数（人）	比例（%）	人数（人）	比例（%）
文盲	27	15.3	63	38.7	39	20.9
小学	110	62.5	57	35.0	86	46.0
初中	29	16.5	24	14.6	38	20.3
高中	10	5.7	19	11.7	24	12.8
总数	176	100	163	100	187	100

资料来源：林梅：《马来西亚的印度尼西亚劳工问题》，《当代亚太》2006年第10期。

从性别角度考察，马来西亚的印度尼西亚劳工中，从事正规行业[①]尤其是农业、建筑业、交通运输业的男性劳工是女性劳工的两倍，而从事非正规行业尤其是家政服务业和娱乐业的，则是女性劳工占绝大多数（表6-3）。

表6-3 2003年印度尼西亚劳工移民在国外的就业分布和性别比

	正规行业			非正规行业		
	男性（人）	女性（人）	总数	男性（人）	女性（人）	总数
马来西亚	27 148	13 534	40 691	1615	6622	8237
中国台湾	1054	246	1300	39	287	326
韩国	5075	929	6004	92	23	115
日本	61	0	61	0	0	0
沙特阿拉伯	534	224	758	9931	94 009	103 940

资料来源：林梅：《马来西亚的印度尼西亚劳工问题》，《当代亚太》2006年第10期。

马来西亚的印度尼西亚劳工移民开始出现女性化趋势，其原因在于马来西亚工业结构变化引起劳动力市场的变化，电子产品、纺织成衣行业和家政服务业对女性劳工的需求不断增加。据马来西亚人力资源部统计，2002年马来西亚共有

---

① 国际移民可划分成两种类型：正规移民和非正规移民。所谓正规移民，就是指那些取得政府批准的合法证件并通过合法途径出国的移民；所谓非正规移民，就是指没有任何合法证件并通过非正规渠道出国的移民，也叫非法移民、无证件移民或偷渡者。

155 000 名外籍家政劳动者,其中 70% 是印度尼西亚劳工,这还未包括非法印度尼西亚劳工。国际组织人权观察(Human Rights Watch,2002)则认为,有 90% 的马来西亚家政服务者为印度尼西亚劳工。

总体而言,印度尼西亚有两大类移民,第一类由迁移到发达国家的具有高学历、高技能的人组成,第二个群体是由大量非熟练工人组成,主要在中东和非洲的家政部门和石油部门工作,其中第二个群体占绝大多数。[1] "印度尼西亚劳动力招聘公司协会"(APJATI)的一份报告显示,印度尼西亚移民工人主要在卫生、石油和天然气、石化、服装、电子、建筑、宾馆招待和种植园等部门工作,其他移民在一些非正式部门工作,如家庭佣工等。[2]

第二节　印度尼西亚经济发展历程及现状

印度尼西亚是 G20 的成员,也是东盟最大的经济体,其人口占整个东盟的三分之一,是东盟地区最具发展潜力的国家。1950—1965 年印度尼西亚 GDP 年均增长仅 2%。20 世纪 60 年代后期调整经济结构,经济开始提速,1970—1996 年 GDP 年均增长 6%,跻身中等收入国家。1997 年受亚洲金融危机重创,经济严重衰退,货币大幅贬值。1999 年底开始缓慢复苏,GDP 年均增长 3%—4%。2003 年底按计划结束国际货币基金组织(IMF)的经济监管。苏西洛总统 2004 年执政后,积极采取措施吸引外资、发展基础设施建设、整顿金融体系、扶持中小企业发展,取得积极成效,经济增长一直保持在 5% 以上。[3] 2008 年以来,面对国际金融危机,印度尼西亚政府应对得当,经济仍保持较快增长。近年来,在全球经济复苏乏力的情况下,印度尼西亚经济表现较为稳健(表 6-4)。

---

[1] Dede Eusdian and Zaim Saidi, Diaspora Giving: An Agent of Change in Asia Pacific Communities?, http://asianphilanthropy.org/APPC/DiasporaGiving-conference-2008/DiasporaGiving-Indonesia-2008.pdf, pp. 161-162.

[2] 《印度尼西亚海外劳工创汇不断上涨》,http://gb.cri.cn/27824/2012/07/27/6611s3786201.htm.

[3] 王崇民:《印度尼西亚经济简况》,2016 年 11 月 13 日,http://www.ccpit.org/Contents/Channel_4167/2016/1113/717808/content_717808.htm.

表 6-4 2007—2016 年印度尼西亚 GDP、人均 GDP 总量及增速

年份	GDP 总量（万亿印度尼西亚盾）	增速（%）	人均 GDP（万印度尼西亚盾）	增速（%）
2007	3950.9	6.35	1733	4.8
2008	4948.7	6.01	2138	4.4
2009	5606.2	4.63	2386	3.1
2010	6864.1	6.38	2878	4.8
2011	7831.7	6.17	3236	4.6
2012	8615.7	6.03	3511	4.5
2013	9546.1	5.56	3837	4.1
2014	10 569.7	5.01	4192	3.6
2015	11 531.7	4.88	4514	3.5
2016	12 406.8	5.02	4796	3.7

数据来源：印度尼西亚统计局。

2016 年，印度尼西亚经济总量为 12 406.8 万亿印度尼西亚盾，增速达到 5.02%，增幅较上年加快 0.14 个百分点，成为 20 国集团中经济增速第三的国家；人均 GDP 达到 4796 万印度尼西亚盾，增速为 3.7%。按全年平均市场汇率计算，2016 年，印度尼西亚名义 GDP 折合 9324.83 亿美元，同比增长 8.3%；人均名义 GDP 折合 3605 美元。印度尼西亚国家发展规划部发布的《2016 年终评估和 2017 年展望》报告预测，2017 年印度尼西亚经济有望实现 5.3% 的增长。一些国际经济机构也对 2017 年印度尼西亚经济增长作出了乐观预期。世界银行预计，2017 年印度尼西亚经济增速可达 5.3%，国际信用评级机构惠誉表示，达到 5.5% 的增速也是有可能的。[①]

印度尼西亚国家发展规划部部长班邦表示，印度尼西亚 2017 年的财政支出将在三个重点领域予以保障：一是振兴制造业，增强国际竞争力和可持续发展能力；二是强化服务业，尤其是旅游、通信、信息和金融四大产业；三是加快基础设施建设，尽快缩小与东盟其他国家的差距，并增强基建行业创造就业的能力。从 2017 年上半年来看，印度尼西亚经济运行良好，增长动力强劲，财政赤字、

[①] 田园：《印度尼西亚经济力图保持"稳健乐观"》，《经济日报》2017 年 1 月 5 日第 9 版。

第六章　印度尼西亚的国际移民与经济发展

通胀率、信贷比等各项关键经济指标均有所改善。国际评级机构标准普尔继穆迪和惠誉之后,将印度尼西亚中长期主权信用评级从 BB+级提高至投资级别的BBB-级。再加上商业信贷利率走低和大宗商品价格回升,可以预计印度尼西亚投资市场将再度活跃。2017 年 6 月,世界银行发布的《印度尼西亚经济季度报告:升级》[①] 明确指出,印度尼西亚投资环境不断改善、经营便利度不断提升,成为最具投资价值的经济体之一。

印度尼西亚新总统佐科上任以来,结合印度尼西亚经济发展的实际情况,提出了"全球海洋支点"愿景计划,即复兴海洋文化、发展海洋经济、强化海洋基础设施、活跃海洋外交和提升海洋国防。其中"海上高速公路"战略引人注目,即在 2015—2019 年建立贯通全国大部分岛屿的海运网络,以码头、公路、船舶、铁路公路等基础设施,将全国的主要岛屿及物流重点城市连接起来,实现海陆互联互通,促进国内经济发展,并以此为基础扩大"海上高速公路"的辐射功能,增强印度尼西亚和世界的互联互通,将印度尼西亚建设成亚太地区重要的经济枢纽。印度尼西亚国家发展和计划部官员称,2015—2019 年印度尼西亚政府将投资 699 万亿印度尼西亚盾(约合 574 亿美元)实施"海上高速公路"建设规划,其中 243.6 万亿印度尼西亚盾将用于在全国兴建 24 个国际性商业港口,198 万亿印度尼西亚盾用于兴建 1481 个非商业性港口,101.7 万亿印度尼西亚盾用于购买船舶,7.5 万亿印度尼西亚盾用于近海运输,40.6 万亿印度尼西亚盾用于大宗和散装货物设施建设,50 亿印度尼西亚盾用于至港口的多式运输,10.8 万亿印度尼西亚盾用于造船厂更新等。

除"全球海洋支点"愿景计划外,印度尼西亚现政府还将继续推进上一任政府在《2011—2025 加速和扩展印度尼西亚经济建设总规划》中所提出的"陆上经济走廊"战略(表 6-5),与"海洋强国"战略互为支撑和补充。"陆上经济走廊"战略计划打造六大经济走廊,提出在不同地区的重点开发领域,会创造大量的电力、公路、铁路等基础设施建设需求,也需要大量的产业投资。据不完全统计,2011—2030 年,印度尼西亚建设六大经济走廊所需的投资约 9327 亿美元,[②] 主要用于建设铁路、公路、港口、发电站、自来水工程以及连接运输管道等,这给中国的相关企业带来了很大的机遇。

[①] 田园:《印度尼西亚经济向好并期待更多投资》,《经济日报》2017 年 6 月 22 日第 12 版。
[②] 马博:《"一带一路"与印度尼西亚"全球海上支点"的战略对接研究》,《国际展望》2015 年第 6 期。

表6-5 印度尼西亚"陆上经济走廊"建设重点

经济走廊	建设重点
爪哇走廊	以服务业和高科技产业为主,东爪哇省沿海地区将发展成化工工业中心与造船业中心,而内陆地区将发展成食品及饮料生产中心
苏门答腊岛走廊	重点发展农业种植园以及矿产加工和开采等,苏南省及廖内岛将发展成棕榈油加工中心
加里曼丹走廊	以农业种植园和采矿业为主
苏拉威西走廊	只发展渔业、农业种植园以及采矿业
巴厘和努沙登加拉走廊	重点发展旅游业及手工业,将巴厘岛和龙目岛打造成旅游休闲中心
巴布亚和马鲁古走廊	以发展渔业、矿业及林业为主

资料来源: 蔡金城编著《印度尼西亚社会文化与投资环境》,世界图书出版广东有限公司,2014年,第151页。

我国的"21世纪海上丝绸之路"倡议与印度尼西亚的"全球海洋支点"战略和"陆上经济走廊"战略高度契合。印度尼西亚基础设施整体发展比较滞后,且地处亚欧航线的最关键节点——马六甲海峡,地缘位置十分重要。而我国基础设施建设能力处于全球领先水平,与印度尼西亚共同推进印度尼西亚港口等领域基础设施建设符合双方利益。

第三节 国际援助与印度尼西亚经济增长

一、发展援助综述

发展援助指的是发达国家或高收入发展中国家及其所属机构、有关国际组织、社会团体以提供资金、物资、设备、技术或资料等方式,帮助发展中国家发展经济、提高社会福利的具体活动。[①] 这一概念有狭义和广义之分,狭义指的是

---

① 储祥银编著《国际经济合作实务》(第2版),对外经济贸易大学出版社,2002年,第495页。

第六章 印度尼西亚的国际移民与经济发展

官方发展援助（Official Development Assistance，ODA），是国家政府或多边发展机构以促进经济发展为目的向发展中国家提供的优惠贷款和赠款；广义发展援助则包括除 ODA 以外的国际非政府组织提供的优惠或无偿物品、资金与技术。① 从经济学的观点来看，发展援助以资源的让与性转移为特征，是以资本运动为主导并伴随着资源、技术和劳动力等生产要素的跨国流动，是由市场原理以外的因素促成的国家间的资金流动。发展援助通常分为有偿和无偿两种，包括赠款、中长期无息或低息贷款、促进受援国经济和技术发展的具体措施，但不包括军事援助等政治目的性强的援助。援助的发生涉及两个行为主体，即援助方和受援方，前者包括主权国家、国际组织、社会团体乃至个人，后者一般为主权国家及准主权国家。国家之间的相互援助不是一个新现象，作为近代意义上的一种国家间关系现象形成于近代主权国家体系出现之后，是国际关系的产物之一。

第二次世界大战后逐步形成的现代援助体系，与投资、贸易共同构成了国际经济关系的三大领域，是一种典型的国际政治经济现象和国际外交的重要内容之一。发展援助不仅是援助方与受援方之间的关系，作为战后国际关系的一个重要部分，还涉及"南北关系""东西关系"等一系列重大的国际问题。② 发展援助是发达国家促进发展中国家实现发展的一个主要手段。1970 年，发达国家同意每年将国内收入总值（Gross National Income，GNI）的 0.7% 作为官方发展援助提供给发展中国家，但是遵守这一承诺的国家不多，导致每年全球援助存在巨大的缺口。40 多年来发达国家向发展中国家提供了 3.62 万亿美元的援助，但如果按照 0.7% 的标准，累计的缺口高达 4.98 万亿美元（按 2012 年价格计算）。③

第二次世界大战以来，围绕发展中国家接收的外来援助有诸多争议，焦点集中在发展援助所产生的效果，即援助对发展中国家究竟是有效还是无效，对发展援助效果的唯一共识是有效援助。④ 为了提高发展援助的有效性，国际社会先后通过了一些相关文件，要求援助方和受援国采取措施共同推进：（1）2000 年联合国提出了千年发展目标（MDG）；（2）2002 年 3 月，联合国发展筹资国际会议通过了《蒙特雷共识》，首次正式提出援助效果的理念，主要途径包括调动国内经济资源、增加私人国际投资、开放市场和确保公平的贸易体制、增加官方发展

---

① 汪淳玉、王伊欢：《国际发展援助效果研究综述》，《中国农业大学学报（社会科学版）》2010 年第 3 期。
② 陈金明：《新中国外援战略研究》，中国社会科学出版社，2009 年，第 36 页。
③ Anup Shah, "Official Global foreign Aid Shortfall: $ 5 Trillion", September 28, 2014, http://www.globalissues.org/article/593/official-global-foreign-aid-shortfall-5-trillion.
④ 李小云、唐丽霞、武晋：《国际发展援助概论》，社会科学文献出版社，2009 年，第 166 页。

援助、解决发展中国家的债务困难和改善全球与区域的金融结构、发展中国家在国际决策中的公正代表性等六方面内容；① (3) 在《蒙特雷共识》的基础上，2005年61个多边和双边援助方、56个受援国和14个公民社会组织签署了《关于援助有效性的巴黎宣言》，提出了援助有效性的5项监测指标和12项具体指标，目标是使发展援助适合受援国的具体要求，特别是增强受援国自主性（ownership）、提高受援国与援助方的联系（alignment）、援助方之间的协调（harmonisation）、成效管理（managing for results）和相互问责（mutual accountability）；(4) 2008年通过的《阿克拉行动议程》强调了自主性、包容性的伙伴关系（inclusive partnership）和能力发展；(5) 2011年通过的《为促进有效发展合作的釜山宣言》，提出国际援助政策应从关注"有效援助"转为"发展合作"。

发展援助对发展中国家宏观经济的影响一直以来是个有争议的问题，通常存在以下两种观点：积极的观点认为很多发展中国家不能提供经济持续增长所需的储蓄和外汇收入，在理论上形成了储蓄缺口和外汇缺口，而外来发展援助可弥补这两个缺口，是对国内资源的有益补充，可填补预算赤字、有助于减贫、投资基础设施建议并发展教育等，对援助的适当利用可促进经济发展，但是那些缺乏社会经济基础设施的国家难以从中获利。消极观点则认为外援从发达国家流入发展中国家是资源的浪费，只是增加了无生产力的公共消费，大量援助的流入取代了国内储蓄，可能导致债务负担增加、对援助的依赖、国家受到援助方的支配、加剧收入的不平等，维持受援国的腐败及政府治理的低效等。对受援国而言，援助额度如果太小或不稳定，对国家的经济发展并无显著影响，援助额度太大则可能导致各种经济问题，如吸收能力有限容易出现"荷兰病"、援助项目的进程缓慢等。

二、印度尼西亚的国际援助概况

1968年苏哈托总统正式执政以来，印度尼西亚政府奉行稳定国内经济、利用外资外援开展经济建设的方针。这是稳定国内局势的需要，也是长期发展经济的必要手段。苏哈托的新政府成立伊始，面临前任政府与西方国家对抗造成的经济困境，急切需要谋求西方国家和日本的经济援助，以化解濒临崩溃的国民经济危机。1945—1965年印度尼西亚积欠外债24亿美元，1966年外汇存底只有4.3亿美元。临时执政的苏哈托政府在当年从日本和西欧分别获得3000万美元和3.5

---

① 王树柏、宋心德：《通过＜蒙特雷共识＞联合国发展筹资国际会议闭幕》，新华网，2002年3月23日，http://news.xinhuanet.com/newscnter/2002-03/23/content_328661.html.

第六章　印度尼西亚的国际移民与经济发展

亿美元借款。① 同年重新被世界银行和国际货币基金组织接纳为会员。9月，美、荷、英、法、德、世界银行、国际货币基金组织应日本邀请举行会议，共同讨论印度尼西亚债务问题。12月又召开巴黎会议，在这个日后被称作"巴黎俱乐部"的会议上，与会者决定将印度尼西亚的债务偿还期延长30年，免去利息。1967年2月，巴黎会议的与会者又出席了阿姆斯特丹会议，决定组建一个"国际援助印度尼西亚财团"（简称IGGI），由荷兰担任主席。"财团"成员包括14个国家和4个国际组织，即荷兰、日本、法国、英国、美国、德国、意大利、澳大利亚、加拿大、西班牙、瑞士、比利时、奥地利、新西兰。4个国际组织包括世界银行、亚洲开发银行、欧洲共同体及联合国基金会。

印度尼西亚政府依靠举借IGGI贷款，于1969年开始进行大规模经济建设，并收到明显实效，通货膨胀率急剧下降，国民生产总值迅速增长，国民经济结构布局趋于合理，基础设施完善与扩大，主要工农业产品的产量取得较大增长，外汇储备有所增加（由1971年的1.45亿美元增至1978年的25.8亿美元），人民生活水平有所提高，整个70年代经济情况表现良好。

苏哈托上台12年来，据官方公布的数字，印度尼西亚一共获得外贷、外援124.85亿美元（不包括苏加诺执政时期的外债）。其中IGGI许诺提供101.41亿美元（表6-6），来自中东等非IGGI成员国的援助23.44亿美元。

表6-6　1967—1979年印度尼西亚接受外援情况

（单位：亿美元）

财政年度	援助总额
1967—1968	2.00
1968—1969	3.25
1969—1970	5.00
1970—1971	6.00
1971—1972	6.40
1972—1973	6.70
1973—1974	7.60
1974—1975	8.70

---

① 王受业：《印度尼西亚外债述评》，《亚太研究》1993年第1期。

(续上表)

财政年度	援助总额
1975—1976	9.20
1976—1977	11.20
1977—1978	18.86
1978—1979	16.50
合计	101.41

注：1976—1977 财年，连同非 IGGI 的援助达 24 亿美元；1977—1978 财年，连同非 IGGI 的援助达 21 亿美元；1978—1979 财年，连同非 IGGI 的援助达 25 亿美元。

资料来源：印度尼西亚《独立报》1978 年 5 月 24 日、5 月 30 日。

从表 6-6 可以看出，12 年来，印度尼西亚每年从 IGGI 获得的援款日益增长，平均每年达 10 亿美元左右。1978—1979 财政年度的援助额，包括非 IGGI 的援助共达 25 亿美元，为 1967—1968 财政年度的援助额 2 亿美元的 12.5 倍，平均每年以 31.4% 的速度递增。

美、日是印度尼西亚最大的援助国。1975 年之前，它们每年分别承担 IGGI 给印度尼西亚的三分之一的援款。截至 1976 年 9 月，美国实际提供的各种类型的经济援助达 16.12 亿美元；日本提供 9.27 亿美元（不包括 14.8 亿美元的液化天然气贷款）；荷兰提供 5.77 亿美元；法国提供 4.7 亿美元；西德提供 3.18 亿美元；英国提供 3.3 亿美元；澳大利亚提供 1.5 亿美元；比利时提供 1.64 亿美元；意大利提供 0.27 亿美元；世界银行提供 4.73 亿美元；亚洲开发银行提供 0.65 亿美元。[1]

1976 年，在东盟国家中，不管从绝对值还是与国民生产总值比率的相对值来说，印度尼西亚的债务最重（表 6-7）。

---

[1] 《涌向印度尼西亚的金融资源》，1977 年，第 139 页。

表6-7 1976年东盟国家的外债

国家	外债	
	百万美元	国民总产值%
印度尼西亚	10141	29.1
泰国	822	5.2
菲律宾	2126	12.3
马来西亚	1619	12.1
新加坡	687	11.8

资料来源：《印度尼西亚的侧面》，建设研究协会，1979年，第17页。

20世纪70年代初，美国是印度尼西亚的最大供援国。其后日本对印度尼西亚的援助迅速增加，美国则日趋减少。1980—1986年，日本、西德、美国的官方开发援助支付总额分别为28.1亿美元（占印度尼西亚所接受的官方开发援助总额的40.4%）、10.6亿美元（占15.2%）、9.7亿美元（占13.9%）。在日本的官方开发援助中，占最大比重的项目是官方开发援助贷款。截至1987年8月底，日本对印度尼西亚的官方开发援助贷款累计额为13 429亿日元，居首位；其次为印度，7645亿日元；中国，6122亿日元；泰国、菲律宾、韩国均为5000亿日元左右。[1]

20世纪90年代，印度尼西亚的负债率已超过了国际通常认可的警戒水平。1997年底，印度尼西亚共欠外债1361亿美元，相当于当年国内生产总值的62%，高峰时的1998年曾达到1508亿美元。之后举债速度放慢，到2001年12月底，共欠外债1328亿美元，相当于印度尼西亚当年国内生产总值的94.5%，其中政府的公共债务约694亿美元，占了总外债的一半多。这一时期，印度尼西亚的最大债主是日本，约占外债总额的三分之一；其次是国际货币基金组织和世界银行，占印度尼西亚外债的31%；其他主要债主还有亚洲开发银行（约10%）以及美国和德国等。到2001年底，亚洲开发银行共向印度尼西亚提供贷款183亿美元，使印度尼西亚成为亚行最大的借贷国之一。[2]

近年来，印度尼西亚政府关于基建项目的长期规划已经导致印度尼西亚外债加速攀升，国民经济外部风险显著提高。截至2016年4月底，印度尼西亚总外

---

[1] 汪慕恒：《日本对印度尼西亚的援助》，《东南亚研究》1988年第3期。
[2] 翟景升：《印度尼西亚负债累累》，《国际金融时报》2002年5月30日第003版。

债规模已达3190亿美元,较上个月增长6.3%,月增速提高0.6%。其中长期债和公共部门债务增幅明显高于短期债和私营部门债务。据统计,印度尼西亚长期债规模高达2793亿美元,较上个月增长8.3%;公共部门债务1538亿美元,较上个月增长15.7%。造成以上两项债务大幅增长的主要原因是大型基建项目融资需求上升。①

三、国际援助对印度尼西亚经济发展的作用

尽管IGGI各成员国对印度尼西亚提供的大量援助是出于各自的需要,但它的成立对印度尼西亚经济的恢复和发展确实起了重要作用。

(一)平衡了每年的财政预算,制止了通货膨胀

在苏加诺执政时期,印度尼西亚每年的财政预算和决算除1951年外都出现巨额的赤字。1965—1967年,收支预算所出现的赤字更为庞大。1966年达162.91亿盾,1967年为26.55亿盾。1968年以来,苏哈托政权利用外援弥补了财政赤字,平衡了预算,平均每年外援占国家收入预算的20%左右(表6-8)。但随着印度尼西亚经济的恢复和发展,外援占国家收入预算的比重逐渐下降。与此同时,通货膨胀率从1965年的650%下降到1973年的47%,1976年被控制在14%,1977年进一步下降为11.82%。

表6-8 1968—1979年印度尼西亚外援占国家收入预算比重

(单位:亿盾)

年度	预算收入总额	其中建设收入 (来自外国的援助)	建设收入(来自外国援助) 占预算收入比重%
1968—1969	1852.8	355.4	19
1969—1970	3347.6	910.6	27
1970—1971	4651.4	1205.3	26
1971—1972	5635.5	1355.3	25
1972—1973	7516	1780	24

① 田园:《印度尼西亚外债规模加速攀升》,《经济日报》2016年6月21日第004版。

（续上表）

年度	预算收入总额	其中建设收入（来自外国的援助）	建设收入（来自外国援助）占预算收入比重%
1973—1974	8624	1914	22
1974—1975	15 773	2139	14
1975—1976	27 347	2386	9
1976—1977	35 206	7174	20
1977—1978	42 473	7631	18
1978—1979	48 263	8563	18

资料来源：林淑娟：《印度尼西亚苏哈托政权十二年来接受外贷、外援的情况和问题》，《南洋问题研究》1979 年第 1 期。

（二）保证了两个五年经济建设计划的实施，促进了本国经济的迅速增长

外援是两个五年经济建设计划资金的重要来源，尤其是第一个五年计划，在 38.51 亿美元的总经费中，IGGI 提供的贷款达 34.22 亿美元，占 88.8%，可以说印度尼西亚主要依靠外援来实施第一个五年计划。到了第二个五年计划时期，预计支出的经费为 177 亿美元，其中外援为 77 亿美元，占 43.5%。从外援数字看，比第一个五年计划增长了一倍，但所占的比重相对下降了，从 88.8% 下降到 43.5%。这说明了外援对印度尼西亚经济的恢复和发展起了重要的作用，促进了国内资金的迅速形成，推动了国民经济较大的发展，尤其是石油工业的发展，使石油出口收入日益增加。第二个五年计划期间，石油收入占总收入的 55%，成为国民收入的主要来源，外援已逐渐退居第二位。这反映出印度尼西亚政府正在逐步改变严重依赖外援的动向。

从两个五年计划的实施情况看，印度尼西亚接受的大量援款主要用于外国直接投资较少的基础设施部门。其中交通运输部门所占的比重最大，占工程援助的 42%，占出口信贷和商业贷款的 54%；其次是电力，占工程援助的 30%，占出口信贷和商业贷款的 27%；最后是制造业，占工程援助的 21%，占出口信贷和商业贷款的 18%。此外，还有农业、渔业、水利灌溉、矿业、卫生、教育等部门，但所占的比重很小。

1. 在交通运输业方面

外援及其所提供的机械设备主要用于各岛公路、铁路、桥梁、港口、航空设

施的恢复和更新上。从1968年到1976年9月，共吸收工程援助方面的贷款3.88亿美元，出口信贷和商业贷款11.51亿美元（见表6-9）。

表6-9 1968—1976年印度尼西亚交通运输业吸收外援

（单位：百万美元）

国家/机构	工程援助	出口信贷和商业贷款
澳大利亚	36.5	——
比利时	7.5	132.4
加拿大	27.5	1.8
西德	47.7	113.6
法国	17.8	164.4
日本	76.0	——
荷兰	55.3	317.6
英国	12.3	240.4
美国	14.7	278.5
亚洲开发银行	9.5	
世界银行	83.5	——
南斯拉夫	——	2.5
合计	388.2	1151.2

资料来源：根据《涌入印度尼西亚的金融资源》的数据整理。

2. 在电业方面

外援主要用于恢复和兴建各种发电厂、蒸汽站。从1968年到1976年9月，共吸收工程援助方面的贷款2.9亿美元，出口信贷和商业贷款3.87亿美元（见表6-10）。由于电业的发展，1968—1975年印度尼西亚全国供电能力提高将近一倍。

第六章　印度尼西亚的国际移民与经济发展

表6-10　1968—1976年印度尼西亚电业吸收外援

（单位：百万美元）

国家/机构	工程援助	出口信贷及商业贷款
美国	77.2	61.1
法国	28.1	133.7
英国	10.9	4.1
日本	73.3	——
加拿大	9.6	——
丹麦	4.9	——
西德	7.1	——
世界银行	63.3	——
荷兰	12.3	108.0
比利时	2.1	——
亚洲开发银行	1.7	——
南斯拉夫	——	80.0
合计	290.5	386.9

资料来源：根据《涌入印度尼西亚的金融资源》一书的数据整理。

3. 在制造业方面

1968年到1976年9月，共吸收工程援助贷款2.56亿美元，出口信贷和商业贷款2.18亿美元（见表6-11）。

表6-11　1968—1976年印度尼西亚制造业吸收外援

（单位：百万美元）

国家/机构	工程援助	出口信贷及商业贷款
丹麦	2.5	——
西德	6.0	——
日本	34.8	——
荷兰	12.6	——
英国	8.9	——

(续上表)

国家/机构	工程援助	出口信贷及商业贷款
美国	29.7	71.4
亚洲开发银行	1.5	——
世界银行	159.9	——
加拿大	——	96.7
法国	——	49.6
合计	255.9	217.7

资料来源：根据《涌入印度尼西亚的金融资源》一书的数据整理。

4. 在农业方面

外援用于兴修水利、灌溉系统和农业现代化措施，如使用优良品种、化肥等不多，因此成效不大。从1968年到1976年9月，共吸收援助贷款1.58亿美元（见表6-12）。

表6-12　1968—1976年印度尼西亚农业吸收外援

（单位：千美元）

国家/机构	工程援助总额	农业、水利总额	农业、水利占工程援助额百分比%
英国	38 600	1624	15
日本	256 300	27 488	12
澳大利亚	58 800	2731	4.6
丹麦	80 200	606	8
亚洲开发银行	66 500	16 314	25
世界银行	473 000	109 597	23
美国	126 851	74	0.05
合计	1 100 251	158 434	14.4

资料来源：根据《涌入印度尼西亚的金融资源》一书的数据整理。

第四节　外国直接投资（FDI）与印度尼西亚经济增长

在经济全球化的进程中，吸引外资已经被看作是影响经济发展的重要因素，尤其是外商直接投资，对发展中国家经济增长起着直接的推动作用。新古典增长理论对 FDI 的主要益处为：首先，FDI 作为资本形成的一种来源，可以直接影响经济增长。资本形成是指一个经济体资本存量的净增加，包括新建工厂、购置机器以及日益提高的基础设施服务等。作为私人投资的一部分，FDI 自身的增加会引起总投资的增加，而总投资的增加可以直接对经济增长产生贡献。其次，FDI 可以间接影响经济增长，可以通过影响就业、出口、消费和储蓄等宏观变量来影响经济增长。[1] 另外，FDI 不仅影响投资水平，而且影响投资质量。根据传统的垄断优势理论，跨国公司在同当地公司竞争的时候，面临着一些不利因素，比如地理以及文化方面的差异。为了克服这些缺点，跨国公司必须拥有某种所有权优势来同当地企业竞争，这些优势就被解释为更为有效的技术、广阔的市场渠道、管理技能以及资本实力。因此 FDI 的流入可以对东道国技术、设备和基础设施水平的提高起到积极的促进作用，使东道国经济可以实现持续增长。双缺口理论认为，发展中国家在其经济发展中面临着众多资源约束问题，主要有三种：进口商品和服务、国内储蓄、技术创新能力，这三种资源的约束对经济发展的影响是不同且独立的。[2] 该理论还认为，如果一个国家的储蓄能力不能够满足其国内的投资需求，需要进出口有一个规模相等的赤字予以平衡，这个时候需要从其他国家吸收资金。也就是说，一个国家可以在不增加国内储蓄的同时，借助于外国储蓄的流入来增加投资，从而来摆脱投资水平受制于较低的国内储蓄水平的被动局面。一些可能的生产障碍例如缺少技术、储蓄和外汇的功能，都能够通过增加无需付现的外部资源而暂时得到缓解，并最终加快经济发展的速度。[3] 储蓄缺口理论认为发展中国家之所以会出现外部的不平衡就是因为其内部经济发展的不平衡，然而利用外资却能够改变这种内部不平衡的情况。[4]

---

[1] 蓝蓝、金泽虎：《FDI 对泰国经济增长的影响研究》，《广东开放大学学报》2016 年第 3 期。

[2] Aitken, and Harrison. "Do Domestic Firms Benefit from Foreign Direct Investment? Evidence fi-omVenezueIa", *American Economic Review*, 1999, Vol.89, pp.605–618.

[3] Saggi. K., *Trade, Foreign Direct Investment and International Technology Transfer*, World Bank: Washington, 2000, pp.211–213.

[4] Magnus Blomstr'om&Ari Kokko. *FDI and Human Capital A Research Agenda*, Oecd. org Pdev P Technics, 2002, pp.55–61.

一、印度尼西亚利用外资概况

外国资本对印度尼西亚经济发展有重要促进作用。印度尼西亚政府重视改善投资环境，吸引外资。1997年金融危机前每年吸引外资约300亿美元，金融危机后大幅下降。苏西洛政府重视改善投资环境，大力吸引外资。从吸收外资的规模看，2004年，印度尼西亚吸收外资净流量仅为21.22亿美元，2007年颁布新投资法后达到69.28亿美元，虽然2007—2009年受全球经济危机波及有所减缓，但随即在2009—2012年连续突破130亿美元，并保持了持续高增长态势。①

从吸收外资的行业看，2004年印度尼西亚外资净流入只有农狩林业、采矿业、制造业、运储通信业、金融业和其他等6个行业。2007年增加了渔业、建筑业和批发零售修理业，范围扩大到9个行业。2012年扩大到12个行业，仅建筑业、旅馆餐饮业、公管国防业、教育业没有净流入。2004—2012年除公管国防、教育、社团个人服务业外，各行业均有外资累计净流入。其中制造业占比最大（40.54%），其次是采矿业（17.75%）和运储通信业（13.28%）、金融业（9.09%）、批发零售修理业（9.06%）。②

从投资特点来看，2004—2012年东盟、日本、韩国、美国、欧盟、澳大利亚、中国等7个世界主要经济体对印度尼西亚的净投资均有所增加。其中，2004—2007年欧盟、美国投资较多，2008年后被东盟和日本超越。其中，东盟投资商投资最多的是制造业（30.3%）、金融业（28.1%）、批发零售修理业（15.8%）。占据地缘优势的东盟投资者对土地相关的房租商服业（3.5%）和旅馆餐饮业（0.3%）也均有投入。日本在印度尼西亚的投资逐步形成了以制造业（80.2%）为龙头，批发零售修理业（4.7%）、采矿业（4.5%）、金融业（4.1%）为二级梯队，同时介入电气水业、运储通信业、农业、渔业的全方位渗透模式。特别是针对印度尼西亚2007、2010年两次投资领域的调整，日本都显示出了强大的预判能力，在2007年前即开始介入电气水业，在2010年前即开始减少对采矿业的投资。中国的投资集中在采矿业（91.7%），制造业刚刚开始起步。③

总体而言，东盟在农狩林业、批发零售修理业、旅馆餐饮业、金融业、房租

---

① 王绮绮：《印度尼西亚2004—2012年外国直接投资研究》，《国际工程与实务》2013年第6期。
② 王绮绮：《印度尼西亚2004—2012年外国直接投资研究》，《国际工程与实务》2013年第6期。
③ 王绮绮：《印度尼西亚2004—2012年外国直接投资研究》，《国际工程与实务》2013年第6期。

商服业优势明显;日本在制造业投入最多,优势最明显;欧盟在渔业、采矿业、电气水业、运储通信业上步伐领先;澳大利亚则在建筑业占据了有利的位置。

据印度尼西亚投资统筹机构(BKPM)统计,2016年吸引外国投资(FDI)289.6亿美元,同比增长8.4%。[1] 从投资领域看,国外投资前五大行业依次为:金属机械电子业(39.0亿美元)、化学制药业(28.9亿美元)、造纸印刷业(27.9亿美元)、矿业(27.4亿美元)和交运设备业(23.7亿美元)。从投资区域看,国外投资前五大区域依次为:西爪哇省(54.7亿美元)、雅加达特区(34.0亿美元)、万丹省(29.1亿美元)、南苏门答腊省(27.9亿美元)和东爪哇省(19.4亿美元)。从投资来源地看,国外投资前五大来源地依次为:新加坡(91.8亿美元)、日本(54.0亿美元)、中国内地(26.7亿美元)、中国香港(22.5亿美元)和荷兰(14.8亿美元)。其中,中国内地和中国香港对印度尼西亚合计投资达49.1亿美元,同比大增213%。[2]

2017年上半年,印度尼西亚落实投资336.7万亿盾,同比增长12.9%,完成当年投资目标的49.6%。按投资类型分类,国内投资(DDI)129.8万亿盾,同比增长26.5%;外国投资(FDI)206.9万亿盾(155.5亿美元),同比增长5.8%。按投资地域分布,爪哇岛落实投资181.7万亿盾,同比增长11.7%,占比54.0%;爪哇岛外落实投资155.0万亿盾,同比增长14.4%,占比46.0%。2017年上半年,印度尼西亚落实投资共创造就业54.0万人次,其中国内投资创造就业17.2万人次,外国投资创造就业36.7万人次。[3]

从投资领域看,国外投资前五大行业依次为:矿产业(21.7亿美元)、金属机械电子业(19.7亿美元)、水电气供应(17.0亿美元)、化学化工业(12.8亿美元)和食品工业(11.8亿美元)。工业投资额达71.0亿美元,占国内投资总额的45.4%。从投资区域看,国外投资前五大区域依次为:西爪哇省(25.0亿美元)、雅加达特区(20.3亿美元)、万丹省(12.2亿美元)、中苏拉威西省(9.8亿美元)和中爪哇省(9.5亿美元)。从投资来源地看,国外投资前五大来源地依次为:新加坡(36.6亿美元/23.5%)、日本(28.5亿美元/18.3%)、中国内地(19.6亿美元/12.6%)、中国香港(10.2亿美元/6.6%)和美国(9.7

---

[1] 《2016年印度尼西亚投资情况概述》,2017年2月3日,http://www.mofcom.gov.cn/article/tongjiziliao/fuwzn/ckqita/201702/20170202509028.shtml.

[2] 《2016年印度尼西亚投资情况概述》,2017年2月3日,http://www.mofcom.gov.cn/article/tongjiziliao/fuwzn/ckqita/201702/20170202509028.shtml.

[3] 《2017年上半年印度尼西亚投资情况概述》,2017年7月27日,http://finance.sina.com.cn/roll/2017-07-27/doc-ifyinwmp0204026.shtml.

亿美元/6.2%)。与2016年全年外资来源分布相比,新加坡外资份额比重下降8.2个百分点,日本外资份额比重略降0.3个百分点,中国内地和中国香港外资份额比重提升1.2个百分点。①

二、印度尼西亚吸引外资策略

印度尼西亚目前已成为东南亚地区经济增长最快的国家之一,是该地区第一大经济体。尤其是在金融危机的冲击下,印度尼西亚仍然保持着增长,是除中国、印度外为数不多的国家之一。未来印度尼西亚经济发展势头仍然不可小觑。2016年,在联合国贸易和发展会议公布的全球吸引外国直接投资目的国排行榜中,印度尼西亚位列第三,仅次于印度和中国。②印度尼西亚有如此大的投资吸引力,主要体现在以下几个方面:

(一) 印度尼西亚投资环境逐渐改善

印度尼西亚经济的成功很大一部分有赖于其不断壮大的中产阶级和经济的稳定增长。印度尼西亚是薄荷国家(MINT)③,人口相对较多且结构较为年轻,拥有人口红利,经济规模较大,经济增长较快且具备持续增长的潜力。印度尼西亚政府实施一系列改革措施来改善投资环境并促进经济增长,包括增加公共基础设施投资、减少政府管制、向私人投资开放更多经济领域等。在世界银行2016年10月底发布的一项报告中,印度尼西亚的营商环境排名从第106位上升至第91位,跻身全球营商环境改善最大的10个经济体之列。④

1. 印度尼西亚经济稳定增长

印度尼西亚经济体的GDP总量约为9000亿美元,超过发达国家中的西班

---

① 《2017年上半年印度尼西亚投资情况概述》,2017年7月27日,http://finance.sina.com.cn/roll/2017-07-27/doc-ifyinwmp0204026.shtml。

② 林永胜:《国际观察:印度尼西亚的经济"雄心"》,2017年4月8日,http://finance.chinanews.com/gj/2017/04-08/8194193.shtml。

③ "薄荷四国"(MINTs)是和金砖国家一样的由新兴国家组成的经济组织,引用Mexico(墨西哥)、Indonesia(印度尼西亚)、Nigeria(尼日利亚)、Turkey(土耳其)四国英文首字母。该词与英语单词的薄荷(mint)类似,因此被称为"薄荷四国"。2011年4月,资产管理公司信诚国际投资公司首次使用了这个概念。该公司表示,今后10年中,投资者从这4个市场获得的回报将会与过去10年里从金砖国家获得的回报同样丰厚。

④ 王崇民:《印度尼西亚投资环境排名上升》,2016年11月2日,http://www.ccpit.org/Contents/Channel_4126/2016/1102/712946/content_712946.htm。

牙、荷兰，居世界第 16 位，约占整个东盟 38% 的体量，人口规模居世界第四，是一个非常大的市场。①

2. 印度尼西亚正享受人口红利

人口红利有两个方面的含义：一是市场，因为 50% 以上的人都在 30 岁以下，年轻人喜欢消费，所以中国、美国、加拿大、韩国的手机在印度尼西亚的销量特别好。二是人口年轻也意味着劳动力市场的繁荣。

3. 印度尼西亚的金融市场比较稳定

金融自由化改革最早的东南亚国家是泰国，接下来就是印度尼西亚。它从 20 世纪 90 年代开始改革并且改得最彻底，包括货币的自由兑换在整个东南亚也是最彻底的。同时难能可贵的是，在 1998 年金融危机时，在印度尼西亚货币暴跌的情况下金融业没有走回头路，没有回到金融管制这条路上，而东南亚的其他国家多少都有这方面的问题。

4. 资源丰富

印度尼西亚对中国比较重要的资源就是煤炭。中国的东南沿海发电厂所需的动力煤大概每年进口约 10 亿吨，有 5 亿吨从澳大利亚进口，另外 5 亿吨就从印度尼西亚进口。除煤矿外，印度尼西亚的镍矿资源也很丰富。

5. 印度尼西亚 60% 的经济发展靠国内消费来实现

推动印度尼西亚经济发展的三驾马车包括出口、消费、投资。中国长期以来主要依靠出口性投资，而在亚太地区印度尼西亚是靠 55%—60% 的消费实现 GDP 增长的。因此，印度尼西亚的经济在全球国家经济背景都较差的情况下还能保持 5%—6% 的增长速度，在于其对外依赖度较小。②

6. 在投资评级中，印度尼西亚继续获得良好评价

该评级（表 6–13）反映了印度尼西亚抵御全球金融危机、改善政府和外部信用指数，以及应对国内的政治挑战和推进改革的能力。

---

① 承安：《"一带一路"倡议背景下投资印度尼西亚之路》，《国际融资》2017 年第 5 期。
② 承安：《"一带一路"倡议背景下投资印度尼西亚之路》，《国际融资》2017 年第 5 期。

表 6-13 印度尼西亚投资评级

评级机构	等级	展望
惠誉评级	BBB-	稳定
穆迪	Baa3	稳定
标准普尔	BB+	稳定

资料来源：投资协调委员会（BKPM），2015年。

（二）印度尼西亚提高经济特区的投资吸引力

佐科政府制定的《2015—2019年国家中期发展计划》强调，要最大限度发挥经济特区的作用，推动经济增长，吸引外国投资，创造就业机会。目前，印度尼西亚已经成立了10个经济特区（表6-14）。为吸引境内外企业投资，印度尼西亚政府出台一系列经济特区专属优惠政策。[1]

1. 所得税

主要是免税期优惠：投资额超过1万亿盾的企业可以享受为期10—20年的减税或者免税20%—100%优惠；投资额超过0.5万亿盾的企业可享受5—15年的减税或者免税20%—100%优惠。[2]

2. 增值税和奢侈品销售税的优惠，包括免税进口

从其他地区购买商品或原材料进入经济特区可免税；从经济特区运至其他地区也可免税；经济特区内企业之间的交易可免税，经济特区企业与其他的经济特区企业的交易也可免税。

3. 海关

从经济特区进入国内市场的进口税按照原产地证书（SKA）的规定。

4. 外籍人士的房地产

外国公民或外国企业可以在经济特区拥有公寓或房地产；拥有公寓或房地产的外国公民或外国企业，可以通过经济特区管理机构的保证获得居留证；其所拥有的奢侈品可获得免除增值税、奢侈品销售税。

---

[1] 《投资经济特区可获九大优惠》，印度尼西亚《国际日报》2015年11月7日第3版。
[2] 《投资经济特区可获九大优惠》，印度尼西亚《国际日报》2015年11月7日第3版。

5. 旅游业

可以获得削减50%—100%的第一期建设税；可以获得削减50%—100%的娱乐税。

6. 劳动力

经济特区将成立工资委员会，同时成立由政府、雇主和雇员组成的合作机构；每一个企业只有一个工会或工人论坛；经济特区有权直接发出和延长使用外国员工的计划书；可在经济特区延长外国员工居留时间。

7. 移民

可获得为期30天的首次访问签证，并可连续延长5次，每次30天；可以获得为期1年的多次访问签证；在经济特区拥有房地产的外籍人士可以获得居留证；在旅游业经济特区的外籍老年人可以获得居留证。

8. 土地

通过经济特区私营企业的建议，可以获得有关建筑物使用权，并可持续延长；经济特区行政组织可以直接为业者提供土地方面的服务。

9. 许可证

经济特区管理人可以直接发出原则许可证和营业证书；从开始申请直至发出许可证的时间最长为3个小时；将提供许可证方面和非许可证方面的服务列表；可以通过经济特区管理员申请处理许可证方面和非许可证方面的服务。

表6-14 印度尼西亚经济特区重点发展产业

经济特区	地理位置	成立时间	占地面积	重点发展产业
塞芒吉 (Sei Mangke)	北苏门答腊省	2012年	20平方千米	棕榈油加工、橡胶加工、农药化肥生产、物流和旅游业
丹绒勒松 (Tanjung Lesung)	万丹省	2012年	15平方千米	旅游业
丹绒阿比阿比 (Tanjung Api-api)	南苏门答腊省	2014年	20.3平方千米	橡胶加工、石油加工和化工工业
曼达利卡 (Mandalika)	西努省	2014年	10.4平方千米	旅游业

(续上表)

经济特区	地理位置	成立时间	占地面积	重点发展产业
马雷（Maloy）	东加里曼丹省	2014年	5.6平方千米	棕榈油加工和物流业
巴鲁（Palu）	中苏拉威西省	2014年	15平方千米	制造业、采矿开发（特别是镍、铁、金的开发）、物流和农业加工（可可、海藻、藤）
比通（Bitung）	北苏拉威西省	2014年	5.3平方千米	渔业加工、椰子加工、制造业和物流业
摩罗泰（Morotai）	北马鲁古省	2014年	11平方千米	旅游业、渔业加工和商贸物流
丹绒克拉洋（Tanjung Kelayang）	邦加勿里洞省	2016年	3.2平方千米	旅游业
索龙（Sorong）	西巴布亚省	2016年	5.2平方千米	船舶制造、物流、农产品加工、渔业、林业和矿产开发

资料来源：商务部国际贸易经济合作研究院课题组：《印度尼西亚经济特区：中企投资的机遇和风险》，《国际经济合作》2016年第12期。

（三）印度尼西亚推出投资新政

1. 注重吸引中国投资

为促进中国在印度尼西亚的投资，印度尼西亚投资协调委员会成立了一个专门为中国投资者服务的特别推介小组，提供有关印度尼西亚投资环境的信息，向已投资或拟投资的中方企业家宣传印度尼西亚的投资机遇和政策，协助解决中资企业在印度尼西亚投资过程中遇到的问题和障碍。该机构还在印度尼西亚驻中国大使馆的协助下，在中国设立投资促进中心，促进中国对印度尼西亚投资计划的落实。此外，印度尼西亚投资统筹机构自2015年以来不断组团赴中国招商，先后到上海、广东、浙江、湖北等十几个省市进行招商活动，介绍印度尼西亚投资政策、环境及投资潜力，并与当地企业家进行座谈。

2. 投资政策改革

印度尼西亚投资统筹机构和其他部门机构对电力、工业、旅游业等领域许可证申请手续进行简化。例如，印度尼西亚政府将电力部门49项许可证减至25

项,手续时间从原来的932天减至256天。颁布和修订投资负面清单,允许外资进入冷库业、养老院以及电子商务等领域。简化134项经贸投资条例,其中包括17项政府条例、11项总统条例、2项总统指令、96项部长条例和8项其他条例。①

3. 许可证服务制度改革

印度尼西亚投资统筹机构推行新的投资服务配套措施,即3小时内颁发包括投资许可证在内的8项许可证:企业注册证书(TDP)、营业执照、司法与人权许可证、聘用外籍员工许可证(IMTA)、聘用外籍员工计划书(RPTKA)、生产出口商识别号码(APIP)、海关基本序号(NIK)和纳税人基本编号(NPWP)。②

三、印度尼西亚FDI来源国及分布产业情况

印度尼西亚的外商直接投资来源地区中,亚洲国家占最大比重。2014年来自亚洲的外商直接投资额达到134.58亿美元,其中新加坡的直接投资额最高,达到58.32亿美元,其次为日本,外商直接投资额达到27.05亿美元。来自中国香港和中国内地的外商直接投资额分别达到6.57亿美元和8亿美元。美洲对印度尼西亚的直接投资额达到13亿美元。欧洲对印度尼西亚的直接投资额达到39.83亿美元,其中来自荷兰和英国的外商直接投资额分别达到17.26亿美元和15.88亿美元(表6-15)。

表6-15 2008—2014年印度尼西亚外商直接投资来源地

(单位:百万美元)

国家和地区	2008年	2009年	2010年	2011年	2012年	2013年	2014年
亚洲	10 367	3011	7978	9135	11 098	13 797	13 458
中国香港	132.2	24.03	566.1	135	309.6	376.3	657.2
中国内地	134.7	47.58	173.7	128	141	296.9	800
日本	1265	684.9	712.6	1516	2457	4713	2705
新加坡	7841	1370	5565	5123	4856	4671	5832

① 韦红:《印度尼西亚国情报告(2016)》,社会科学文献出版社,2016年,第259页。
② 黄贤超:《印度尼西亚政府要再简化投资手续3小时内将一举获得8中许可证》,印度尼西亚《国际日报》2015年11月13日。

(续上表)

国家和地区	2008 年	2009 年	2010 年	2011 年	2012 年	2013 年	2014 年
马来西亚	375.6	123.2	472.1	618.3	529.6	711.3	1776
韩国	388.8	612.6	328.5	1218	1950	2205	1127
美洲	502.2	394.9	2715	2024	2140	3749	2120
美国	159	100.1	930.9	1488	1238	2436	1300
欧洲	840	1746	1302	2180	2574	2567	3983
英国	140.1	288.1	276.2	419	934.4	1076	1588
荷兰	207.8	1195	608.3	1354	966.5	927.8	1726
瑞士	73.24	64.3	129.6	9.4	255.1	124.6	150.9
非洲	108.4	496	150	202	1196	801.7	664
毛里求斯	43.4	159.4	23.35	72.5	1059	780	540.7
大洋洲	40.78	81.55	239.2	112.1	745.4	233.5	685
澳大利亚	36.73	80.42	214.2	89.7	743.6	226.4	647.3
其他	3025	5087	3830	5826	6812	7469	7619
总计	14 883	10 816	16 215	19 479	24 565	28 616	28 530

资料来源：CEIC 数据库。

从印度尼西亚外商直接投资来源比重来看，来自亚洲地区的外商直接投资比重呈下降趋势。2008 年亚洲地区对印度尼西亚直接投资占印度尼西亚吸收外资总额的 69.7%，远远高于其他地区。2008—2014 年，来自亚洲地区的外商直接投资基本保持在 45% 左右，2014 年达到 47.2%。在亚洲众多国家中，新加坡直接投资比重最高，2008 年高达 52.7%，随后有所下降，2014 年仍然占 20.4%。其次为日本和马来西亚，2014 年两国的比重分别为 9.5% 和 6.2%。中国香港和中国内地的比重逐年上升，2008 年加起来只有 1.8%，2014 年上升到 5.1%。在美洲，美国的直接投资比重从 2008 年的 1.1% 上升到 2014 年的 4.6%。欧洲对印度尼西亚的直接投资比重上升更快，从 2008 年的 5.6% 上升到 2014 年的 14%。此外，非洲和其他地区对印度尼西亚的外商直接投资也呈上升趋势。（表 6 – 16）可见，随着印度尼西亚经济的快速增长，印度尼西亚市场的重要性也越来越受到世界各国的关注。相比之下，原来最主要的亚洲地区对印度尼西亚的直接投资比重逐渐下降。

第六章 印度尼西亚的国际移民与经济发展

表6-16 2008—2014年印度尼西亚外商直接投资来源比重

(单位:%)

国家和地区	2008年	2009年	2010年	2011年	2012年	2013年	2014年
亚洲	69.7	27.8	49.2	46.9	45.2	48.2	47.2
中国香港	0.9	0.2	3.5	0.7	1.3	1.3	2.3
中国内地	0.9	0.4	1.1	0.7	0.6	1.0	2.8
日本	8.5	6.3	4.4	7.8	10.0	16.5	9.5
新加坡	52.7	12.7	34.3	26.3	19.8	16.3	20.4
马来西亚	2.5	1.1	2.9	3.2	2.2	2.5	6.2
韩国	2.6	5.7	2.0	6.3	7.9	7.7	3.9
美洲	3.4	3.7	16.7	10.4	8.7	13.1	7.4
美国	1.1	0.9	5.7	7.6	5.0	8.5	4.6
欧洲	5.6	16.1	8.0	11.2	10.5	9.0	14.0
英国	0.9	2.7	1.7	2.2	3.8	3.8	5.6
荷兰	1.4	11.1	3.8	7.0	3.9	3.2	6.1
瑞士	0.5	0.6	0.8	0.0	1.0	0.4	0.5
非洲	0.7	4.6	0.9	1.0	4.9	2.8	2.3
毛里求斯	0.3	1.5	0.1	0.4	4.3	2.7	1.9
大洋洲	0.3	0.8	1.5	0.6	3.0	0.8	2.4
澳大利亚	0.2	0.7	1.3	0.5	3.0	0.8	2.3
其他	20.3	47.0	23.6	29.9	27.7	26.1	26.7
总计	100	100	100	100	100	100	100

资料来源:CEIC 数据库。

从2008—2014年印度尼西亚外商直接投资领域看,原来吸收外商直接投资比较多的服务业逐渐受到冷落,第二产业迅速成为吸收外商直接投资的最大产业。2008年,印度尼西亚在第一产业吸收的外商直接投资超过3.3亿美元,第二产业达到45.27亿美元。2014年,印度尼西亚第一产业和第二产业吸引外商直接投资分别增至69.91亿美元和130.19亿美元。可见,印度尼西亚的第一产业和第二产业越来越受到外资的青睐。

具体来看,第一产业中的矿业吸收的外商直接投资比农业更多,差距逐渐增大。2008年，印度尼西亚第一产业中的农业和矿业吸收的外商直接投资额相差不大，分别为1.47亿美元和1.81亿美元，但是到2014年，两个产业部门差额已经达到24亿美元，矿业吸引的外资远远超过了农业。第二产业中，吸收外商直接投资较多的部门为食品、化学制药、金属机械电子等。这三大部门在2008年吸收的外商直接投资额分别为4.91亿美元、6.27亿美元和12.93亿美元。而2014年，这三个数据分别上升至31.39亿美元、23.23亿美元和24.71亿美元。与第一产业和第二产业相比，印度尼西亚第三产业吸收外商直接投资呈下降趋势。2008—2014年，第三产业吸收的外商直接投资额下降了约15亿美元。虽然第三产业的吸收外商直接投资额整体呈下降趋势，但是个别部门的吸收外资能力却不断上升。其中房地产的变化较为明显。2008年房地产吸收的外商直接投资额只有1.72亿美元，2014年则增至11.68亿美元，增幅接近700%。

此外，建筑、商业、餐饮住宿等部门吸收的外商直接投资额也增长迅速。相反，交通仓储通信行业吸收的外商直接投资额从2008年的85.21亿美元下降至30亿美元。可见交通仓储通信行业吸收的外商投资额直接影响了整个第三产业吸收外资的能力，最终导致第三产业吸收外商直接投资额大幅下降（表6-17）。

表6-17 2008—2014年印度尼西亚外商直接投资领域

（单位：百万美元）

投资领域	2008年	2009年	2010年	2011年	2012年	2013年	2014年
第一产业	335.64	483.36	3033.9	4883.17	5933.07	6471.84	6991.27
农业	147.39	142.54	750.96	1222.49	1601.87	1605.34	2206.73
矿业	181.36	333.2	2200.55	3619.22	4255.45	4816.36	4665.11
第二产业	4527.23	3812.64	3337.3	6789.65	11 769.95	15 858.78	13 019.36
食品	491.38	533.87	1025.75	1104.64	1782.94	2117.71	3139.6
纺织业	210.19	251.36	154.8	497.26	473.12	750.7	422.53
皮革鞋类	145.85	122.62	130.38	255.01	158.88	96.19	210.69
木制品	119.47	62.1	43.06	51.14	76.29	39.5	63.66
纸张印刷	294.72	68.11	46.41	257.53	1306.61	1168.88	706.54
化学制药	627.77	1183.09	793.36	1467.4	2769.79	3142.31	2323.38
橡胶塑料	271.57	208.5	104.31	369.96	660.3	472.22	543.91
非金属矿产	266.4	19.55	28.4	137.15	145.76	874.13	916.85

(续上表)

投资领域	2008年	2009年	2010年	2011年	2012年	2013年	2014年
金属机械电子	1293.37	654.89	589.51	1772.78	2452.62	3327.09	2471.96
交通工具	756.24	583.38	393.77	770.13	1840.05	3732.24	2061.26
第三产业	10 020.58	6520.27	9843.57	7801.72	6881.88	6286.91	8519.02
建筑	412.82	512.74	618.35	353.7	239.57	526.81	1383.64
商业	582.22	704.36	773.58	826	503.81	606.5	866.76
住宿餐饮	156.93	306.52	346.61	242.24	768.16	462.52	513.07
交通仓储通信	8521.66	4151.61	5072.12	3798.86	2808.23	1449.87	3000.85
房地产	172.81	310.31	1050.36	198.65	401.78	677.72	1168.4
总计	14 883.45	10 816.27	16 214.77	19 474.54	24 584.9	28 617.53	28 529.65

资料来源：CEIC数据库。

四、FDI对印度尼西亚经济发展的影响

（一）对印度尼西亚的积极影响

FDI对促进东道国的经济发展、产业结构调整和增加就业有不可忽视的积极作用，流入的FDI会通过竞争、技术溢出以及对员工的培训等多种渠道影响东道国企业的产出、就业和劳动生产率。因此，在全球经济一体化的今天，一个国家所吸引的FDI数量的多少对国家的经济发展有着重要的作用。外商直接投资对印度尼西亚的积极影响主要有以下几个方面：

1. 外商直接投资对印度尼西亚产业发展的影响

外商直接投资能够把国外领先的生产技术带到印度尼西亚，加速了印度尼西亚产业方面的技术发展，使得印度尼西亚的产业结构实现了跨越式的升级。发达国家为了向发展中国家转移垄断优势的产业，直接投资发展中国家。外商直接投资促使印度尼西亚从资源、劳动密集型向资本、技术密集型产业转变。

（1）外商直接投资能够促进印度尼西亚企业的技术进步。印度尼西亚在一些领域有技术方面的空白，而这空缺的技术正是某些跨国公司所拥有的。这些跨国公司投资印度尼西亚时，肯定会带来一些先进的技术和理念。对印度尼西亚当地的公司来说，外国资本、技术的进入机遇大于挑战，因为当地公司能学习到外资企业的

先进技术。从国家方面来说，填补国内的技术空白，从自身方面来说，可以增加企业的竞争力。做到了这些，就可以在残酷的市场竞争中获得领先地位，避免在市场竞争中被淘汰。

（2）引导外商加强对印度尼西亚的西爪哇、南苏拉威西、万丹、西努沙登加拉的投资力度，推动印度尼西亚这些地区产业结构调整和优化。目前，印度尼西亚产业结构调整的重点是推动产业结构升级，但西爪哇、南苏拉威西、万丹、西努沙登加拉还未建立起一个完善的以优势产业为支柱的产业结构体系，基础产业和高新技术产业都相对薄弱，与雅加达、加里曼丹、东爪哇、北苏门答腊存在很大差异，这势必会严重阻碍印度尼西亚整体产业升级的进程。因此，印度尼西亚政府加大对外资地区流向的引导，使更多的外资投入西爪哇、南苏拉威西、万丹、西努沙登加拉的经济建设中，使这些地区和较为发达地区之间建立一种协调的产业关联机制，促进印度尼西亚的产业升级。

（3）外商直接投资优化印度尼西亚第三产业的比重。不同行业使用外商直接投资之后对自身会增加不同的贡献，这点是FDI资金的利用对产业结构转变的影响的最终体现。投资于不同产业的外国资金，会促进每个行业的不同程度的发展，这样就能够对第三产业的结构进行再一次的优化。同时，促进印度尼西亚当地的产业结构升级的因素还有：印度尼西亚具有广大的市场、低廉的劳动力资源和充足的各种矿产、森林、水资源等。此外，外国直接投资的投入能够很大程度地提高印度尼西亚的加工工业水平。

2. 外商直接投资对印度尼西亚就业的影响

外商直接投资会缓解东道国的就业问题，提高就业率。外商在印度尼西亚投资建立的工厂能够吸纳当地的就业人员，或者是外商投放的资本，可以直接推动东道国相关产业的发展。研究表明，外商直接投资的持续增长，能够提供更多的就业机会，同时还培育了一批高素质的从业人员。外商直接投资增加了，当地的企业也就随之增加。随着工厂数量的增加和生产能力的大幅提高，就业机会也就随之增加了。生产率在提高的同时也提供了大量的工作岗位，促进了就业。2005年以来，印度尼西亚失业率不断下降，成为其经济发展的一大亮点。据统计，截至2014年，印度尼西亚的失业率降为6.1%，2005年这一数值高达11.2%。（图6-1）失业率下降的主要原因是工业发展顺利并创造了更多的就业机会。[①]

---

① Indonesia's Investment Coordinating Board (BKPM): http://www.bkpm.go.Id.

第六章 印度尼西亚的国际移民与经济发展

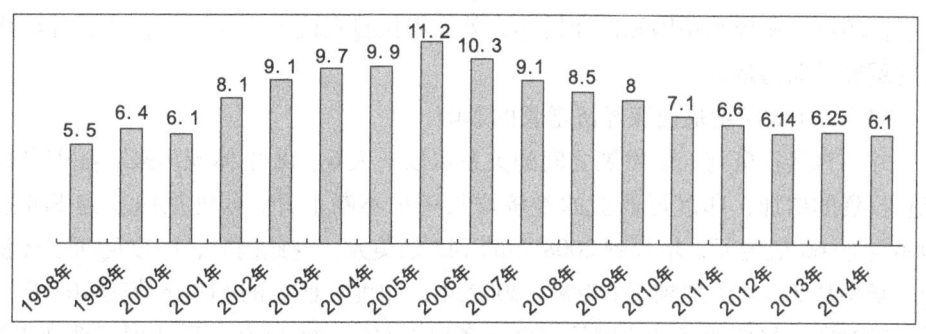

（单位:%）

图6-1　1998—2014印度尼西亚失业率

资料来源：印度尼西亚投资协调委员会（BKPM）。

除此以外，外商直接投资还为印度尼西亚培养了很多相关的专业人才，并在这个过程中潜移默化地提高了当地的创新能力。这就是外商直接投资对印度尼西亚就业的潜在影响。之所以说外资企业为当地培养了很多具有较高水平的科技人才，是因为在一般情况下外资公司所在的行业都具有较高的技术含量，这就对从业人员的相关技术素质以及科研或者技术业务水平要求很高。同时外资企业为了保证自己在国际竞争中时刻保持领先地位，就必须重视开发所在国当地人才。这些培训出来的高水平人才在当地各个公司间流动，就在整体上提高了东道国其他行业的技术水平。

可见，外商直接投资在印度尼西亚就业率增长中的贡献度是非常大的，不仅提高了印度尼西亚的就业率，还提高了劳动者素质。外商直接投资已成为推动印度尼西亚就业的重要力量。

此外，外商直接投资对印度尼西亚的就业质量起着非常积极的促进作用。一方面，外企提供的工资会高于印度尼西亚当地的平均工资，并且各方面的福利都会明显更好。另一方面，印度尼西亚当地企业和外企公平竞争，从而促进当地企业提高各方面的实力，最终提升了印度尼西亚当地的就业质量。外商直接投资不仅能够增加当地的就业岗位，同时还能完善当地市场，提高印度尼西亚当地人力资源的技术水平和薪资水平。

3. 拉动印度尼西亚经济发展

近年来，印度尼西亚的经济快速发展从某种程度上取决于FDI对经济的拉动作用，FDI带来的大量资金流入对印度尼西亚资本有很大的贡献。印度尼西亚利用相对廉价的劳动力资源，通过减免税赋、降低土地和房屋租金等优惠政策，优化投资环境，积极承接国际产业转移，外商直接投资流入明显增加，成为经济增长的重要驱动力量。

(1) FDI 对印度尼西亚经济增长的影响

外商直接投资与经济发展之间的关系可以从表 6-18 中体现出来。随着外商直接投资的增加，印度尼西亚的经济增长率也不断上升。印度尼西亚的 FDI 从 2006 年的 60 亿美元，增长到 2008 年的 145 亿美元。与此同时，印度尼西亚经济的增长率从 5.5% 增加到了 6.0%。2009 年，印度尼西亚的 FDI 下降为 108 亿美元，同时印度尼西亚经济的增长率也下降到 4.5%。而 2010 年后印度尼西亚 FDI 逐渐增加，其经济增长率也逐渐回升。这表明外商直接投资对印度尼西亚的经济增长有较大的作用。

和外商直接投资走势一致的还有印度尼西亚的 GDP。印度尼西亚外商直接投资的增长对 GDP 的增长有着很明显的正作用。从总体上来说外商直接投资与 GDP 成正相关。印度尼西亚 FDI 从 2006—2008 年出现了快速增长；同样，印度尼西亚的 GDP 从 2006 年的 3646 亿美元增加到 2008 年 5110 亿美元。在 2009 年印度尼西亚的外商直接投资稍微有所下降，虽然印度尼西亚的 GDP 没有跟着往下走，但是只增加了 277 亿美元。这是因为受到了外商直接投资下降的影响。2010 年随着外商直接投资日益增加，GDP 也逐年增加。[①]

表 6-18 2006—2011 年印度尼西亚的 GDP 与经济增长率

年份	GDP（亿美元）	经济增长率	FDI 亿美元
2006	3646	5.5%	60
2007	4322	6.3%	105
2008	5110	6.0%	145
2009	5387	4.5%	108
2010	7084	6.1%	162
2011	8457	6.7%	195

资料来源：印度尼西亚投资协调委员会（BKPM）。

(2) FDI 提升印度尼西亚出口竞争力

外商投资提高了印度尼西亚商品的出口竞争力，同时对某些领域的国际竞争

---

① Indonesia's Investment Coordinating Board （BKPM）：http：//www.bkpm.go.Id.

力起到了积极作用。因为印度尼西亚的公司会抄袭仿照这些大型跨国企业的先进生产技术以及更加合理的流程。虽然劳动力的价格比较优势使得印度尼西亚是一个以原料、初级产品出口,或者再加工产品为主的发展中国家,但这种情况已经随着外商直接投资的介入发生了很大的变化。在这个发展过程中,具有更加先进、技术含量更高的公司以及其他一些高新科技产业的兴起,已经逐步代替了先前的原料、初级产品出口为主的情况。这种趋势会越来越明显。随着外资数量的增多,企业的各方面技术都在不断提高,所生产的产品的出口竞争力也在不断增强。

(二)对印度尼西亚的消极影响

随着外商直接投资量的日益增加,外商直接投资对印度尼西亚的中小企业和印度尼西亚的自然生态环境等方面带来了许多负面的影响。

1. 造成生态环境污染与自然资源的消耗

现阶段,外商直接投资在促进印度尼西亚经济发展的同时,也给印度尼西亚带来了一系列负面效应,比如印度尼西亚的环境污染不断恶化。有些外商在印度尼西亚投资时,把大量的污染也带到印度尼西亚。这些外资企业不仅不利于维护印度尼西亚生态环境,而且将严重影响印度尼西亚经济的持续发展。

除了环境破坏因素以外,外商直接投资增加了当地的生产活动,很多不可牛资源的消耗也是难免的,并且增加了污染排放,也加快了城市化的脚步。这些生产活动加重了当地自然环境的负担,增加了政府的环境治理成本。即使除去这些不说,仅仅是由经济活动和产量的增加所导致的交通运输量加大就使环境受到很大危害。

伴随着外国直接投资转移至印度尼西亚的高污染产业,尤其化工原料、纺织业、化学制品等产业在出口额上升的同时,废水废气排放量和固定废物产出量都呈上升趋势,加重了印度尼西亚生态环境负担,增加了印度尼西亚环保部门的治理难度。此外,印度尼西亚大量工业污染废弃物的排放也对人民生活质量造成了很大的影响。[1]

2. 造成企业的不平等竞争

第一,外商投资会造成某些外企对一些行业的垄断,这就使得许多印度尼西

---

[1] Sihombing, Jonker, Investasi Asing MelaluiSurat Utang Negara, Bandung Alumni, 2008, pp. 123 – 145.

亚当地公司破产，严重威胁印度尼西亚某些行业的安全。外企相对于当地的企业有着自身的优势，比如其先进的技术、庞大的规模等。凭借这些有利因素，外企侵占了当地的市场，久而久之可能会造成该企业的垄断地位。比如，清洁用品以及个人方面的护理产品，已经完全被外企所垄断。在争夺市场的战争中，印度尼西亚当地的企业就很难与这些外企进行市场份额的争夺，如此一来，当地的企业只能走向破产。在市场竞争中，对中小规模的企业来说更是一场灾难，因为处于垄断地位的外企为了达到垄断目的，可以不惜一切代价来进行恶性竞争，比如大打价格战。在价格战中，外企可以凭借自己充足的资本把中小企业挤出市场，让中小企业难以在市场中立足，最后只有破产这条路可走。

外商投资在印度尼西亚市场的一个重要举措，就是通过合资或者其他策略，压制印度尼西亚品牌，推广自己的品牌。印度尼西亚电信行业中相当多的一些品牌，已经在合资中萎缩甚至消失，外商投资对印度尼西亚电信业的控制力在不断加强。与品牌控制相对应的是，印度尼西亚很多产业领域的绝大部分市场被跨国公司所控制。这种市场垄断不仅是跨国公司攫取高额利润的重要手段，更为严重的是它对印度尼西亚经济安全已经带来实质性伤害。

第二，印度尼西亚的当地本土企业无法享受外资所拥有的超国民待遇，这就是一种明显的不公平竞争。这种不公平是由国家政策造成的，当地企业只有承受，而无力承担。这里所说的超国民待遇，指的是在完全一样的情况下，国家给外商提供的各种优惠政策的力度更高，而本国的企业不能享受到这些原本应该享受到的待遇。外企给予这些优惠政策有助于解决国内资金不够、外汇储备不足这两个问题，但是对国内的企业是一种变相的打击。从长远来看，虽然有一定的积极意义，但是并非长久之计。因为它虽然吸纳了更多的外商直接投资，提高了管理技术水平，促进了经济发展，但是带来的负面影响也是显而易见的。它间接打击了本国的企业，对本来技术、管理等各方面都不如外企的本国企业来说，无疑雪上加霜。[1]

3. 印度尼西亚本国对外国投资的使用成本过高

印度尼西亚为了大量吸引外资，出台对外商直接投资的税收优惠政策。印度尼西亚当地企业的平均赋税率为25%，而外企的平均赋税率仅为10%。在印度尼西亚最近几年高速引入外资以后，外企缴纳的赋税占全国的税收比例一直处于

---

[1] Gautama, Sudargo, Segi‐Segi Hukum Internasional Pada Nasionalisasi diIndonesia, Bandung, 2009, pp. 91‐99.

增长中。这一方面是好事,增加了国家税收以及外汇储备,但是与此同时,因为外企拥有的超国民待遇,赋税比较低,所以在增加税收的同时,印度尼西亚本身也必须承担相应的成本。外企投资越多,这个成本也就越高。另外一个不容忽视的问题就是环境成本。一些高科技技术同时也伴随着高污染,在印度尼西亚当地投资的企业很可能,并且现在已经对当地的生态环境造成可以看得见的破坏。这种掠夺性的开发造成了很严重的后果。相比于得到的利益,国家将来可能需要花费数倍的成本来进行治理。从这个角度来说,可能有点得不偿失。这使得印度尼西亚本国对外国投资的使用成本过高。

第五节 国际贸易与印度尼西亚经济增长

一、国际贸易对经济发展的作用

开展国际贸易,必然使市场竞争机制充分发挥作用,从而刺激企业素质的提高,增强企业的国际竞争力。一国对外开放,参与国际贸易,实际上就是把本国的企业纳入与外国企业的竞争之中。一方面,持续的进口产品的激烈竞争将促使本国的企业提高效率。竞争必然加速低效率的企业退出市场的过程,同时促使高效率的企业达到合理的规模,从而优化本国的市场结构,改善本国企业的效益。即使本国企业在本国市场上处于垄断地位,仍然不得不面对国际竞争的压力,为了自身的生存而努力降低成本,提高竞争力。另一方面,出口企业不能不同外国生产同类商品的企业展开竞争。为了扩大在国外的市场份额,出口企业就必须坚持不懈地努力生产出成本低、质量好的商品去参与竞争,并不断按国际市场需求结构的变化调整自己的产品结构,按国际标准生产,按国际营销惯例办事。这无疑会刺激企业素质的提高。企业经济效率的不断提高和国际竞争力的不断增强,无疑是一国经济发展的基础。

开展国际贸易,必然带来市场的扩大。国内外市场的不断开拓,无疑会有力地带动经济增长。

先看出口。出口企业往往是面对世界市场来组织生产,市场容量大,容易获得规模经济效应。所谓规模经济,是指随着产品数量的增加,单位产品的成本会降低,从而提高经济效益。事实上,许多工业部门要求有适度的初始规模,具有规模经济的性质,如汽车、电冰箱、电子计算机等,采用大规模生产的方式可以使成本降低很多。如果一国的企业在为国内消费者提供这一类商品的同时，还能在国际市场上销售同类产品，那就不仅企业能提高赢利水平，而且国内公众也只需支付较低的价格。不仅如此，在出口贸易的带动下，一个工业部门的发展又可以带动一系列工业部门的发展，以致各种各样的从属的工业部门都建立起来。因为在经济运行中，各产业之间呈现出各种联系。所谓"联系"，是指一个部门在投入和产出上与其他部门之间的联系。这种联系有两个方面：一是后向联系，即某个部门同向它提供投入的部门之间的联系；二是前向联系，即某个部门同吸收它的产出的部门之间的联系。如果出口产业是"联系效应"大的主导产业，就可取得很大的"乘数效果"，带动其他一系列部门的发展，从而循环反复地连续推动国民收入和就业量的增加，推动经济的持续发展。

再看进口。从国外引进国内没有生产的产品，往往能起到开拓国内市场，引导新产业成长的作用。由于国内仍未生产，一时无法确定新产品会有多大的市场，即在一定的价格条件下社会需求量究竟是多少。当国内进口需求很大，以致即使高关税壁垒也难以阻挡进口时，国内企业就得到了明确的生产信号，进口替代的工业由此发展起来。实践证明，进口替代是许多国家，尤其是发展中国家走向工业化的第一步。这个过程就是进口商品刺激国内需求，进而导致进口替代工业部门的产生。如果条件具备，进口替代部门还能转变为出口部门。进口国外的新产品还可以促进一国产品的不断更新换代。

开展国际贸易，必然会激发企业的创新机制，推动技术进步，从而促进经济增长。从进口看，技术和设备的进口将直接促进国内生产的发展和生产率的提高，其作用类似于创新对增长的刺激，而且还节省了创新的成本。从出口看，出口的扩大使得创新活动所能获得的收益上升，从而反过来刺激本国企业的产品和技术的创新，带动经济增长。

开展国际贸易能加速资金积累，促进经济增长。一般说，国际贸易从三个方面促进一国的资金积累。一是出口部门往往能获得较好的经济效益，能提高积累率，从而加速发展。二是外贸的发展为引进外资提供必要的条件。一个国家的偿债能力最终是由该国的出口能力决定的。出口越多，在国际市场上筹措资金的余地就越大。另一方面，进口往往同国家之间的借贷关系联系在一起，可以利用外国的资金来引进技术和设备等。三是对进口竞争部门形成刺激。在封闭的经济条件下，企业往往满足于现有的市场，积累扩大再生产的动力不足。进口市场竞争的出现，使企业产生了提高积累率的巨大压力。无论什么情况，积累总是扩大再生产、促进技术进步的一个重要因素。

开展国际贸易，有利于促进一国经济结构的变动。现代经济发展包括不可分割的两个方面：经济总量的增长和产业结构的优化。结构优化是现代经济发展的主题，是推动现代经济持续增长的最重要推动力。所谓产业结构的优化或合理化，是指一二三产业之间比例协调发展以及各产业内部的结构符合社会市场需求结构，以及各产业逐步由劳动密集型向资本密集型、技术密集型的转移。扩大对外贸易，无疑可对产业结构的调整起积极作用。一方面，由于任何一国都不可能实现绝对平衡的增长，即供给结构与需求结构刚好符合，因此需要利用世界市场。当国内资源过剩而需求不足时，就面对国外市场组织生产；而在国内需求很大，但缺乏必要的资源和条件时，就适当进口。另一方面，扩大对外经贸关系，积极参与国际分工，引进竞争机制，就必然要发展本国具有现实的或潜在的比较优势的产业，淘汰和放弃某些不合理的产业，以优化资源配置。进出口竞争的刺激和进出口结构的不断调整，又会促进本国企业的技术进步，促进产业结构的优化和资源配置效率的进一步提高。

二、印度尼西亚国际贸易概况

对外贸易在印度尼西亚国民经济中占有重要的地位。近年来，印度尼西亚政府采取一系列措施，鼓励和推动非油气产品出口，通过简化出口手续和降低关税，使该国的对外经贸取得了较大发展。

（一）印度尼西亚对外贸易额

印度尼西亚对外贸易额在1991年为550.11亿美元，2012年上升到3817.2亿美元，22年来增长了约7倍。虽然从绝对值上，印度尼西亚的对外贸易额不断增加，但2012年印度尼西亚的对外贸易增长率仅为0.2%，与前几年两位数的增长速度相比明显放缓，并且出现了16.6亿美元的贸易逆差。从2012年后，印度尼西亚的对外贸易额出现负增长，并持续出现贸易逆差。据印度尼西亚中央统计局统计，2016年印度尼西亚货物进出口额为2801.4亿美元，比上年同期下降4.4%。其中，出口1444.9亿美元，下降3.9%；进口1356.5亿美元，下降4.9%。贸易顺差88.4亿美元，而增长14.8%（表6-19）。

表 6-19 1991—2016 年印度尼西亚的进出口贸易状况

(单位：亿美元)

年份	出口额	进口额	贸易额	比上年增长率%	贸易顺差
1991	291.42	258.69	550.11	15.78	32.73
1992	339.60	272.80	612.40	11.32	66.8
1993	368.23	283.28	651.51	6.39	84.95
1994	400.53	319.83	720.36	10.57	80.7
1995	454.18	406.29	860.47	19.45	47.89
1996	498.14	429.29	927.43	7.78	68.85
1997	534.44	416.8	951.24	2.57	117.64
1998	488.47	273.37	761.84	-19.91	215.1
1999	486.65	240.03	726.68	-4.61	246.62
2000	620.0	335.00	955.00	31.42	285.00
2001	563.21	309.62	872.83	-8.6	253.59
2002	571.59	312.89	884.48	1.33	258.70
2003	610.59	325.51	936.1	5.84	285.08
2004	715.85	465.25	1181.1	26.17	250.60
2005	856.6	577.0	1433.6	21.4	279.6
2006	1008.0	610.7	1618.6	12.9	397.3
2007	1141	744.7	1885.7	16.5	396.3
2008	1370.2	1292	2662.2	41.2	78.2
2009	1165.1	968.3	2133.4	-19.9	196.8
2010	1577.8	1356.6	2934.4	37.6	221.2
2011	2035	1774.4	3809.3	29.8	260.6
2012	1900.3	1916.9	3817.2	0.2	-16.6
2013	1825.7	1866.3	3692	-3.28	-40.6
2014	1762.93	1781.79	3544.72	-3.98	-18.86
2015	1502.52	1427.39	2929.91	-17.34	75.13
2016	1444.9	1356.5	2801.4	-4.4	88.4

数据来源：1991—2000 年数据来源于中华人民共和国驻印度尼西亚共和国大使馆经济商务参赞处；2001—2004 年数据来源于《中国—东盟年鉴》；2005—2012 年数据来源于中国商务部亚洲司；2013—2016 年数据来源于印度尼西亚中央统计局。

（二）对外贸易商品结构

2012年印度尼西亚出口总额19 003 200万美元，其中非油气类出口中贡献最大的动植物油脂（90%为生棕榈油）出口额为213亿美元，比2009年增加了近一倍，其出口也从2009年的第三位上升到了2012年的第二位。纺织品及原料的出口比重有所下降，取而代之的是塑料、橡胶出口比重的增加。2010—2012年，印度尼西亚出口前十位的商品结构基本没有变化，印度尼西亚出口商品结构比较稳定（表6-20）。表6-21显示2009—2012年印度尼西亚进口的前十位商品，其中机电产品、矿产品占有重要比重。除2011年纺织品及原料和植物产品排序稍有变化外，其他年份的进口商品结构基本没变。

表6-20 2009—2012年印度尼西亚出口前十位的商品构成（类）

（单位：百万美元）

排序	商品类别	2009年出口额	2010年出口额	2011年出口额	2012年出口额
1	矿产品	38 982	55 078	76 429	68 581
2	动植物油脂	12 219	16 312	21655	21 300
3	机电产品	12 742	15 360	16 895	16 868
4	塑料、橡胶	6684	11 523	16 866	12 912
5	纺织品及原料	9264	11 224	13 257	12 462
6	贵金属及制品	6977	10 140	11 966	9387
7	化工产品	4869	7142	10 690	10 127
8	纤维素浆、纸张	4272	5708	5769	5518
9	食品、饮料、烟草	3735	4463	4995	5127
10	运输设备	3289	4177	4788	5914
	总计	103 033	141 127	183 310	168 196

数据来源：根据中国商务部网站的数据整理而得。

表6-21 2009—2012年印度尼西亚进口前十位的商品构成（类）

（单位：百万美元）

排序	商品类别	2009年进口额	2010年进口额	2011年进口额	2012年进口额
1	机电产品	25 928	35 652	42 974	47 334
2	矿产品	19 931	28 666	42 338	44 219
3	贵金属及制品	9557	13 773	17 248	20 481
4	化工产品	9186	12 545	16 359	16 420
5	运输设备	9168	11 310	13 109	16 192
6	塑料、橡胶	4336	6488	9034	9615
7	纺织品及原料	4171	6186	8530	8144
8	植物产品	3697	5052	8906	7612
9	食品、饮料、烟草	3474	4535	5904	6742
10	纤维素浆、纸张	1881	2729	3259	3015
	总计	91 329	126 936	167 661	179 774

数据来源：根据中国商务部网站的数据整理而得。

2016年印度尼西亚出口结构仍呈多元化发展趋势，主要出口商品有矿物燃料、动植物油、机电产品、贵金属及制品、运输设备等。2016年，印度尼西亚上述五大类商品的出口总额为664.9亿美元，合占出口贸易总额的46.0%；其他主要出口商品还有矿砂、橡胶及制品、纸张、纺织品、鞋类制品和木制品等。机械设备、矿物燃料、机电产品、塑料制品、钢材是印度尼西亚进口的五大类商品。2016年这五类商品的进口额分别为210.7亿美元、192.5亿美元、154.3亿美元、70.0亿美元和61.8亿美元，合占进口总额的50.8%。同期，印度尼西亚进口的上述五大类商品额除塑料及制品仍保持2.5%的增长外，均出现不同程度的下降，按进口金额顺序排列依次为，矿物燃料-5.8%、机械设备-23.2%、机电产品-0.6%、钢材-2.2%。印度尼西亚其他主要进口商品还有有机化学品、运输设备、航天器、钢铁、粮食、肥料、橡胶制品、棉花和无机化学品等。[①]

[①] 商务部国际贸易经济合作研究院：《2016年印度尼西亚货物贸易数据及中印双边贸易概况》，2017年6月5日，https://www.douban.com/group/topic/103344928。

第六章　印度尼西亚的国际移民与经济发展

（三）对外贸易地理流向

与世界上大多数发展中国家一样，印度尼西亚与世界发达国家之间的贸易互补性较强，依赖性也较大。由于日本对印度尼西亚的石油天然气等原材料商品需求量较大，多年来一直是印度尼西亚石油和天然气等资源性商品的第一大进口国，2011 年日本与印度尼西亚的进出口额为 531.52 亿美元，居第一位（表 6-22）。在发展中国家中，中国、印度、马来西亚等也是印度尼西亚重要的贸易伙伴。

表 6-22　2011 年印度尼西亚与十大贸易伙伴的进出口情况

（单位：百万美元）

国家和地区	进出口总额	印度尼西亚对主要贸易伙伴的出口额			印度尼西亚对主要贸易伙伴的进口额		
		金额	同比%	占比%	金额	同比%	占比%
总值	280 341	203 497	29.0	100.0	177 463	30.8	100.0
日本	53 152	33 715	30.8	16.6	19 437	14.6	11.0
中国大陆	49 153	22 941	46.2	11.3	26 212	28.3	14.8
新加坡	44 409	18 444	34.4	9.1	25 965	28.3	14.6
美国	27 272	16 459	15.4	8.1	10 813	15.0	6.1
韩国	29 389	16 389	30.3	8.1	13 000	68.8	7.3
印度	17 658	13 336	34.5	6.6	4322	31.2	2.4
马来西亚	21 401	10 996	17.5	5.4	10 405	20.3	5.9
中国台湾	10 845	6585	36.1	3.2	4260	31.4	2.4
泰国	16 302	5897	29.1	2.9	10 405	39.3	5.9
澳大利亚	10 760	5583	31.5	2.7	5177	26.3	2.9

数据来源：根据中国商务部网站的数据整理而得。

2016 年印度尼西亚对其主要贸易伙伴商品出口除对中国仍保持增长，增幅 11.6% 外，对其他主要贸易伙伴出口均出现不同程度的下降，按出口金额排列依次为，美国 -0.6%、日本 -10.6%、新加坡 -11.1%、印度 -13.8%、马来西亚 -7.2%。同期印度尼西亚对中国、美国、日本、新加坡、印度和马来西亚的出口额分别占其出口总额的 11.6%、11.2%、11.1%、7.8%、7.0% 和 4.9%，合占印度尼西亚商品出口总额的53.6%。2016年，印度尼西亚自其主要贸易伙伴进口占其总进口的比重依次为，中国22.7%、新加坡10.7%、日本9.6%、泰国6.4%、美国5.4%、马来西亚5.3%，合计为60.1%。同期印度尼西亚对其主要贸易伙伴的进口额，除对中国和泰国仍保持增长，增幅分别为4.7%和7.2%外，均出现不同程度的下降，按进口金额排列降幅依次为，新加坡-19.3%、日本-2.1%、美国-3.9%、马来西亚-15.6%。2016年，印度尼西亚前六大逆差来源国依次为中国、新加坡、泰国、澳大利亚、沙特和巴西，分别为140.2亿美元、33.0亿美元、32.8亿美元、20.6亿美元、13.9亿美元、13.0亿美元；增减幅依次为-2.5%、-38.5%、-28.3%、87.6%、2.3%和3.3%。顺差主要来自美国、印度、菲律宾、日本、荷兰，依次为88.4亿美元、72.2亿美元、44.5亿美元、31.2亿美元和25.3亿美元。

（四）东盟自由贸易区中的印度尼西亚贸易

在东盟自由贸易区中，印度尼西亚主要与新加坡、马来西亚、泰国、菲律宾、越南等国家贸易往来比较密切，特别是新加坡、马来西亚和泰国均属于印度尼西亚的前十大贸易伙伴（表6-23）。

表6-23 2007—2011年印度尼西亚与东盟其他部分国家的贸易情况

（单位：百万美元）

年份		新加坡	马来西亚	泰国	菲律宾	越南	缅甸	柬埔寨
2007	印度尼西亚出口	10 502	5096	3054	1854	1355	262	122
	印度尼西亚进口	20 760	6114	4822	467	1135	31	1
2008	印度尼西亚出口	12 862	6433	3661	2054	1673	251	174
	印度尼西亚进口	28 508	7509	6243	673	728	29	3
2009	印度尼西亚出口	10 263	6812	3234	2406	1454	175	201
	印度尼西亚进口	20 119	5117	4478	447	678	27	4
2010	印度尼西亚出口	13 723	9362	4567	3182	1946	284	218
	印度尼西亚进口	25 932	6942	7207	562	1253	32	4
2011	印度尼西亚出口	18 444	10 996	5897	3699	2354	360	260
	印度尼西亚进口	33 671	10 405	10 002	713	2326	68	8

数据来源：联合国贸易发展委员会的UNCTAD数据库。

第六节　移民汇款与印度尼西亚经济增长

一、移民汇款对经济增长的作用

移民汇款对经济增长的影响十分复杂，移民汇款对经济增长是否有影响迄今也存在争议。不少学者持肯定观点，同样，也有许多学者持怀疑态度。有学者认为，移民汇款与经济长期增长之间不存在显著关系。IMF 对 101 个发展中国家在 1970—2003 年的数据进行了分析，结果发现移民汇款与人均收入增长之间的关联并不显著。Chami 等人也持有相似的观点：移民汇款既没有促进投资的增长，也没有影响投资的分配，因此对 GDP 的增长没有显著影响。Faini 认为移民汇款能克服资本市场的缺陷，使移民家庭有效集聚资产，从而对经济增长产生积极影响。移民汇款有助于经济增长的观点多数来自于对某一国家或某一地区的实证研究。Mishra 指出，在 13 个加勒比国家中，移民汇款收入每增长 1 个百分点，私人投资就会增长 0.6 个百分点，从而推动了经济增长。Solimano 的研究表明，移民汇款对安第斯国家经济增长的促进作用非常显著，Giuliano 和 Ruis-Arranz 则发现在金融业比较落后的国家，移民汇款能缓解信用限制，起到了促进金融发展的替代物作用，对经济增长的积极作用更为显著。

移民汇款对经济增长的负面影响依然值得关注。Chami 等对 113 个国家 29 年间的数据进行了分析，结果发现移民汇款降低了移民汇款接受者的劳动积极性，对经济增长产生负面影响。当然，如果移民汇款主要流入贫困家庭，移民汇款更多用于基本生活消费而非投资，对经济增长的影响就有限。与移民汇款相关的消费是否导致进口增长或通货膨胀，是否导致国内生产的减少，也会影响移民汇款对经济增长的作用。移民汇款的负面影响甚至会完全抵消其积极作用。

移民汇款来源地不同，移民汇款对经济增长的作用也有差别。如果移民汇款更多来自发达国家，则对经济增长的积极影响就会更显著。相对而言，发展中国家彼此之间的移民，因工作条件更差、工资较低、居留时间更短，移民汇款也更少。移民汇款的变动在短期和长期对经济增长产生了不同的影响。短期看，移民汇款可能对经济增长产生十分积极的作用，但长期来看这种作用可能并不明显。移民汇款对移民来源国经济增长的影响取决于它在有效需求投资和出口通货膨胀经济结构的转变等诸多方面的作用。①

二、印度尼西亚移民汇款概况

不断增长的海外移民也给印度尼西亚带来了数额不菲的移民汇款，尤其是20世纪90年代以来其数量增长更为迅猛（表6-24）。

表6-24 1992—2015年印度尼西亚海外移民汇款统计

（单位：百万美元）

年份	汇款	年份	移民汇款
1992	229.00	2004	1699.00
1993	346.00	2005	5296.00
1994	449.00	2006	5560.25
1995	651.00	2007	6003.82
1996	796.00	2008	6617.93
1997	725.00	2009	6617.62
1998	958.00	2010	6730.79
1999	1109.00	2011	6735.88
2000	1190.00	2012	6998.00
2001	1046.00	2013	7400.00
2002	1259.00	2014	8776.00
2003	1489.00	2015	10 500.00

说明：① 1992—2012年的数据来源于沈燕清：《印度尼西亚海外移民汇款治理及其对策研究》，《南洋问题研究》2015年第4期。

② 据印度尼西亚外劳机构，2013年印度尼西亚移民汇款流入量达74亿美元。该机构主席楚姆胡尔（Moh Jumhur Hidayat）表示，这一数字不包括印度尼西亚劳工直接带现金回国或通过非正式汇款渠道以及邮政、西联国际汇款公司（Western Union）和其他汇款业务等银行境外汇款方式汇款回国的金额。该机构预测，2013年印度尼西亚移民汇款总金额实际可达120亿美元。

③ 据印度尼西亚央行的统计，2014年第二季度印度尼西亚海外移民汇款达到21.94亿美元，以此推测2014年印度尼西亚移民汇款大约在87.76亿美元左右。

④ 据世界银行公布的2015年移民汇款情况报告显示，印度尼西亚进入全球10大移民

---

① 林勇：《国际侨汇对移民来源国经济发展的影响——国外学术观点综述》，《华侨华人历史研究》2011年第1期。

汇款收入国之列，排名第十位，移民汇款收入达到105亿美元。

三、印度尼西亚移民汇款流入方式

在印度尼西亚有两大类型汇款渠道：正规渠道和非正规渠道。在正规渠道内，汇款转账所涉及的机构是由政府机构监督的，包括银行邮政服务转账经营者（Money Transfer Operator，简称MTOs，包括西联速汇金和其他电汇服务机构）及信用合作社等。印度尼西亚允许6家商业银行积极参与印度尼西亚移民工人的汇款转账：即印度尼西亚国家银行（Bank Negara Indonesia，简称BNI）、曼迪利银行（Bank Mandiri）、印度尼西亚人民银行（Bank Rakyat Indonesia，简称BRI）、印度尼西亚亚洲中央银行（Bank Central Asia，简称BCA）、联昌国际商业银行（Bank Niaga）和印度尼西亚金融银行（Bank Danamon）。印度尼西亚国家银行是目前该市场的领导者，起步较早，具有相对发达的国内外网络。其他重要角色是西联和速汇金。西联通过其代理在印度尼西亚运营，这些代理包括银行和邮政服务，估计在印度尼西亚全国有2000家代理。速汇金也通过代理在印度尼西亚运行，且地理覆盖范围逐渐扩大到偏远地区。①

此外，由于印度尼西亚地理上分散的特点，一些村镇银行、小额信贷机构，甚至合作社也已慢慢涉足汇款业务，以服务于偏远地区的移民及其家庭。② 迄今为止，印度尼西亚农村银行已有一个全国性的协会——农村银行协会（The Rural Bank Association），由位于23个省份约1800个农村银行或人民信用社（BPR）组成。一些信用社已经从事汇款服务，但权力局限于处理流入的汇款，且大多数信用社采取与西联合作的方式。③ 小额信贷机构由于在地理位置上的便利、多样化的产品、丰富的信贷经验等，能够为移民工人提供更灵活多样的服务，因而能

---

① "Gender Dimensions of Remittances: a Study of Indonesian Domestic Workers in East and Southeast Asia", http://apmigration.ilo.org/resources/gender-dimensions-of-remittances-a-study-of-indonesian-domestic-workers-in-east-and-southeast-asia, p.10.

② International Organization for Migration, "International Migration and Migrant Workers' Remittances In Indonesia: Findings of Baseline Surveys of Migrant Remitters and Remittance Beneficiary Households", 2010, http://publications.iom.int/bookstore/free/indonesia_remittances.pdf, pp.23-24.

③ International Organization for Migration, "International Migration and Migrant Workers' Remittances In Indonesia: Findings of Baseline Surveys of Migrant Remitters and Remittance Beneficiary Households", 2010, http://publications.iom.int/bookstore/free/indonesia_remittances.pdf, p.121.

够在汇款业务中占据一席之地。① 此外,一些合作社也在移民汇款业务中崭露头角。如在玛琅一个名为"Koperasi Citra Kartini"(简称KCK)的妇女合作社已成立一个一站式柜台,为其成员提供移民贷款、储蓄和汇款服务。到海外工作的合作社成员可保留其会员资格,但必须保持其储蓄账户和贷款支付,贷款偿还是以比正规贷款机构或职介机构的收费更低的利率,且通过银行转账到该合作社在某商业银行的帐户来实现的。此外,由玛琅地区的移民归国工人组成一个合作社,发起了一项社会经济计划,其合作资金来源于会员费,并以具有竞争力的价格提供贷款给其会员及家属。②

一般而言,正规汇款渠道主要在由新加坡、马来西亚和中国香港对印度尼西亚的现金汇款中发挥主导作用,因为这些移民东道国有较完善的汇款体系。如在新加坡,汇款服务由诸如新加坡邮政储蓄银行等国内银行及外资银行在当地的分支机构、授权汇款公司等提供,在新加坡被授权的印度尼西亚外资银行有印度尼西亚国家银行和曼迪利银行。此外,还有100多家汇款公司,如西联遍布新加坡各处。因此,在新加坡的印度尼西亚工人通常利用银行和汇款机构(Money Transfer Outfits)以汇款回家。在马来西亚,只有银行被允许且在政府监管下向移民工人提供汇款服务,其中比较活跃的银行有拉希德侯赛因银行(RHB Bank)、土著联昌银行(Bumiputra Commerce Bank)和马来亚银行(May Bank)。

此外,马来西亚国家储蓄银行(the Bank Simpanan Nasional,简称BSN)与一些印度尼西亚银行开展特别协作以进行汇款服务。对于向印度尼西亚的汇款,西联和速汇金是主要的转账经营者,其中西联与土著联昌银行有一个许可协议,并与马来西亚邮局合作运营。在香港,汇款业务的主要参与者是印度尼西亚商业银行、国际汇款机构和地方公司或少数民族商店。在中国香港的印度尼西亚银行主要有6家:印度尼西亚亚洲中央银行、印度尼西亚国际银行、曼迪利银行、印度尼西亚国家银行、联昌国际商业银行和印度尼西亚人民银行,当然各种汇款机构也在中国香港—印度尼西亚的汇款走廊中扮演重要的角色。然而,正规汇款渠道经常因其高额的转账费用及汇兑过程中不可避免的损失被批评。据统计,通过正规渠道转账汇款平均成本是所汇出金额的约13%,有时甚至超过20%。因此,

---

① International Organization for Migration, "International Migration and Migrant Workers' Remittances In Indonesia: Findings of Baseline Surveys of Migrant Remitters and Remittance Beneficiary Households", 2010, http://publications.iom.int/bookstore/free/indonesia_remittances.pdf, pp. 27 – 28.

② International Organization for Migration, "International Migration and Migrant Workers' Remittances In Indonesia: Findings of Baseline Surveys of Migrant Remitters and Remittance Beneficiary Households", 2010, http://publications.iom.int/bookstore/free/indonesia_remittances.pdf, pp. 28 – 29.

第六章　印度尼西亚的国际移民与经济发展

在印度尼西亚，一直有非正式的资金转帐渠道存在和运作（或平行）于"传统的受监管的银行和金融渠道以外"。而汇出现金和通过朋友和熟人携带实物被发现是一个常见的做法，在这种非正规汇款渠道中，移民工人不需要支付费用，运营商（其朋友或熟人）通常交付现金给移民工人指定的人。但迄今为止，在印度尼西亚和主要移民目的地国家之间没有发现类似于"hundi"（在南亚移民间存在）或"padala"（在菲律宾移民间存在）等高度有组织的非正规汇款渠道的存在。①

四、移民汇款对印度尼西亚经济的影响

印度尼西亚海外汇款不仅在帮助政府解决国内失业和贫困问题方面发挥了积极作用，同时也拉动了市场消费，活跃了地方经济。

根据 2012 年亚洲发展银行的调查，对印度尼西亚移民家庭而言，移民汇款已成为重要收入来源之一，占其总收入的 31.2% 左右。② 然而，根据学者 Sarah Collinson 的研究，在国际上，（一直以来）"移民汇款倾向于进入消费领域而不是生产性投资"。③ 从移民汇款的使用分配来看，目前依然主要用于满足基本生活需要，如食物、房租、医疗、教育等。在这方面，印度尼西亚也不例外。国际移民组织在 2009 年的一份简报显示，对印度尼西亚移民工人家庭而言，移民汇款主要用于日常需求，并在较小程度上用于教育、房屋装修、购买土地或偿还贷款和创业等。④ 在诸如勿里达、波诺罗戈、西龙目、中龙目等移民主要来源地区，移民汇款对移民家庭日常生活的重要性更为突出。⑤ 但近些年越来越多的学者倾向于将诸如房地产、教育、医疗卫生领域的移民汇款"消费"也作为"投资"

---

① "Gender Dimensions of Remittances: a Study of Indonesian Domestic Workers in East and Southeast Asia", http://apmigration.ilo.org/resources/gender-dimensions-of-remittances-a-study-of-indonesian-domestic-workers-in-east-and-southeast-asia, p.10–11.

② Asian Development Bank, "Global Crisis, Remittances and Poverty in Asia", http://adb.org/sites/default/files/pub/2012/global-crisis-in-asia.pdf, 2012, pp.15–16.

③ Sarah Collinson, "Shore to Shore: The Politics of Migration in Euro-Maghreb Relations", Middle East Programme, London: The Royal Institute of International Affairs, 1996, pp.35–39.

④ IOM, "Remittances to indonesia", 2009, http://www.iom.or.id/project/eng/updates/MDU-Indonesia%20Remittanc e%20（April2009）%20v10%20.pdf.

⑤ PaLmira Permata BacHtiar: "Patterns in Indonesia: National as well as Subnational Perspectives", Philippine Journal of Development, http://dirp3.pids.gov.ph/webportal/CDN/PUBLICATIONS/pidspjd11-indonesia.pdf, 2011, No.70, Voll.xxxviii, pp.42–43.

来考察,将储蓄也看作移民汇款进入投资的重要渠道。①

近年来印度尼西亚利用移民汇款进行生产性投资,促进了经济和社会发展。在这方面,中爪哇省斯拉根(Sragen)市地方政府的一些做法值得推荐。如斯拉根当地政府与印度尼西亚人民银行(BRI)签署了一份谅解备忘录,其目标有3个:(1)要求印度尼西亚人民银行提供融资贷款给有移民意愿的印度尼西亚人,让这些移民此后通过移民汇款分期偿还贷款。当然,本协议只针对正式就业部门的移民工人。(2)在海外就业,印度尼西亚人民银行将给移民的家庭提供便利以获取移民汇款服务。(3)在海外就业回国后,印度尼西亚人民银行将给移民及其家庭提供贷款以帮助他们创业。② 这份备忘录涉及移民全过程,可有力地促进国际移民和更好地实现移民收益。

(廖 萌 林 勇)

---

① 林勇:《国际侨汇对移民来源国经济发展的影响——国外学术观点综述》,《华侨华人历史研究》2011年第1期。

② Izza Mafruhah and Nunung Sri Mulyani, "The Problems of Indonesian's Migrant Workers: Case Studies in Sragen Regencyof Central Java Indonesia", http://www.wbiconpro.com/226 - Izza.pdf, p.12.

参考文献

一、中文文献

[1] 包群,许和连,赖明勇.贸易开放度与经济增长:理论及中国经验[J].世界经济,2003(2).

[2] 陈松涛.孟加拉国的外来发展援助[J].印度洋经济体研究,2016(4).

[3] 崔兆财,张志新,高小龙.国际移民汇款的经济增长效应——基于发展中国家的系统GMM分析[J].首都经济贸易大学学报,2015(5).

[4] 葛顺奇,杨锐.东南亚金融危机原因、影响及中国的对策[J].经济经纬,1998(3).

[5] 李建军,王红义.孟加拉国经济发展的现状与面临的挑战[J].南亚研究季刊,2012(3).

[6] 李建军,张雨涛.孟加拉国对外贸易自由化改革及成效[J].南亚研究季刊,2013(4).

[7] 李涛.试论近三十年来菲律宾的侨务政策及其作用[J].东南亚纵横,2012(6).

[8] 林梅.马来西亚的印度尼西亚劳工问题[J].当代亚太,2006(10).

[9] 林淑娟.印度尼西亚苏哈托政权十二年来接受外贷、外援的情况和问题[J].南洋问题研究,1979(1).

[10] 林勇.国际侨汇对移民来源国经济发展的影响——国外主要观点综述[J].华侨华人历史研究,2011(1).

[11] 林勇.浅析海外移民汇款对移民母国经济发展的积极作用[J].亚太经济,2009(5).

[12] 刘义圣.移民汇款与经济增长:基于菲律宾的经验分析[J].亚太经济,2017(3).

[13] 林勇.华侨华人研究报告(2013—2014)[M].北京:光明日报出版社,2014.

[14] 任重.论开放经济中的战略性贸易政策:一个基于国际租金耗散的分析框架[J].国际商务,2006(5).

[15] 沈红芳,冯驰.菲律宾经济:没有发展的增长[J].亚太经济,2014(3).

[16] 沈燕清.分权化背景下的印度尼西亚海外移民治理研究[J].东南亚研究,2015(1).

[17] 沈燕清.印度尼西亚海外移民汇款治理及其对策研究[J].南洋问题研究,2015(4).

[18] 史静.菲律宾海外劳工移民对本国经济的双重影响[J].大观周刊,2011(21).

[19] 苏哈尔梭诺·沙基尔.外援在印度尼西亚经济建设中的作用[J].宋康源,译,国际经济评论,1982(3).

[20] 孙喜勤.中国与孟加拉国经贸关系的现状、问题与前景[J].东南亚南亚研究,2016(3).

[21] 孙悦琦.菲律宾海外移民原因及对本国经济的影响[J].厦门广播电视大学学报,2017(1).

[22] 唐孟生.巴基斯坦反恐任重道远[J].南亚研究,2010(1).

[23] 田甜.新形势下巴基斯坦水电投资机会与风险分析[J].企业科技与发展,2014(14).

[24] 汪淳玉,王伊欢.国际发展援助效果研究综述[J].中国农业大学学报(社会科学版),2010(3).

[25] 王守贞,吴昊.从FDI流动看马来西亚经济发展的隐忧[J].东南亚研究,2011(1).

[26] 王受业.印度尼西亚外债述评[J].亚太研究,1993(1).

[27] 吴婷.苏西洛执政以来印度尼西亚外国直接投资流入结构变化及其原因分析[J].东南亚纵横,2011(11).

[28] 肖欣,何时有.巴基斯坦电力行业发展与投资机会[J].国际经济合作,2017(3).

[29] 谢贵平.中巴经济走廊建设及其跨境非传统安全治理[J].南洋问题研究,2016(3).

[30] 许和连,亓朋,祝树金.贸易开放度、人力资本与全要素生产率:基于中国省际面板数据的经验分析[J].世界经济,2006(12).

[31] 杨权,张宇.侨汇、实际汇率升值及荷兰病——基于中国的实证检验

[J].世界经济研究,2013(9).

[32] 姚杰.巴基斯坦水电建设市场投资风险防范浅议[J].水利水电施工,2014(1).

[33] 姚树洁,冯根福,韦开蕾.外商直接投资和经济增长的关系研究[J].经济研究,2006(12).

[34] 张洁,林勇.国际侨汇对收款国宏观经济安全的影响分析[J].华侨华人历史研究,2015(2).

[35] 赵蕾,王国梁.孟加拉国投资环境分析[J].对外经贸,2017(2).

[36] 钟继军,唐元平.马来西亚经济社会地理[M].广州:世界图书出版广东有限公司,2014.

[37] 陈洪涛.外商直接投资对发展中国家经济稳定的影响研究[D].北方工业大学,2010.

[38] 高铁梅.计量经济分析方法与建模[M].北京:清华大学出版社,2006.

[39] 唐香丽.印度尼西亚的外国直接投资研究分析[D].对外经济贸易大学,2013.

[40] 乌丁,斯瓦蒂.巴基斯坦经济发展历程——需要新的范式[J].陈继东,晏世经,译.成都:巴蜀书社,2010.

[41] 许利平.21世纪海上丝绸之路与全球海洋支点对接研究——中国福建省、印度尼西亚调研报告[M].北京:中国社会科学出版社,2017.

二、英文文献

[1] Abu Siddique, E. A. Selvanathan & Saroja Selvanathan. Remittances and Economic Growth: Empirical Evidence from Bangladesh, India and Sri Lanka [J]. The Journal of Development Studies, 2012, 48 (8): 1045 - 1062.

[2] Acharya C. P. & R. Leon - gonzalez. The Impact of Remittanceon Poverty and Inequality: A Micro - Simulation Study for Nepal [J]. GRIPS Discussion Paper, 2012, 3 (9): 1 - 30.

[3] Acosta P. A., Calderon C., Fajnzylber P. & Lopez H. What is the Impact of International Remittances on Poverty and Inequality in Latin America [M]. Washington, DC: World Bank, The World Economy, 2006.

[4] Acosta P. A., Lartey E. K. & Mandelman F. S. Remittances and the Dutch Disease [J]. Journal of International Economics, 2009, 79 (1): 102 - 116.

［5］Acosta P. C., Calderón P. Fajnzylber, & H. Lopez. What is the Impact of International Remittances on Poverty and Inequality in Latin America? [J]. World Development, 2008, 36 (1): 89 – 114.

［6］Adam R. & J. Page. Do International Migration and Remittances reduce Poverty in Developing Countries? [J]. World Development, 2005, 33 (10): 1645 – 1669.

［7］Adams Jr. R. & Page J. Do International Migration Remittances reduce Poverty in Developing Countries [J]. World Development, 2005, 33 (10): 16 – 45.

［8］Adenutsi D. Financial Development, International Migrant Remittances and Endogenous Growth in Ghana [J]. Studied in Economics and Finance, 2011, 28 (1): 68 – 89.

［9］Adhikary B. K. FDI, Trade Openness, Capital Formation and Economic Growth in Bangladesh: A Linkage Analysis [J]. International Journal of Business and Management, 2010 6 (1): 16 – 28.

［10］Agarwal R. & Horowitz A. W. Are International Remittances Altruism or Insurance? Evidence from Guyana using Multiple – migrant Households [J]. World Development, 2002, 30 (11): 2033 – 2044.

［11］Aggarwal R., Demirguç – Künt A. & Martínez Pería M. Do Remittances promote Financial Development? [J]. Journal of Development Economics, 2006, 96 (2): 255 – 264.

［12］Ahmed H. A. & Uddin M. G. S. Export, Imports, Remittance, and Growth in Bangladesh: An Empirical Analysis [J]. Trace and Development Review, 2009, 2 (2): 79 – 92.

［13］Ahmed S. Migrant Workers Remittance and Economic Growth: Evidence from Bangladesh [J]. ASA University Review, 2010, 4 (1): 1 – 13.

［14］Ahortor C. R. K. & Adenutsi D. E. The Impact of Remittances on Economic Growth in Small – Open Developing Countries [J]. Journal of Applied Science, 2009, 9 (18): 3275 – 3286.

［15］Alam M. S. FDI and Economic Growth of India and Bangladesh: A Comparative Study [J]. Indian Journal of Economics, 2000, LXXX (316): 1 – 15.

［16］Amuedo – Dorantes C. & S. Pozo. Workers' Remittances and the Real Exchange Rate: A Paradox of Gifts [J]. World Development, 2004, 32 (8): 1407 – 1417.

[17] Ambreen Khursheed. Do Debt Boosts Economic Growth? A Study of the South Asian Countries [J]. International Journal of African and Asian Studies, 2016, 22 (1): 1-13.

[18] Azam M., S. Hassan & Khairuzzaman. Corruption, Workers Remittances, FDI and Economic Growth in Five South and South East Asian Countries: A Panel Data Approach [J]. Middle East Journal of Scientific Research, 2013, 15 (2): 184-190.

[19] Azeez A & Begum M. International Remittances: A Source of Development Finance [J]. International NGO Journal, 2009, 4 (5): 299-304.

[20] Barajas A., Gapen M. T., Chami R., Montiel P., & Fullenkamp C. Do Workers' Remittances Promote Economic Growth? [J]. IMF Staff Paper, 2009, 52 (1): 55-82.

[21] Bettin G., &Zazzaro A. Remittances and Financial Development: Substitutes or Complements in Economic Growth? [J]. MOFIR Working Paper. 2009.

[22] Boone P. Politics and the Effectiveness of Foreign Aid [J]. European Economic Review, 1996, 40 (2): 289-329.

[23] Borensztein E., deGregorioJ & Lee J. W. How Does Foreign Direct Investment Affect Growth [J]. Journal of International Economics, 1998, 45 (1): 115-135.

[24] Borensztein E., De Gregorio J. & Lee J. W. How does Foreign Direct Investment affect Economic Growth? [J]. Journal of International Economics, 1998, 45: 115-135.

[25] Bourdet Y. & H. Falck. Emigrants' Remittances and Dutch disease in Cape Verde [J]. International Economic Journal, 2006, 20 (3): 267-284.

[26] Brown P. C. Migrants' Remittances, Savings, and Investment in the South Pacific [J]. International Labor Review, 1994, 133 (3): 347-367.

[27] Brown R. P. C. & D. Ahlburg. Remittances in the South Pacific [J]. International Journal of Social Economics, 1999, 26 (1/2/3): 325-344.

[28] Brown R. P. C., J. Connell & E. V. Jimenez-Soto. Migrants' Remittances, Poverty and Social Protection in the South Pacific: Fiji and Tonga [J]. Population, Space and Place, 2014, 20 (5): 434-454.

[29] Catrinescu N., Leon-Ledesma M. A., Piracha M. & Quillin B. Remittances, Institutions, and Economic Growth [J]. World Development, 2006, 37 (1): 81-92.

[30] Chakraborty C. & Basu P. Foreign Direct Investment and Growth in India: A Cointegration Approach [J]. Applied Economics, 2002, 34: 1061 – 1073.

[31] Chenery H. B. & Strout A. Foreign Assistance and Economic Development [J]. American Economic Review, 1966, 56 (4): 678 – 733.

[32] Chowdhury K. A Structural Analysis of External Debt and Economic Growth: Some Evidence from Selected Countries in Asia and the Pacific [J]. Applied Economics, 1994, 26: 1121 – 1131.

[33] Chowdhury M. B. Remittances Flow and Financial Development in Bangladesh [J]. Economic Modelling, 2011, 28 (6): 2600 – 2608.

[34] Craigwell R., Jackman M. & Moore W. Economic Volatility and Remittances [J]. International Journal of Development, 2010, 9 (1): 25 – 42.

[35] Cruz G. T. Migration in the Asian Region: Retrospect and Prospects [J]. World Mission, 2005, XVI (3): 22 – 26.

[36] Das A. & Chowdhury A. Remittances and GDP Dynamics in 11 Developing Countries: Evidence from Panel Cointegration and PMG Technique [J]. Romanian Economic Journal, 2011, 14: 3 – 24.

[37] Das H. K. Impact of Migration and Money Remittances on the Economy of Developing Nations: A Case Study of Bangladesh [J]. Journal of the Institute of Bankers Bangladesh, 1981, 13: 57 – 69.

[38] De Haas H. International Migration, Remittances and Development: Myths and Facts [J]. Third World Quarterly, 2005, 26 (8): 1269 – 1284.

[39] De La Fuente A. Remittances and Vulnerability to Poverty in Rural Mexico [J]. World Development, 2010, 38 (6): 828 – 839.

[40] De Mello L. R. Jr. Foreign Direct Investment – Ld Growth: Evidence from Time Series and Panel Data [J]. Oxford Economic Papers, 1999, 51 (1) : 133 – 151.

[41] Dean Yang. International Migration, Remittances and Household Investment: Evidence from Philippine Migrants' Exchange Rate Shocks [J]. The Economic Journal, 2008, 118 (528): 591 – 630.

[42] Deb N. C. Consumption pattern in rural Bangladesh [J]. Bangladesh Development Studies, 1986, XIV (1): 1 – 25.

[43] Desai M. A., Foley C. F. & Hines Jr J. R. Foreign Direct Investment and the Domestic Capital Stock [J]. American Economic Review, 2005, 95 (2): 33 – 38.

[44] Dickey D. A. & Fuller W. A. Distribution of the Estimators for Autoregressive Time Series with a Unit Root [J]. Journal of American Statistical Association, 1979, 74: 427 - 433.

[45] Duasa J. Malaysian Foreign Direct Investment and Growth: Does Stability Matter? [J]. The Journal of Economic Cooperation, 2007, 28 (2): 83 - 98.

[46] Dunne J. Paul, S. Perlo - Freeman & A. Soydan. Military Expenditure and Debt in small Industrialised Economies: A Panel Analysis [J]. Defence and Peace Economics, 2004, 15 (2): 125 - 132.

[47] Durand J. et. al. International Migration and Development in Mexican Communities [J]. Demography, 1996, 33 (2).

[48] Edwards A. C. et. al. International Migration, Remittances and Schooling: Evidence From El Salvador [J]. Journal of Development Economics, 2003, 72 (2): 429 - 461.

[49] Elias K Shukralla. Remittances, Institutions and Economic Growth: a Closer Look at Some Proxies for Institutions [J]. Economics Bulletin, 2016, 36 (1): 298 - 312.

[50] Ernesto M. Pernia. Diaspora, Remittances, and Poverty RP's Regions [J]. University of the Philippines School of Economics Discussion Papers, No. 0602, 2006.

[51] Fadhil M. A. & Almsafir M. K. The Role of FDI Inflows in Economic Growth in Malaysia (Time Series: 1975—2010) [J]. Procedia Economics and Finance, 2015, 23: 1558 - 1566.

[52] Fagerberg J. International Competitiveness [J]. The Economic Journal, 1988, 98 (391): 355 - 374.

[53] Karagoz K. Workers Remittances and Economic Growth: Evidence from Turkey [J]. Journal of Yasar University, 2009, 4 (13): 1891 - 1908.

[54] Falki N. Impact of Foreign Direct Investment on Economic Growth in Pakistan [J]. International Review of Business Research Papers, 2009, 5 (5): 10 - 120.

[55] Farshid P., Ali S. & Gholamhosein S. The Impact of Foreign Direct Investment and Trade on Economic Growth - Taking China, Korea, Malaysia, Philippines & Thailand for Example [J]. China - USA Business Review, 2009, 8 (12): 37 - 43.

[56] Findlay R. Relative Backwardness, Direct Foreign Investment and the

Transfer of Technology: A Simple Dynamic Model [J]. Quarterly Journal of Economics, 1978, 92 (1): 1 – 16.

[57] Funkhouser E. Remittances from International Migration: A Comparison of El Salvador and Nicaragua [J]. The Review of Economics and Statistics, 1995, 77 (1): 137 – 146.

[58] Gabi G. Afram. The Remittance Market in India: Opportunities, Challenges, and Policy Options [M]. Washington D C: World Bank Publications, 2012.

[59] Ghatak S., C. Milner & U. Utkulu. Exports, Exports Composition and Growth: Co – integration and Causality for Malaysia [J]. Applied Economics, 1997, 29 (2): 213 – 223.

[60] Gheorghe Z. & Vasile V. Macroeconomic Impact of FDI in Romania [J]. Procedia Economic and Finance, 2012, 3 (12): 3 – 11.

[61] Glytsos N. P. The Role of Migrant Remittances in Development: Evidence from Mediterranean Countries [J]. International Migratio, 2002, 40 (1): 5 – 26.

[62] Giuliano P. & Ruiz – Arranz M. Remittances, Financial Development and Growth [J]. Journal of Development Economics, 2009, 90 (1): 144 – 152.

[63] Globerman S. Foreign Direct Investment and Spillover Efficiency Benefits in Canadian Manufacturing Industries [J]. Canadian Journal of Economics, 1979, 12 (1): 42 – 56.

[64] Glytsos N. P. The Contribution of Remittances to Growth: A Dynamic Approach and Empirical Analysis [J]. Journal of Economic Studies, 2005, 32 (6): 468 – 496.

[65] Glytsos N. P. Measuring the Income Effects of Migrant Remittances: a Methodology Approach Applied to Greece [J]. Economic Development and Culture Change, 1993, 42 (1): 131 – 168.

[66] Griffin K. B. Foreign Capital, Domestic Savings and Development [J]. Oxford Bulletin of Economics and Statistics, 1970, 32 (2): 99 – 112.

[67] Gupta S., C. A. Pattillo, & S. Wagh. Effect of Remittances on Poverty and Financial Development in Sub – Saharan Africa [J]. World Development, 2009, 37 (1): 104 – 115.

[68] H. Kimura & Y. Todo. Is Foreign Aid a Vanguard of Foreign Direct Investment? A Gravity – Equation Approach [J]. World Development, 2010, 38

(4): 482-497.

[69] Hameed A., Ashraf H. & Chaudhary M. A. External Debt and its Impact on Economic and Business Growth in Pakistan [J]. International Research Journal of Finance and Economics, 2008, 20 (20): 132-140.

[70] Hassaballa H. Testing for Granger Causality between Energy Use and Foreign Direct Investment Inflows in Developing Countries [J]. Renewable and Sustainable Energy Reviews, 2014, 31 (2): 417-426.

[71] Amuedo-Dorantes C. & Pozo S. Workers' Remittances and the Real Exchange Rate: A Paradox of Gifts [J]. World Development, 2004, 32 (8): 1407-1417.

[72] Hooi Hooi Lean & Bee Wah Tan. Linkages between Foreign Direct Investment, Domestic Investment and Economic Growth in Malaysia [J]. Journal of Economic Cooperation and Development, 2011, 32 (4): 75-96.

[73] Hsiao F. S. T. & Hsiao M. W. FDI, Exports, and GDP in East and Southeast Asia-panel Data versus Time-series Causality Analyses [J]. Journal of Asian Economics, 2006, 17 (6): 1082-1106.

[74] Hsueh S. J., Hu Y. H. & Tu C. H. Economic Growth and Financial Development in Asian Countries: A Bootstrap Panel Granger Causality Analysis [J]. Economic Modelling. 2013, 32 (1): 294-301.

[75] Ilahi N. & Jafarey S. Guest Worker Migration, Remittances, and the Extended Family: Evidence from Pakistan [J]. Journal of Development Economics, 1999, 58 (2): 485-512.

[76] Findlay R. Relative Backwardness, Direct Foreign Investment and the Transfer of Technology: A Simple Dynamic Model [J]. Quarterly Journal of Economics, 1978, 92 (1): 1-16.

[77] Jawaid S. T. & Raza S. A. Workers' Remittances and Economic Growth in China and Korea: An Empirical Analysis [J]. Journal of Chinese Economic and Foreign Trade Studies, 2012, 5 (3): 185-193.

[78] Jha S., Sugiyarto G. & Vargas-Silva C. The Global Crisis and the Impact on Remittances to Developing Asia [J]. Global Economic Review, 2010, 39 (1): 59-82.

[79] Jie Zhang & Yong Lin. Impact of Foreign Capital on Economic Growth in Developing Countries: A Debatable Issue in India [J]. Developing Country Studies, 2018, 8 (6).

[80] Junaid Ahmed, Khalid Zaman & Iqtidar Ali Shah. An Empirical Analysis of Remittances – growth Nexus in Pakistan using Bounds Testing Approach [J]. Journal of Economics and International Finance, 2011, 3 (3): 176 – 186.

[81] Karagoz K. Workers' Remittances and Economic Growth: Evidence from Turkey [J]. Journal of Yasar University, 2009, 4 (13): 1891 – 1908.

[82] Rajdeep Kaur1, Nikita & Reena. Trends and Flow of Foreign Direct Investment in India [J]. Abhinav National Monthly Refereed Journal of Research in Commerce & Management, 2014, 3 (4): 42 – 47.

[83] Kiong W. H. & Jomo K. S. Before the Storm: The Impact of Capital Inflows on the Malaysian Economy, 1966—1996 [J]. Journal of the Asia Pacific Economy, 2005, 10 (1): 56 – 69.

[84] Kipyegon L., Nyamongo E. M. & Misatib R. N. Remittances, Financial Development and Economic Growth in Africa [J]. Journal of Economics and Business, 2012, 64 (3): 240 – 260.

[85] Kuliaviene A. & Solnyskiniene J. The Evaluation of the Impact of Foreign Direct Investment on Lithuanian Economy Using Lag Analysis [J]. Economics & Management, 2014, 19 (1): 16 – 24.

[86] Kumar N. Liberalization, Foreign Direct Investment Flows and Development Indian Experience in the 1990s [J]. Economic & Political Weekly, 2005, 40 (14): 1459 – 1469.

[87] Kumar R. R. Remittances and economic growth: A study of Guyana [J]. Economic Systems, 2013, 37 (3): 462 – 472.

[88] Kumar R. R. Do Remittances, Exports and Financial Development Matter for Economic Growth? A Case Study of Pakistan using Bounds Approach [J]. Journal of International Academic Research, 2011, 11 (1): 18 – 27.

[89] Kumari Jyoti. Foreign Direct Investment and Economic Growth: A Literature Survey [J]. BVIMSR's Journal of Management Research, 2014, 6 (2): 118 – 127.

[90] Kundan M. P. & Qingliang Gu. A Time Series Analysis of Foreign Direct Investment and Economic Growth: A Case Study of Nepal [J]. International Journal of Business and Management, 2010, 5 (2): 144 – 149.

[91] Levine R. & Zervos S. Stock Markets, Banks, and Economic Growth [M]. Washington D. C: World Bank, WB Working Paper WP/1690, 1996.

[92] Li Xiaoying & Xiaming Liu. Foreign Direct Investment and Economic

Growth: An Increasingly Endogenous Relationship [J]. World Development, 2005, 33 (3): 393 -407.

[93] M Javid, U Arif & A Qayyum. Impact of Remittances on Economic Growth and Poverty [J]. Academic Research International, 2012, 2 (1): 433 -447.

[94] M Malik & A Junaid. The Dynamic Impact of Remittances on Economic Growth: A Case Study of Pakistan [J]. Forman Journal of Economic Studies, 2009, 5: 59 -74.

[95] Madnani G. M. K. Introduction to Econometrics: Principles and Applications [M]. Oxford and IBH Publishers Pvt. Ltd. , 2009: 210 -232.

[96] Malik S. , Hayat M. K. & Hayat M. U. External Debt and Economic Growth: Empirical Evidence from Pakistan [J]. International Research Journal of Finance and Economics, 2010, 44: 88 -97.

[97] Marwah K. & Tavakoli A. The Effect of Foreign Capital and Imports on Economic Growth: Further Evidence from Four Asian Countries (1970—1998) [J]. Journal of Asian Economies, 2004, 15 (2): 399 -413.

[98] Massey D. S. , J. Arango, G. Hugo & A. Kouaouci. Theories of International Migration: A Review and Appraisal [J]. Population & Development Review, 1993, 19 (3): 431 -466.

[99] McKinnon R. Foreign Exchange Constraints in Economic Development and Efficient Aid Allocation [J]. The Economic Journal, 1964, 74 (294): 388 -409.

[100] Méon P. G. & Sekkat K. Revisiting the Relationship between Governance and Foreign Direct Investment [J]. Brussels Economic Review, 2007, 50 (1): 41 -61.

[101] Milly Sil & Samapti Guha. Remittances and Microfinance in India: Opportunities and Challenges for Development Finance [J]. International Journal of South Asian Studies, 2010, 3 (1): 82 -101.

[102] Mughal M. Y. Remittances as Development Strategy: Stepping - stones or Slippery Slope? [J]. Journal of International Development, 2013, 25 (4): 583 -595.

[103] Muhammad Azam, Sallahuddin Hassan & Khairuzzaman. Corruption, Workers Remittances, FDI and Economic Growth in Five South and South East Asian Countries: A Panel Data Approach Middle - East [J]. Journal of Scientific Research, 2013, 15 (2): 184 -190.

[104] Newey W. K. & West K. D. Automatic Lag Selection in Covariance Matrix

Estimation [J]. The Review of Economic Studies, 1994, 61 (4): 631 –53.

[105] Nisar Ahmad, Zahid Ullah Khan & Muhammad Atif. Econometric Analysis of Income, Consumption and Remittances in Pakistan: Two Stage Least Square Method [J]. The Journal of Commerce, 2013, 5 (4): 1 – 10.

[106] O. Oyinlola. External Capital and Economic Development in Nigeria [J]. The Nigerian Journal of Economic and Social Studies, 1995, 37 (2): 205 – 222.

[107] O. R. Iheke. The Effect of Remittances on the Nigerian Economy [J]. International Journal of Development and Sustainability, 2012, 1 (2): 614 – 621.

[108] Osili U. O. Remittances and Savings from International Migration: Theory and Evidence Using a Matched Sample [J]. Journal of Development Economics, 2007, 83 (2): 446 – 465.

[109] Oyinlola O. External Capital and Economic Development in Nigeria (1970—1991) [J]. The Nigerian Journal of Economic and Social Studies, 1995, 37 (2&3): 205 – 222.

[110] Papanek G. F. Aid, Foreign Private Investment, Saving and Growth in LDC [J]. Journal of Political Economy, 1973, 81 (1): 120 – 130.

[111] Paul B. P. & Das A. The Remittances Remittance – GDP Relationship in the Liberalized Regime of Bangladesh: Cointegration and Innovation Accounting [J]. Theoretical and Applied Economics, 2011, 18 (9): 41 – 60.

[112] Paul B. P., Uddin M. G. S. & Noman A. M. Remittances and output in Bangladesh: An ARDL bounds testing approach to cointegration [J]. International Review of Economics, 2011, 58 (2): 229 – 242.

[113] Poirine B. A Theory of Remittances as an Implicit Family Loan Arrangement [J]. Word Development, 1997, 25 (4): 589 – 611.

[114] Portes L. S. V. Remittances, Poverty and Inequality [J]. Journal of Economic Development, 2009, 34 (1): 127 – 140.

[115] Pradhan G, Upadhyay M. & Upadhyaya K. Remittances and Economic Growth in Developing Countries [J]. European Journal of Development Research, 2008, 20 (3): 497 – 506.

[116] Qayyum A., Javid M. & Arif U. Impact of Remittances on Economic Growth and Poverty: Evidence from Pakistan [J]. Munich Personal RePEc Archive Paper No. 22941, 2008.

[117] Rahman M. Contributions of Exports, FDI, and Expatriates' Remittances

to Real GDP of Bangladesh, India, Pakistan, and Sri Lanka [J]. Southwestern Economic Review, 2009, 36 (Spring): 141-153.

[118] Ralph Chami, Connel Fullenkamp & Samir Jahjah. Are Immigrant Remittance Flows a Source of Capital for Development? [M]. Washington DC: IMF Staff Papers, 2005.

[119] Rao B. B. & Hassan G. M. Are the Direct and Indirect Growth Effects of Remittances Significant? [J]. World Economy, 2012, 35 (3): 351-372.

[120] Rao B. B. & Hassan G. M. A Panel Data Analysis of the Growth Effects of Remittances [J]. Economic Modelling, 2011, 28 (1-2): 701-709.

[121] Ratha D. Workers' Remittances: An Important and Stable Source of External Development Finance [J]. Economics Seminar Series Paper 9, 2005: 157-172.

[122] Rubenstein H. Migration, Development and Remittances in Rural Mexico [J]. International Migration, 1992, 30 (2): 127-153.

[123] Shafiq M., Haq I. U., Khan A. & Khan S. The Role of Foreign Remittances and Economic Growth in Poverty Alleviation: Time Series Evidence from Pakistan [J]. World Applied Sciences Journal, 2012, 19 (3): 366-369.

[124] Sharafat Ali. Foreign Capital Flows and Economic Growth in Pakistan: An Empirical Analysis [J]. World Applied Sciences Journal, 2014, 29 (2): 193-201.

[125] Singh J., Chadha M. S. & Sharma A. Role of Foreign Direct Investment in India: An Analytical Study [J]. International Journal of Engineering and Science, 2012, 1 (5): 34-42.

[126] Stahl C. & Arnold F. Overseas Workers' Remittances in Asian Development [J]. International Migration Review, 1986, 20 (4): 899-925.

[127] Stahl C. W. & Habib A. The Impact of Overseas Workers' Remittances on Indigenous Industries: Evidence from Bangladesh [J]. The Developing Economies, 1989, 27 (3): 1-17.

[128] Stark O. Migration in LDCs: Risk, Remittances, and the Family [J]. Finance & Development, 1991, 28: 39-41.

[129] Syed Zeeshan Zafar, Muhammad Siddique, Haroon Ahmad & Dr. Tahir Ahmad Khan. The Economic Implications of Remittances on Economic Growth: The Case Study of Pakistan [J]. International Journal of Academic Research in Business and Social Sciences, 2016, 6 (7): 215-222.

[130] Taylor J. E. & Wyatt T. J. The Shadow Value of Migrant Remittances, Income and Inequality in a Household – Farm Economy [J]. Journal of Development Studies, 1996, 32 (6): 899 – 912.

[131] Tchantchane A., Rodrigues G. & Fortes P. C. Impact of Remittance, Education and Investment on Growth in the Philippines [J]. Applied Econometrics and International Development, 2013, 3 (1): 174 – 186.

[132] Vargas – Silva C. The Tale of three Amigos: Remittances, Exchange Rates, and Money Demand in Mexico [J]. Review of Development Economics, 2009, 13 (1): 1 – 14.

[133] Waheed A. & Aleem A. Workers' Remittances and Economic Growth: Empirical Evidence from Pakistan [J]. Journal of Social Science and Humanities, 2008, 47 (1): 1 – 12.

[134] Waqas Bin Dilshad. Impact of Workers' Remittances on Economic Growth: An Empirical Study of Pakistan's Economy [J]. International Journal of Business and Management, 2013, 8 (24): 126 – 131.

[135] Yang Dean. International Migration, Remittances and Household Investment: Evidence from Philippine Migrants' Exchange Rate Shocks [J]. The Economic Journal, 2008, 118 (528): 591 – 630.

[136] Yasmeen K. & Twakal S. The Impact of Workers' Remittances on Private Investment and Total Consumption in Pakistan [J]. International Journal of Accounting and Financial Reporting, 2011, 1 (1): 152.

[137] Zarate – Hoyos G. Consumption and Remittances in Migrant Households: Toward a Productive Use of Remittances [J]. Contemporary Economic Policy, 2004, 22 (4): 555 – 565.